CLASSES SUBALTERNAS e ASSISTÊNCIA SOCIAL

EDITORA AFILIADA

Dados Internacionais de Catalogação na Publicação (CIP)
(Câmara Brasileira do Livro , SP, Brasil)

Yazbek, Maria Carmelita
Classes subalternas e assistência social / Maria Carmelita Yazbek.
— 9. ed. rev. e ampl. — São Paulo : Cortez, 2016.

Bibliografia.
ISBN 978-85-249-2515-3

1. Assistência social - Brasil 2. Brasil - Política social 3. Pobres - Brasil 4. Previdência social - Brasil 5. Serviço social - Brasil I. Título.

16-08965   CDD-362.50981

Índices para catálogo sistemático:
1. Brasil : Pobreza : Serviço social   362.50981

Maria Carmelita Yazbek

CLASSES SUBALTERNAS e ASSISTÊNCIA SOCIAL

9ª edição
revista e ampliada

CLASSES SUBALTERNAS E ASSISTÊNCIA SOCIAL
Maria Carmelita Yazbek

Capa: de Sign Arte Visual
Revisão: Maria de Lourdes de Almeida
Composição: Linea Editora Ltda.
Coordenação editorial: Danilo A. Q. Morales

Nenhuma parte desta obra pode ser reproduzida ou duplicada sem autorização expressa da autora e do editor.

© 1993 by Maria Carmelita Yazbek

Direitos para esta edição
CORTEZ EDITORA
Rua Monte Alegre, 1074 – Perdizes
05014-001 – São Paulo – SP
Tels. (55 11) 3864-0111 / 3611-9616
cortez@cortezeditora.com.br
www.cortezeditora.com.br

Impresso no Brasil – novembro de 2016

"Os pobres da terra, durante séculos excluídos, marginalizados e dominados, têm caminhado em silêncio e depressa no chão dessa longa noite de humilhação e proclamam, no gesto da luta, da resistência, da ruptura, da desobediência, sua nova condição, seu caminho sem volta, sua presença maltrapilha, mas digna, na cena da História."

JOSÉ DE SOUZA MARTINS

Sumário

Apresentação à 9ª edição 9

Apresentação à 7ª edição 11

Prefácio 17
  Aldaíza Sposati

Introdução 25

Capítulo I
Políticas Sociais e Assistenciais: estratégias contraditórias de gestão estatal da pobreza das classes subalternas 49

1. O Estado e a Política Social no Brasil: a pouca efetividade dos investimentos no social 50
2. A relação entre o Estado e os setores excluídos: a via assistencial 65

Capítulo II
As classes subalternas como expressão de um lugar social: a exclusão integrativa 79

Representações sociais: organização significante do real 94

Capítulo III

O lugar social dos excluídos e subalternizados: seu perfil, sua versão .. 103

1. O trabalho e as formas de sociabilidade 112

   1.1 O trabalho na infância e a experiência migratória.... 123

   1.2 As aspirações e o trabalho 131

2. Formas de morar e viver 134

   2.1 Moradia: lutas, sonhos e estigma 136

   2.2 Viver e sobreviver 143

3. A assistência social na conformação da identidade subalterna 157

   3.1 A condição de "assistido": representações sobre a assistência 163

   3.2 A condição de assistido: a relação com o assistente social 176

   3.3 Assistência e subalternidade 183

Capítulo IV

Uma imensa fratura: a assistência e o enfrentamento da pobreza 191

Posfácio

Alguns apontamentos sobre a categoria classes e grupos subalternos de Antonio Gramsci

Alex Fabiano de Toledo 201

Bibliografia 241

Apresentação à 9ª edição

A 9ª edição do livro *Classes Subalternas e Assistência Social*, publicado pela primeira vez pela Cortez Editora em 1993, apresenta ao eleitor uma feliz novidade: um Posfácio escrito por um jovem intelectual gramsciano, atualmente realizando seu pós-doutorado no programa de Estudos Pós-Graduados da PUC-SP, após concluir um doutorado sobre o pensamento e a obra de Antonio Gramsci e a relação deste com o Serviço Social. Estagiando no Instituto Gramsci e tendo acesso aos originais da obra do intelectual italiano, Alex Toledo socializa neste texto com muita competência os estudos que desenvolveu acerca da categoria classes e grupos subalternos, "buscando oferecer um itinerário para o estudo desta categoria, partindo dos *Cadernos do cárcere* e dos comentadores da tradição grasmciana. Deste modo, este texto busca apresentar: quem são os subalternos para Gramsci? Qual a importância do *Caderno 25*? Qual a atualidade da categoria classes e grupos subalternos? Quais são e os elementos para uma historiografia das classes e grupos subalternos?"

As respostas a essas questões, ainda que sumariadas em um Posfácio, impressionam pelo fôlego do estudo e pelo trato minucioso do pensamento gramsciano.

Temos assim um necessário aprofundamento da categoria central que orientou as análises e reflexões deste livro, que busca uma aproximação acerca das condições de vida de milhões de brasileiros que buscam na Assistência Social respostas a uma realidade marcada pela inserção na trama de poder e dominação que caracteriza as relações sociais no capitalismo contemporâneo.

Em síntese, estamos diante de uma necessária renovação de um livro que mantém sua atualidade na busca de uma aproximação ao mundo dos subalternos, de seu saber do mundo, sua cosmologia e sua interpretação acerca das concretas condições em que vive, especialmente como "usuária" de ações de natureza socioassistencial. Assistência social que, como as demais políticas do campo social, expressa relações sociais que reproduzem interesses em confronto na sociedade. Reproduzem, portanto, a exploração, a dominação e a resistência num processo contraditório que nos tempos sombrios em que vivemos enfrentará, em uma "virada à direita", o desmonte de direitos dos subalternos e a ampliação de sua dominação. Contexto em que as análises de Antonio Gramsci crescem em atualidade e importância.

Assim, esperamos que este livro continue contribuindo para o conhecimento da população que recorre à Política de Assistência Social no Brasil, na perspectiva de oferecer referencial teórico e empírico para o debate e, sobretudo, para a ação política de fortalecimento de suas lutas e projetos.

Apresentação à 7ª edição

A 7ª edição do livro *Classes Subalternas e Assistência Social*, ora apresentada ao público leitor, traz consigo a necessidade fundamental de alguns comentários breves sobre ele, que foi elaborado a partir da Tese de Doutoramento da autora, escrita originalmente em 1992 e publicada pela Cortez Editora em 1993.

Cabe inicialmente lembrar que, como todo livro, este trabalho deve ser inscrito no contexto histórico em que foi escrito, trazendo consigo, portanto, os referentes de um tempo em que se buscava reconceituar e criar novas bases para a Assistência Social brasileira.

Passados mais de quinze anos, uma releitura das análises desenvolvidas no *Classes Subalternas e Assistência Social* evidencia alguns aspectos fundamentais que é necessário sublinhar, tanto do ponto de vista de sua atualidade, como de sua superação.

O primeiro e mais importante é sobre as condições de vida de milhões de brasileiros e brasileiras que recorrem à Assistência Social, para aí suprir "algumas de suas necessidades e carências", como escrevi em 1992. É sobre a experiência trágica de pertencer às classes subalternizadas em nossa sociedade. É sobre um universo caracterizado por trajetórias de exploração, pobreza, opressão e resistência, além de marcado por outros códigos que sinalizam a condição subalterna: o desconforto da moradia precária e insalubre, as estratégias de sobrevivência frente ao desemprego, à debilidade da saúde, à ignorância, à fadiga, à resignação, à crença na felicidade das gerações futuras... e sobre outras descobertas que foram feitas no contato mais próximo, pelas narrativas colhidas, nas falas, nos silêncios, nas expressões corporais, nas linguagens além dos discursos e que tão pouco conhecemos.

Considero que, do ponto de vista das condições de vida das classes subalternas, ainda são *pertinentes e atuais* as entradas que realizei nesse universo da pobreza com suas "dimensões insuspeitadas". Cada vez mais, considero a impossibilidade de alcançar a realidade das classes subalternas sendo estranhos à sua cultura, à sua linguagem, a seu saber do mundo e ao seu sofrimento. Claro, mudanças ocorreram nesses anos nas periferias da cidade de São Paulo, nas formas de circulação e distribuição da riqueza, na economia informal, no crescimento da violência, da droga "da vida matável", na "expansiva trama de ilegalidades que se entrelaçam nas práticas urbanas"[1], nos programas sociais que se multiplicaram e nas novas sociabilidades que emergem nesse contexto. Sabemos que novos fios estão tecendo novas sociabilidades que precisam ser desvendadas, mas permanecem *atuais* os profundos e vastos sofrimentos gerados por uma ordem societária assentada na exploração de poucos sobre muitos, como pude observar anos atrás na vida das classes subalternas. E aí está outro elemento que permanece neste trabalho: o alicerce e apoio teórico encontrado no pensamento de Gramsci, e sobretudo, a atualidade da chave conceitual encontrada na categoria subalternidade para abordar a condição de classe dos usuários da assistência social. Conceito forte, que nos remete à trama de poder e submissão que permeia as relações sociais na sociedade do capital.

---

1. Sobre o tema, ver Telles, Vera da Silva. Transitando na Linha de Sombra, tecendo as tramas da cidade. In: OLIVEIRA, Francisco; RIZEK, Cibele Saliba (Orgs.). *A era da indeterminação*. São Paulo: Boitempo, 2007.

Na busca de aproximação a esse universo, creio que emergiu outro aspecto importante deste livro, expresso na escolha metodológica para a construção do trabalho que procurou delinear um conhecimento "mais de perto" acerca dos "usuários" da assistência social. Assim, entendo que o recurso a histórias de vida, abordadas sem desvinculação do movimento mais geral da sociedade e do contexto de reprodução das relações sociais, revelou-se caminho fértil para compreender o processo de reprodução social dos subalternos em nossa sociedade. A apresentação do processo de busca dessas narrativas, e o trabalho de tecê-las para que esclareçam uma condição social, uma cultura e um tempo histórico, sabendo que expressam uma realidade social e coletiva, considero ser uma contribuição deste livro ainda atual.

Outro foco de análise do livro está direcionado à assistência social e sua interferência na conformação da identidade subalterna. Sobre essa questão, eu indagava em 1992 se poderia a assistência social constituir-se em espaço de protagonismo para os subalternos ou reiterava sua condição. Buscava desvendar as possibilidades da assistência social de criar condições para o reconhecimento público da legitimidade das demandas dos subalternos e espaços de ampliação de sua ação.

É importante lembrar que nesse momento ainda se buscava a aprovação da Lei Orgânica da Assistência Social — a LOAS, que só será sancionada em 07/12/1993 e ainda assim vai enfrentar o confronto do paralelismo do Programa Comunidade Solidária, instituído pela Medida Provisória nº 813 em 01/ 01/95, no dia mesmo em que tomou posse, em seu primeiro mandato, o presidente Fernando Henrique Cardoso.

Não podemos esquecer as ambiguidades que marcaram o contexto de emergência da Seguridade Social brasileira, que surge no país na contraditória dinâmica e impacto das políticas econômicas neoliberais, que colocam em andamento processos desarticuladores, de desmontagem e retração de direitos e investimentos públicos no campo social.

Assim sendo, em relação à Assistência Social, considero que a análise por mim realizada é datada, e as diferenças do tempo presente, em relação aos anos 90 são efetivamente grandes.

Inegavelmente, a Constituição Federal de 1988 e posteriormente A Lei Orgânica da Assistência Social (07/12/1993) introduzem nova qualificação para a assistência social, diferenciando-a do assistencialismo, e situando-a como política pública de Seguridade voltada à extensão de direitos sociais às classes subalternizadas da população brasileira.

Marcada pelo cunho civilizatório presente na consagração de direitos sociais, a LOAS trouxe inovações ao apresentar novo desenho institucional para a assistência social, ao afirmar seu caráter de direito não contributivo, ao apontar a necessária integração entre o econômico e o social, a centralidade do Estado na universalização e garantia de direitos e de acessos a serviços sociais e com a participação da população. Inovou também ao propor o controle da sociedade na gestão e execução das políticas de assistência. Sem dúvida, mudanças substantivas na concepção da assistência social e que permitem sua passagem do assistencialismo e de sua tradição de não política para o campo da política pública.

Mais recentemente, em outubro de 2004, atendendo ao cumprimento das deliberações da IV Conferência Nacional de Assistência, realizada em Brasília em dezembro de 2003, o CNAS — Conselho Nacional de Assistência Social aprovou, após amplo debate coletivo, a Política Nacional de Assistência Social em vigor, que apresenta o (re)desenho desta política, na perspectiva de implementação do SUAS — Sistema Único de Assistência Social. O SUAS introduz uma concepção de sistema orgânico, em que a articulação entre as três esferas de governo constitui-se em elemento fundamental para a política. Como sabemos, é constituído pelo conjunto de serviços, programas, projetos e benefícios no âmbito da assistência social prestados diretamente — ou através de convênios com organizações sem fins lucrativos por órgãos e instituições públicas federais, estaduais e municipais da administração direta e indireta e das fundações mantidas pelo poder público. É modo de gestão compartilhada que divide responsabilidades para instalar, regular, manter e expandir as ações de Assistência Social.

O que desejo destacar é que a Assistência Social, como política de Proteção Social, inserida na Seguridade Social, avançou muitíssimo no país ao longo dos últimos anos, nos quais foram e vem sendo construídos mecanismos viabilizadores da construção de direitos sociais da população usuária dessa Política, conjunto em que se destacam a PNAS e o SUAS.

Este conjunto, sem dúvida, vem criando uma nova arquitetura institucional e ético política para a Assistência Social brasileira. A partir dessa arquitetura e das mediações que a tecem podemos efetivamente realizar, na esfera pública, direitos concernentes à Assistência Social.

Assim sendo, diante dessas transformações na Assistência Social que alcança o estatuto de política pública, novos desafios nos interpelam na busca da resposta à indagação que fazíamos em 1992, acerca da possibilidade de a assistência social configurar-se como espaço de construção de direitos sociais e ampliação do protagonismo de seus usuários.

Nos tempos sombrios em que vivemos, essa indagação permanece como um tema político, como uma resistência às estruturas perversas do capitalismo em sua face atual.

Maria Carmelita Yazbek

Abril de 2009

Prefácio

Estamos em tempo de ética. Final de século que confronta valores e estratégias com utopias, conquistas, desafios, acertos, enganos, dúvidas.

Muito se tem estudado sobre a dominação e o dominador; todavia, pouco tem dito o dominado, o subalterno, sobre si mesmo, sua vida e sua condição.

A reflexão de Maria Carmelita Yazbek vem colaborar para preencher esta lacuna. Mais que a fala, ela nos traz as representações dos subalternizados sobre sua subalternidade. Resgatam-se, assim, os antigos dilemas dos anos 60, da então chamada "cultura da pobreza" que até hoje embebe o pensamento brasileiro conservador e reduz o "povo" à acepção mais imediata e difusa de massa — sem sujeitos ou protagonistas — cujo senso comum redunda no conformismo carmático expresso em frases tradicionais como: "nóis sofre porque Deus quer" ou "Deus é pai e vem nos acudir". Yazbek escancara o âmago da dignidade do pobre subalterno expresso no inconformismo conformado da subalternidade consentida. Ela nos diz: "aqui está o novo desta pesquisa: os pobres, os desorganizados, os miseráveis pensam, sonham, negam e aceitam sua condição".

Se a um primeiro momento esta frase pode parecer discriminatória, ela se revela, a uma análise mais atenta, recheada de esperança: com tanta perversidade, eles sonham. A autora expõe, assim, a contradição da vida do subalterno, que tem que ser vivida até a última gota do amargo cálice.

Sonhar é necessário para mudar; a positividade da subalternidade inconformada é possibilidade de mobilização para alterar a condição histórica subalterna.

Se por um lado o cálice é amargo, por outro a esperança não se revela em grau de inanição nem no padrão carmático das castas orientais.

A resistência é maior que a desesperança; porém não nos iludamos: é uma resistência fragmentada na luta cotidiana de cada um, é episódica e desagregada. E aqui o desafio em constituir o estatuto político das práticas de resistência como espaço de construção da identidade e consciência de classe e através delas enfrentar a exclusão e a subalternidade.

Maria Carmelita Yazbek revela também seu inconformismo: como o assistente social pode fazer de sua prática um elemento/instrumento para construir esta ponte e realizar a travessia?

É sabida e notória a preocupação da autora com a formação do profissional de Serviço Social e sua prática cotidiana. Ela é, sem dúvida, um dos baluartes da produção teórica e do debate sobre Serviço Social. Curioso, porém, é que Carmelita sempre se dedicou às macroanálises, à construção de totalidades. Foi assim que inaugurou o estudo crítico sobre a primeira instituição de ensino de Serviço Social no Brasil, inter-relacionando tempos, geografias a protagonismos. Este seu mergulho no cotidiano, na representação do subalterno mostra sua coragem e ousadia para o novo.

O real, o cotidiano do assistente social não é mera derivação da teoria. É muito mais complexo e surpreendente.

Com este trabalho, Carmelita oxigena o debate sobre a assistência social ao discutir as possibilidades de reconhecimento público da legitimidade das demandas dos subalternos e os espaços de ampliação de sua ação. Sua atitude investigativa inquietante constrói um *origami* da assistência social. Dobra e desdobra o objeto numa curiosidade desconfiada, quase que relutante, como se fosse predeterminada uma relação causal entre assistência social e subalternidade. Será que, mais que possibilidade de transição, a assistência social se postaria como insumo à subalternidade?

Quero introduzir aqui algumas considerações sobre o tema. Penso que desdobrar a assistência social como uma das políticas sociais exige de saída algumas desmistificações.

Uma delas pertence ao reino do imaginário da categoria dos assistente sociais e, mais que isso, no senso comum de vários segmentos e até mesmo de pensadores e intelectuais.

O termo assistência, entendido como atenção à pobreza, é sempre confundido com assistencialismo. O predomínio do pensamento conservador, para o qual liberdade significa adquirir o produto diretamente no mercado faz da assistência, enquanto transferência de bens e serviços pelo Estado, uma conduta a ser extirpada ou sujeita a um ritual de seleção/exclusão que a torna acessível apenas por meio do clientelismo do "quem indica". As soluções que o poder público venha a dar (afora os chamados serviços coletivos, como água, luz etc.) para atender a uma necessidade são entendidos como "pratos feitos", serviços de segunda ou ajudas para o pobre. A cultura brasileira rejeita o serviço público como campo qualificado para a satisfação de necessidades. De um lado não há o compromisso de governantes com a atenção e o respeito aos direitos; de outro, há uma tendência da população em desculpar o que é produzido pelo Estado, na medida em que as ações governamentais são vistas como ajudas circunstanciais que resultam mais da bondade do governante do que no reconhecimento da dignidade do cidadão.

Sem dúvida, décadas de populismo e clientelismo forjaram um imaginário subalterno para o qual o que chega é lucro, e não resposta a um padrão de cidadania. Relação cúmplice que transforma tudo em ajuda e todos em esmoleres.

É interessante contrapor ao pensamento conservador o que entendo por um viés economicista do pensamento socialista, que termina por aproximar (no senso comum) ambos de uma relação liberal.

A luta por justos salários tem levado à ideia de que o trabalhador deve ter condições de comprar bens de consumo e de serviço diretamente no mercado. O uso dos benefícios sociais como forma de subalternização faz entendê-los como "fetiches de ajuda". A inexistência de políticas sociais públicas consequentes que reconheçam direitos básicos completa o quadro de incertezas e faz com que a única garantia seja a de ter "dinheiro no bolso". Estes elementos de crítica da sociedade capitalista brasileira e das relações sociais que lhe são inerentes, ao lado da inexistência de uma proposta articulada e de esquerda para o modelo político de Estado Social, reiteram o conceito de que o salário é o melhor remédio pois garante maior autonomia ao trabalhador. Outra mistificação sem dúvida vinculada ao aqui exposto é a difusão entre nós do conceito de que "a assistência é a mãe dos vícios e o trabalho o pai das virtudes". Afora a correlação entre feminino e vício, essa história marcada por uma relação econômica onde o trabalhador, como diz Lúcio Kowarick, vive da mão para a boca, não supõe garantia de certezas sociais. O conceito inglês de seguridade social de cinquenta anos atrás — lembremos do relatório de Lord Beveridge — nem sequer consta do dicionário brasileiro.

Ter garantida a provisão de uma necessidade social pelo Estado — saúde, educação, atenção a vulnerabilidade etc. — está longe de ser expectativa da sociedade brasileira. Assistência é para os pobres — que não deixam de ser 65% da população do Brasil.

Quanto mais particularizada for a necessidade a atender (uma deficiência, uma vulnerabilidade), mais entendida será, senso comum, como questão a ser resolvida pelo indivíduo.

Quando muito reina entre alguns segmentos a aceitação do princípio da subsidiariedade: "não faça a família o que o indivíduo não pode fazer, não faça a comunidade o que a família não pode fazer, não faça o Estado o que a comunidade não pode fazer".

Neste rumo, qualquer atenção deve ser reduzida ao mínimo para não desestimular o indivíduo a trabalhar e "ganhar o pão com o suor do rosto".

Após o desmascaramento destas mistificações, é preciso distinguir assistencialismo de assistência. A rigor, assistência é uma forma de subsídio: técnico, financeiro, material, psicológico etc. Enfim, ela se constitui num campo dinâmico de transferência que não é unidimensional, pois supõe de um lado a necessidade e de outro a possibilidade.

O assistencialismo, resultado da difusão do imaginário conservador, supõe fazer dessa transferência uma relação de poder que subalterniza quem tem a necessidade: ele passa a dever um favor ao intermediador da possibilidade, que nem sempre é proprietário, mas muitas vezes um agente técnico ou institucional.

Do ponto de vista da oferta de serviços, toda política social é assistencial na medida em que se propõe a prover uma necessidade. Assim é a assistência médica, a técnica, a educacional etc. Considero portanto tautológica a nomenclatura políticas sociais e assistenciais, que a autora usa em algumas passagens sugerindo inclusive que as primeiras — sociais — seriam melhores que as assistenciais.

Do ponto de vista redistribuitivo, a assistência — ao lado dos salários e dos tributos progressivos — constitui uma via de enfrentamento e alteração das desigualdades sociais.

Com esta digressão quero dizer que o "mal" — ou mesmo o bem — não está no assistencial em si, mas no modo político de compreendê-lo e operá-lo.

Sem dúvida estas considerações não alteram a realidade das políticas sociais brasileiras, mas permitam romper a concepção de que a subalternização é irmã siamesa da assistência social, a menos que o parto multíparo acolha todas as políticas sociais brasileiras.

É necessário destacar que, numa perspectiva socialista, a assistência é associada com avanço de civilização na medida em que garante os mínimos sociais e a atenção estatal em situações de fragilidade que qualquer um pode enfrentar. A pauta dos mínimos a serem garantidos a todos e das fragilidades a atender dependerá da própria luta e da demanda da sociedade sobre o que considera e requisita como garantia da dignidade de cada um e do conjunto dos cidadãos, garantias cuja falta configuraria ato ilícito passível até de sanção penal.

Por exemplo, se no Brasil fosse ilícito que crianças vivessem jogadas na rua, isto exigiria medidas efetivas de dever do Estado para garantir sua atenção. Ficam sonhos, esperanças e campos de luta.

A pesquisadora Maria Carmelita Yazbek permite que nos coloquemos estas e outras questões sobre o significado e efeito de uma determinada assistência social ao lado de uma possível assistência social como via de ruptura da subalternização. Voltam as questões: é possível esta mudança de modelo político em face da cultura política e institucional dominante entre os brasileiros? É possível romper o modo político excludente de processar a assistência social que não põe o olhar sobre as demandas da necessidade e sim para a restrição das possibilidades?

Em princípio, a assistência social não é acomodação, já que supõe a ação do sujeito que necessita buscar sua satisfação. Porém o modo político pelo qual se processa a assistência torna a necessidade reificada. Mercadoria a ser adquirida com a moeda da sujeição do necessitado. Nessa relação subordinante o preço é despojar-se do protagonismo pela subalternidade consentida.

Perverso caminhar em que a tática de resistência do inconformismo conformado é uma forma de protesto contra a vida desumanizada de homens reais "... em que questões situadas no dia a dia dos subalternos podem ganhar visibilidade e dimensões políticas", como nos diz Carmelita, ao mostrar o lugar social dos excluídos.

Estamos em tempo de ética e o espelho da realidade deste texto é farol a guiar novos rumos. Vale o desafio sob a exigência da leitura.

São Paulo, julho de 1993.

Aldaíza Sposati

Introdução

"A nova realidade não é saturada de possibilidades. Ao contrário. É saturada de carências."

José de Souza Martins

Vivemos tempos de incerteza. Momentos, muitas vezes além de nossa capacidade de explicação e compreensão, em que uma nova configuração da paisagem humano/social emerge na sociedade brasileira e no mundo. Contornos econômicos, ideológicos e geopolíticos, entre outros, modificam-se aceleradamente. Novos fatos insistem em mostrar um outro tempo. Tempo em que, apesar do desenvolvimento e do progresso tecnológico dos últimos anos, ainda se convive com a fome. O relatório divulgado pelo Banco Mundial em julho de 1990 aponta que um bilhão de pessoas vivem abaixo da linha de pobreza no terceiro mundo.

Os anos 80 foram perdidos (Gottschalk e Lopes, 1990). Na América Latina, a década deixou um aumento do número absoluto de pobres. Uma conjuntura econômica dramática, dominada pela distância entre minorias abastadas e massas miseráveis, evidencia que um longo caminho nos separa de uma necessária redistribuição de renda e da constituição de políticas que se voltem às demandas sociais dos grandes contingentes esmagados pela pobreza. No Brasil, ao término da década, a concentração de renda alcançou o índice mais alto já registrado pelo Instituto Brasileiro de Geografia e Estatística: apenas 1% da população, os mais ricos concentram 15,9% da renda nacional do trabalho, enquanto os 10% mais pobres ficam com 0,7%. Os 10% mais ricos detêm 51,5% da renda. Observa-se um grande desencontro entre os interesses da maioria do povo e as exigências do capital internacional associado às burguesias do país.

O retrato social do Brasil revela cores sombrias, evidenciando que, na sociedade brasileira, uma enorme dívida continua em aberto: 23% da população que trabalha ganha menos de um quarto do salário mínimo. No Nordeste, esta cifra é de 44%. O país apresenta um dos mais baixos níveis salariais do mundo.[1]

A taxa de crescimento do emprego rural foi igual a zero na última década. Cerca de 78% dos alunos deixam a escola na terceira série do 1º grau; 60% a 70% das mortes de crianças de menos de 5 anos têm como causa associada a desnutrição; 34% da população do país não se beneficia da rede geral de abastecimento de água. Segundo dados da PNAD-FIBGE de 1988, o déficit habitacional estava em torno de 15 milhões de moradias ao final da década.

Cresce a violência contra a criança e o adolescente. Apenas em 1989, foram mortas violentamente 457 pessoas, entre crianças e adolescentes.[2] Empurradas precocemente pela pobreza crescente

---

1. No quadro da perversa concentração e distribuição de renda, o salário mínimo é um fator a mais no agravamento da pobreza da população trabalhadora. Introduzido no país em 1940, vem a cada ano perdendo seu valor real, o que se expressa numa enorme queda do poder aquisitivo da população. De acordo com o Dieese (1991), o salário mínimo real decresceu consideravelmente na segunda metade dos anos 80, e as políticas salariais, reguladoras dos salários, vêm sendo "utilizadas como instrumentos de políticas econômicas em contextos de ajustamentos, ou do balanço de pagamento ou da inflação. Lamentavelmente, nunca como instrumento real de proteção aos salários ou de distribuição de renda".

2. De acordo com os dados do Movimento Nacional dos Meninos e Meninas de Rua (MNMMR): *Vidas em risco: assassinato de crianças e adolescentes no Brasil*, Rio de Janeiro, 1991, p. 25.

em direção ao mercado de trabalho, quando não para a vida na rua, crianças e adolescentes paradoxalmente não melhoram muito os baixos níveis de vida de suas famílias. Sem possibilidades de escolarização e profissionalização, ocupam posições ocupacionais desqualificadas e com baixos salários, situação que muitas obedientemente, tendem a reproduzir na vida adulta. Outras acabam por se inserir no mundo da delinquência. Mas, como lembra Adorno (1991), a maior parte das crianças pobres são coagidas a lutar por si mesmas e por suas famílias e, assim sendo, têm alterado o curso de sua socialização e o caráter lúdico de sua identidade infantil.

Estes poucos dados evidenciam a gravidade da situação e mostram que a exclusão de bens materiais e culturais faz parte da reprodução do cotidiano de um grande contingente populacional na sociedade brasileira. A estagnação econômica dos últimos dez anos agravou a "pobreza absoluta" e produziu uma enorme reserva de força de trabalho que, na Região Metropolitana de São Paulo, desaguou no desemprego e no trabalho "informal" precário (Kowarick, 1990). No espaço metropolitano, o empobrecimento cresceu, estendendo-se para periferias cada vez mais afastadas, alcançando também as regiões centrais onde o encortiçamento se intensifica. Acentua-se o processo que Kowarick denominou de "espoliação urbana" e que se configura na somatória de extorsões que atingem segmentos significativos das classes subalternas, quer no âmbito das relações de trabalho, quer pela precariedade ou inexistência de serviços de consumo coletivo (Kowarick, 1979).

Constatamos, ao final dos ano 80, que, na Região Metropolitana de São Paulo, não ocorreram alterações no perfil da pobreza de sua população, na década, agravando-se as desigualdades que configuram o espaço urbano. Em uma área territorial de 5.070 km², com uma população de 15.198.863 habitantes, conforme o censo de 1991, a Região Metropolitana mostra um espaço cada vez mais denso, embora seu crescimento anual ao longo da década tenha sido de 1,73%, sendo de 1% apenas na capital (Censo 1991, IBGE). No último decênio, a estagnação econômica do país repercutiu sobre o padrão de crescimento da cidade, alterando sua imagem de centro industrial. O "êxodo de indústrias para outras cidades do Estado, a queda rápida de seu crescimento populacional e o empobrecimento de grandes parcelas de sua pequena burguesia e de seu proletariado" (Kowarick, 1990, p. 9) apresentam uma cidade que vem perdendo emprego industrial e se "terciarizando" intensivamente.

A terciarização, sobretudo da capital paulista, se expressa pelo processo de desconcentração industrial e por sua "transformação em centro comercial e de serviços altamente diversificado e sofisticado que atinge um raio nacional e continental" (Kowarick, 1990, p. 13).[3] Kowarick observa ainda que "a mancha urbana agiganta-se, conformando uma megametrópole que passa a reproduzir em escala ampliada o quadro já designado de *subdesenvolvimento industrializado*" (Kowarick, 1990, p. 24).

Do ponto de vista ambiental, São Paulo chega ao final do século seriamente comprometida: poluição do ar e das águas, enchentes, erosão e deslizamentos se agravaram ao longo da década. É importante lembrar que a população submetida às situações de maior risco ambiental é exatamente a que tem menores condições de enfrentar o problema. São milhões que moram às beiras de córregos, em moradias insalubres, em várzeas inundáveis ou em encostas precárias, evidenciando que o problema ambiental é também social (cf. Kowarick, 1990).

---

3. Kowarick apresenta duas hipóteses explicativas para o fenômeno: a primeira é a de *reversão da polarização*, em que o ajustamento espontâneo do mercado estaria gerando uma homogeneização do espaço econômico. Outra interpretação é a do *transbordamento metropolitano*, segundo a qual o assentamento produtivo se desloca para polos com vantagens semelhantes às do grande centro metropolitano, sem a sua sobrecarga e congestionamento (Kowarick *et alii*, 1990, p. 21-22).

Expressando os resultados de uma complexa dinâmica, as condições de vida na Grande São Paulo perdem qualidade e a luta pela sobrevivência da população de baixa renda é maior do que no início da década, num quadro em que questões como moradia, trabalho, saúde, educação, transporte e segurança se agravam crescentemente.

"Afinal, pouco ou nada da riqueza produzida por São Paulo, ao longo de sua história e, particularmente nos últimos trinta anos, foi partilhada com igualdade por seus habitantes" (Sposati, 1988, p. 11). Sem dúvida, o processo de crescimento da Grande São Paulo, expresso na especialização de seu proletariado, no crescimento de seu parque industrial, na multiplicação de funções e assalariamento do trabalho, na expansão do terciário e no desenvolvimento de uma pequena burguesia proprietária, também ampliou a pobreza urbana.[4] Este processo expulsou a população de mais baixos rendimentos para áreas cada vez mais distantes, para as periferias da cidade, de menor valor do solo urbano em relação às áreas mais centrais e de melhor infraestrutura urbana. Levou também à deterioração de regiões centrais pela proliferação de favelas, cortiços e outras formas de moradia precária. Para os moradores da periferia, são comuns as carências de recursos públicos como saneamento, transporte e atendimento médico, entre outros. Trata-se de um espaço desordenado

---

4. Para análise e informações sobre as condições de vida na Grande São Paulo, ver os trabalhos de Brant (1989), Gottschalk e Lopes (1990) e Kowarick (1990). Levantamento recente da Fundação Sistema Estadual de Análise de Dados-SEADE, da Secretaria de Economia e Planejamento do Estado de São Paulo a partir de dados das PNADs (Pesquisas Nacionais de Domicílios do IBGE) e das PEDs (Pesquisas de Emprego e Desemprego) aponta que "para ponderável proporção das famílias da Região Metropolitana da Grande São Paulo (RMSP), a década significou claro retrocesso, porque, depois de vaivéns, essas famílias, na melhor das hipóteses, terminaram numa situação tão ruim como aquela que tinham atravessado em 1983, no auge da recessão" (Gottschalk e Lopes, 1990, p. 100).

e segregado que se situa cada vez mais distante dos serviços sociais básicos e dos locais de trabalho de seus moradores.

Este livro busca uma interlocução com as análises recentes sobre a pobreza brasileira, particularmente no espaço metropolitano, e seu enfrentamento pela via das políticas sociais públicas, com ênfase na ação assistencial do Estado. Privilegia os impactos dessas políticas sobre a população alvo de serviços sociais e assistenciais. Objetiva compreender as marcas que a ação assistencial deixa sobre o segmento das classes subalternas que a ela recorre para obter serviços e reconhecimento. Ao mesmo tempo, busca situar alguns aspectos de sua cosmologia e de sua interpretação acerca das condições concretas em que vive como "assistida".

Quem são os "mais pobres" que recorrem à assistência social para aí suprir algumas de suas necessidades e carências? Necessidades que, histórica e socialmente produzidas, não se limitam a objetos materiais, referindo-se também ao campo da espiritualidade dos indivíduos. *Como se configura a assistência social na conformação da identidade subalterna*? Pode o assistencial constituir-se em espaço de protagonismo para os subalternos? Qual a relevância das ações assistenciais para os "assistidos"?

A categoria *subalterno*, legado gramsciano, por sua expressividade, e por dar conta de um conjunto diversificado e contraditório de situações de dominação, foi escolhida para nomear as classes em que se inserem os usuários das políticas sociais, no contexto em estudo. A subalternidade diz respeito à ausência "de poder de mando, de poder de decisão, de poder de criação e de direção" (Almeida, B., 1990, p. 35). A subalternidade faz parte do mundo dos dominados, dos submetidos à exploração e à exclusão social, econômica e política. Supõe, como complementar, o exercício do domínio ou da direção através de relações político-sociais em que predominam os interesses dos que detêm o poder econômico e de decisão política. Neste sentido, não podemos

CLASSES SUBALTERNAS E ASSISTÊNCIA SOCIAL

abordar indivíduos e grupos subalternos isolando-os do conjunto da sociedade:

"A classe não é apenas um relacionamento entre grupos, é também sua coexistência no interior de uma estrutura social, cultural e institucional estabelecida por aqueles que estão por cima. O mundo do pobre, embora elaborado, reservado e separado, é um mundo subalterno e, portanto, em alguns sentidos, um mundo incompleto, pois normalmente admite a existência de uma estrutura geral daqueles que detêm a hegemonia ou, de qualquer maneira, sua própria incapacidade de na maior parte do tempo fazer algo quanto a isso. O pobre aceita esta hegemonia, mesmo quando desafia algumas de suas implicações, porque, em grande parte, tem de aceitá-la" (Hobsbawm, 1987, p. 64).

Historicamente, os subalternizados vêm construindo seus projetos com base em interesses que não são seus, mas que lhe são inculcados como seus. Experienciam a dominação e a aceitam, uma vez que as classes dominantes, para assegurar sua hegemonia ou dominação, criam formas de difundir e reproduzir seus interesses como aspirações legítimas de toda sociedade. Como mostra Almeida, B. (1990), a subalternidade vem sendo introjetada ao longo de nossa história, e a experiência política predominante na sociedade brasileira é a da dominação, apesar dos "ricos momentos sociopolíticos de lutas entre dominados e dominantes" (Almeida, B., 1990, p. 35).

Analisando as relações de dominação do ponto de vista político-ideológico, Almeida observa ainda que, nessas relações, o Estado, através de suas instituições sociais e políticas, é veiculado como instância da ordem e da autoridade superior sobre a sociedade civil. Nesse sentido, através de seu "monopólio de instituições", o Estado ajuda a manter e a reproduzir as estruturas da sociedade a partir da ótica dos interesses dominantes (cf. Almeida, B., 1990, p. 37). É importante lembrar que da sociedade civil partem demandas que o Estado deve atender. Ambos, sociedade civil e Estado, resultam de relações sociais contraditórias e produzem instituições e políticas voltadas ao atendimento das necessidades sociais e políticas da sociedade.

Em contraposição, práticas de enfrentamento e de busca de superação da subalternidade são observadas, nos movimentos sociais, nos partidos políticos, nas lutas sociais e políticas da maioria da população brasileira e em práticas cotidianas de contestação e resistência à dominação. Essas práticas representam "inequivocamente demandas de cidadania social" (Jacobi, 1989, p. 159) e conferem a seus agentes um protagonismo nas relações sociais que estabelecem.

Nesse processo, a coletividade criada pela consciência de que são "iguais" na pobreza, na exclusão e na subalternidade coloca a questão da *cidadania dos subalternos* em um novo patamar: na perspectiva de sua constituição como *sujeitos políticos, portadores de um projeto de classe*. Ao adquirir visibilidade, conquistar direitos e protagonismo social, as classes subalternas avançam no processo de ruptura com a condição subalterna e na produção de uma outra cultura em que prevaleçam seus interesses de classe. Não se trata aqui, pois, da cidadania construída "na ordem", como resultado na conciliação de interesses inconciliáveis, em que "assistidos" transformam-se em "cidadãos" como se a causa da desigualdade fosse a ausência da cidadania (cf. Mota, 1991).

Aldaíza Sposati, analisando a necessária superação da "cultura da tutela" que permeia a assistência social, observa que essa superação supõe "ampliar as condições de protagonismo em cada cidadão, por mais limitadas que sejam as condições que a própria natureza lhe ofereceu. Esta perspectiva não é um voluntarismo que tem o falso conceito de que o homem é livre das determinações externas, a liberdade reside na capacidade de reelaborar essas determinações a partir da vontade própria" (Sposati, 1992, p. 2). Esta perspectiva reforça a dimensão pedagógica da assistência em uma direção social orientada pelos interesses das classes subalternas.

Este livro pretende abordar as políticas sociais e particularmente a assistência social do ponto de vista dos interesses das classes subalternas, enquanto alvo desses serviços.

A literatura especializada sobre políticas sociais no Brasil privilegiou aspectos multifacetados do aparato estatal em suas intervenções no campo social. Assim, foram abordados seus processos de formulação no jogo do poder, suas estruturas organizacionais burocratizadas, seus mecanismos decisórios, sua implementação e sua relação com os movimentos sociais, entre outros tantos temas relevantes. Tais estudos, porém, negligenciaram a abordagem acerca da *performance* das políticas sociais sob o ponto de vista de seu destinatário. Lacuna na literatura especializada, *a ótica dos "assistidos"* (quer do ponto de vista dos serviços que recebem, quer do reconhecimento que obtêm pela mediação desses serviços) e a sua condição de subalternidade é o que nos interessa neste livro.

A experiência da pobreza, da exclusão social e da construção da identidade subalterna, enfocada a partir da mediação dos serviços assistenciais, constitui o centro analítico das reflexões que se seguem. Neste sentido, aqui entra em cena a relação entre políticas sociais e assistenciais e a realização de direitos elementares dos subalternos, na perspectiva da ruptura ou da continuidade da condição de subalternidade.

Abordar os "assistidos" privilegiando sua própria ótica constitui, pois, a novidade deste livro, que se situa no conjunto de pesquisas e trabalhos do Programa de Estudos Pós-Graduados em Serviço Social da PUC-SP que vem tematizando em um dos seus eixos de pesquisa e assistência social no conjunto das políticas sociais públicas. O resgate dos pontos de vista dos usuários de serviços socioassistenciais permite interpretar sob novos ângulos as políticas sociais, a assistência social e o serviço social.

Sabemos que, em uma sociedade assentada na exploração de poucos sobre muitos, como é a sociedade brasileira, as políticas de corte social, ao regularem as relações sociais, não só favorecem a acumulação e oferecem bases para a legitimação do Estado, como reproduzem a dominação. Do ponto de vista político, além de encaminhar para frentes menos conflitivas as relações entre o capital e o trabalho, essas políticas têm o objetivo de estancar e minimizar as tensões sociais e manter as bases de apoio do Estado, conferindo uma face mais humanitária ao capitalismo. Do ponto de vista econômico, interferem no próprio processo de reprodução social da força de trabalho ao possibilitar o acesso a recursos sociais (Sposati *et alii*, 1985).

Como aponta Ianni (1990), o Estado brasileiro transformou grande parte da questão social em problema de administração, desenvolvendo políticas e agências de poder estatal nos mais diversificados setores da vida nacional, desde a economia à cultura. Neste sentido, o conjunto das intervenções do Estado não pode ser considerado em si mesmo, mas deve ser relacionado a essa tarefa reguladora. Como "fiador de relações sociais" (O'Donnell, 1980, p. 81), o Estado tem de exercer funções contraditórias em face das exigências da reprodução do capital e das necessidades da reprodução dos trabalhadores, e suas políticas refletem assim as ambiguidades resultantes das tensões e dos conflitos entre os interesses em jogo.

Quanto à população alvo dessas ações políticas e particularmente da assistência social, é importante recordar que a alternativa de desenvolvimento adotada pelo poder econômico gerou, conforme referimos anteriormente, para a absoluta maioria da população brasileira, um quadro de degradação das condições de vida e, assim sendo, hoje recorrem aos programas de assistência social, não uma "minoria, mas grandes contingentes populacionais nos quais se incluem também segmentos que integram o mercado formal de trabalho" (Cohn *et alii*, 1987, p. 92). Evidencia-se assim outra face dos programas socioassistenciais: se a administração da desigualdade é a ótica da ação estatal, para as classes subalternizadas e excluídas a assistência, os serviços sociais em geral, se colocam como modalidade de acesso a recursos sociais e é assim que se apresentam como reivindicação básica de movimentos dos subalternos em seu processo de luta por direitos sociais. O social torna-se campo de lutas e de manifestação dos espoliados, o que não significa uma ruptura com o padrão de dominação e de clientelismo do Estado brasileiro no trato com a questão social. A incorporação das demandas dos subalternos, que ainda conformam as políticas sociais, põe em questão até que ponto essas políticas são ou não funcionais aos interesses da população: "Neste tipo de relação Estado/sociedade caracteriza-se a força do Estado frente a uma sociedade pobre, debilitada, mantida em uma condição de alienação" (Sposati *et alii*, 1985, p. 22). Trata-se de uma relação que, sob a aparência da inclusão, reitera a exclusão, pois inclui de forma subalternizada, e oferece como benesse o que é na verdade direito. Mas é importante ter presente que a exclusão não é um movimento unívoco do Estado, pois é uma relação que, contraditoriamente, contém um espaço para luta pela conquista de direitos sociais.

A assistência é, pois, como as demais políticas do campo social, expressão de relações sociais que reproduzem os interesses em confronto na sociedade. Reproduzem, portanto, a exploração, a dominação e a resistência, num processo contraditório em que se acumulam riqueza e pobreza. E a acumulação da pobreza na sociedade brasileira põe em questão os limites das políticas voltadas a seu enfrentamento e a necessidade de aproximação ao universo de exclusão e subalternidade dos que buscam as instituições sociais que atuam no âmbito assistencial.

Submersos numa ordem social que os desqualifica, indivíduos marcados por clichês: "inadaptados", "marginais", "problematizados", portadores de "altos riscos", "casos sociais", alvo de pedagogias de "reerguimento" e de promoção (Verdès-Leroux, 1986), representam a herança histórica da estruturação econômica, política e social da sociedade brasileira.

Abordar aqueles que socialmente são constituídos como "assistidos" em suas relações e representações é penetrar, ainda que de modo introdutório, num universo de dimensões insuspeitadas. Universo marcado pela pobreza, exclusão e subalternidade, pela revolta silenciosa, pela humilhação, pelo ressentimento, pela fadiga, pela crença na felicidade das gerações futuras, pela alienação, pela resistência e pelas estratégias para melhor sobreviver, apesar de tudo.

Importa aqui explicitar que a concepção de pobreza que orienta este livro localiza a questão no âmbito de relações constitutivas de um padrão de desenvolvimento capitalista em que convivem acumulação e miséria. Ou seja, a pobreza é abordada como expressão direta das relações vigentes na sociedade. É produto dessas relações que, na sociedade brasileira, produzem e reproduzem a pobreza enquanto tal, quer no plano socioeconômico, quer no plano político, constituindo múltiplos mecanismos que "fixam" os "pobres" em seu lugar social na sociedade.[5]

A concepção de pobreza configura-se em geral como uma noção ambígua e estigmatizadora, cujos contornos pouco nítidos muitas vezes ocultam seus aspectos resultantes da organização social e econômica da sociedade. De qualquer modo, a noção põe em evidência aqueles que, de forma permanente ou transitória, estão privados de um mínimo de bens ou mercadorias necessárias à sua conservação e reprodução social. O que se observa, apesar da diversidade de parâmetros utilizados para a determinação empírica da "pobreza", é que a exclusão do usufruto da riqueza socialmente produzida configura-se como um de seus principais elementos definidores.

---

5. Para análise da reprodução política da pobreza no Brasil e de seus múltiplos significados, ver o trabalho de Andrade (1989) e os estudos da Fundação SEADE, particularmente a Revista *São Paulo em Perspectiva*.

Embora a renda se configure como elemento essencial para a identificação da pobreza, o acesso a um patamar de "mínimos sociais" (Draibe, 1990), compreendido por um conjunto de bens e serviços sociais ao lado de outros meios complementares de sobrevivência, precisa ser considerado para definir as situações de pobreza.[6] É importante ainda considerar que pobreza não é apenas uma categoria econômica, não se expressa apenas pela carência de bens materiais. Pobreza é também uma categoria política que se traduz pela "carência de direitos, de possibilidades, de esperança" (Martins, 1991, p. 15). Esta face da pobreza suscita novos desafios à gestão estatal dos processos de inclusão/exclusão social dos subalternos e, particularmente, à assistência social, historicamente campo dos excluídos.

A abordagem conceitual da questão da exclusão configura-se como outra referência fundamental para uma análise mais abrangente das condições de vida dos subalternos. Partimos do entendimento de que a exclusão é uma modalidade de inserção na vida social, sobretudo para aqueles "que não estão no núcleo de recriação da sociedade capitalista que é a produção" (Martins, in Foracchi, 1982, p. VIII). Trata-se, portanto, de uma exclusão que é engendrada pelo próprio capitalismo e que dele faz parte. Ou, como a denomina Martins, trata-se de uma exclusão integrativa.

Como pesquisa, este livro volta-se para o território, ainda pouco explorado pelo Serviço Social, da coleta de relatos de vida dos subalternos, procurando compreender o modo como organizam a realidade em suas mentes e a expressam em seus

---

6. Problematizando a questão, Nunes (1990) mostra que os critérios para a determinação empírica da pobreza, em geral, privilegiam o nível de renda familiar, medida em múltiplos e submúltiplos do salário mínimo. Observa o autor que alguns estudos com maior grau de sofisticação trabalham com a renda familiar *per capita* e outras variáveis. Ver p. ex. Gottschalk e Lopes, 1990.

comportamentos. Esses relatos de vida são aqui analisados considerando que não podem ser desvinculados do movimento mais geral da sociedade, em que cada experiência contribui para a compreensão da trama de relações que constituem a vida social. Recorrendo a histórias de vida e a depoimentos, procura-se "atingir a coletividade de que seu informante faz parte... Mesmo que o cientista social registre somente uma história de vida, seu objetivo é captar o grupo, a sociedade de que ela é parte; busca encontrar a coletividade a partir do indivíduo" (Queiroz, 1987, p. 277).

Entendemos que o Serviço Social profissional, como mediação, está diretamente colocado na relação do Estado com os setores excluídos e subalternizados da sociedade. É, pois, uma intervenção mediadora, que transita no campo das políticas sociais e assistenciais na concretização da tarefa reguladora do Estado na vida social. Nesse campo, localizamos uma das atribuições persistentes dos assistentes sociais: "selecionar o grau de carência da demanda (...) para incluí-la/excluí-la dos serviços ou bens ofertados pelos programas sociais". Cabe ao assistente social "fornecer o passaporte para o ingresso no aparato das exigências institucionais", racionalizando e administrando recursos e controlando o acesso e uso que a população usuária faz deles (cf. Sposati *et alii*, 1985, p. 30). Como mediador, o assistente social transita entre dois mundos complementares: o universo dos dominantes e dos dominados, numa posição muitas vezes ambígua na medida em que se situa num campo de interesses contrapostos.

O uso de técnicas qualitativas para o estudo do social carrega o desafio de captar nas práticas e representações individuais os sinais de uma organização social historicamente constituída em que as divisões de classe formam o pano de fundo da trama onde se gera a pobreza. Trama de mediações complexas, na qual a diversidade, as fragmentações e as ambiguidades contêm os elementos que particularizam uma dada realidade (Lukács, 1978).

Perseguir a contribuição que depoimentos e histórias de vida podem oferecer para o conhecimento da vida social, implica reconhecer que "no fundo da narrativa encontra-se a realidade social e coletiva incorporada pelo sujeito" (Brioschi e Trigo, 1989, p. 40). É claro que as narrativas são marcadas por diversidades e trazem o sabor da individualidade. São cotidianos anônimos, percursos matizados por experiências diferenciadas, vividas em condições muito semelhantes e que vão evidenciar uma espécie de identidade de destinação das classes subalternas.

Nas narrativas que recolhemos, lidamos com discursos simbólicos e subjetivos em que os sujeitos apresentam as *representações* das circunstâncias de suas vidas. São depoimentos que que o narrador apresenta não apenas fatos, mas seleciona acontecimentos que têm importância em sua ótica e atribui significado a eles. As representações realizam as funções de organizar significativamente a realidade, de explicá-la, de orientar os comportamentos e de criar uma identidade social. Elas se constituem nas relações sociais, ao mesmo tempo em que contribuem para sua organização.

Aqui, o sujeito é o narrador, e busca-se captar sua interpretação acerca de uma trajetória e de experiências significativas segundo sua versão individual. Embora produto subjetivo, os depoimentos e histórias de vida, ao expressar a incorporação de uma realidade objetiva, são utilizados neste livro como modalidade esclarecedora de uma condição social, de uma cultura e de uma época.

Desvendar mediações na intersecção do individual com a vida em sociedade, compreender os comportamentos dos indivíduos em suas relações sociais é compreender que o homem é essencialmente social e histórico, e que a "identidade social de um indivíduo só pode ser compreendida a partir das práticas sociais nas quais este indivíduo se insere e das representações que faz destas práticas" (Lane, 1984, p. 98).

É, pois, na vida social que se encontram os padrões mais gerais de identidade, os comportamentos, as representações e a construção da consciência. A consciência, as representações, enquanto referidas à apreensão da realidade, expressam o movimento individual/coletivo e abrem um amplo campo de estudos. O "eu", o "nós" só se desenvolve em face do "ele", do "eles".[7]

Em síntese, há uma cumplicidade, uma dialética nas relações entre os homens na constituição de sua identidade social. Identidade que se torna compreensível no jogo da diferença, de alteridade e da dependência recíproca: "A não ser abstratamente, na imaginação sem vida, não há o ser-em-si, ou o eu-em-si. Tudo que é em-si constitui-se na dialética dos espelhos. O eu é sempre a imagem que o eu constrói a partir de sua vivência refletida e defletida do outro" (Ianni, 1987, p. 10).[8]

---

7. Ciampa, em estudo sobre a identidade como processo em movimento e metamorfose, apresenta-a como articulação da diferença e da igualdade na trama das relações sociais. Afirma: "Cada indivíduo encarna as relações sociais, configurando uma identidade pessoal. Uma história de vida. Um projeto de vida. Uma vida-que-nem--sempre-é-vivida, no emaranhado das relações sociais... No seu conjunto, as identidades constituem a sociedade, ao mesmo tempo em que são constituídas, cada uma por ela" (Ciampa, 1990, p. 127).

8. Marx, abordando as relações contraditórias que constituem o todo e a diferença, coloca: "Como não vem ao mundo provido de um espelho, nem proclamando filosoficamente, como Fichte: eu sou eu, (o homem) somente se reflete, primeiramente, em seu semelhante. Para referir-se a si mesmo como homem, o homem Pedro tem que começar referindo-se ao homem Paulo como a seu igual. E em assim fazendo, o tal Paulo é para ele, com seus cabelos e sinais, em sua corporeidade paulina, a forma ou manifestação de que se reveste o gênero homem"... "Com estas determinações por efeito reflexo, ocorre sempre uma coisa curiosa. Tal homem é, por exemplo, rei porque outros homens se comportam diante dele como súditos. Mas estes, por sua vez, se creem súditos porque o outro é rei" (Marx, 1947, t. I, v. 1, p. 59 e 64) citado in Ianni, 1987.

Sobre a temática, abordando a questão judaica, por sua vez, escreveu Sartre: "O judeu é um homem que os outros homens consideram judeu: eis a simples verdade de onde se deve partir. Neste sentido, o democrata tem razão contra o antissemita: o antissemita é que faz o judeu... Assim, o judeu está em situação de judeu porque vive no seio de uma coletividade que o considera judeu" (Sartre, 1960, p. 103).

Partimos do pressuposto de que abordar indivíduos em suas relações com as instituições sociais e assistenciais é conhecer um pouco mais a realidade histórico-social da pobreza que vivenciam.

A diversidade de experiências vividas, as visões de mundo, a trajetória dos indivíduos pertencentes às classes subalternas, situando-se no plano da construção de uma história dos dominados, revelam, pela mediação do recurso ao assistencial, alguns significados da dominação e da resistência pelos que a vivem.

Permitindo usos diversos, particularmente na pesquisa social, histórica e antropológica, os depoimentos e relatos de vida trazem a possibilidade de um conhecimento do ponto de vista do entrevistado, de uma versão marcada pela subjetividade que se explicará dentro de um quadro conceitual.

O cuidado para não reificar a narração, tratar o discurso em si mesmo, permitindo que os "dados falem por si sós" (Brioschi e Trigo, 1989) sem referências conceituais claramente explicitadas, é básico na utilização de métodos qualitativos de pesquisa. É o apoio em um referencial teórico que permitirá a definição de um eixo analítico, capaz de articular discursos heterogêneos e fragmentados. Thiollent (1980) aponta os riscos de transformar meios de coleta em fins, num processo de reificação da técnica, mostrando que isso ocorre como fruto de uma atitude investigativa que privilegia as técnicas "como receitas ou instrumentos neutros" (Thiollent, 1980, p. 22) numa excessiva valorização do instrumental técnico à disposição do pesquisador.

Para coletar depoimentos, organizá-los e atribuir-lhes sentido, exige-se do investigador um posicionamento teórico/metodológico acerca do alvo de sua investigação, o que não pode constituir-se em um "dogmatismo *a priori* dando respostas em vez de formular perguntas" (Bertaux, 1983, p. 4). A obscuridade relativa do objeto que se busca conhecer exige um lento processo de construção por parte do investigador. Este processo deve ser iluminado por categorias teóricas explícitas e fundado na aproximação entre sujeito e objeto em um movimento de comunicação no qual se colocam em relação experiências de vida diversas.

Para que se pudesse adentrar, ainda que parcialmente, na realidade social e simbólica das classes subalternizadas através do estudo de depoimentos de usuários de serviços assistenciais, buscou-se o apoio teórico de inúmeras fontes. Na tradição marxista está a inspiração primeira. A perspectiva histórica esteve presente ao longo do percurso realizado.

Tendo como objetivo contribuir para o conhecimento da população alvo dos serviços assistenciais nas condições objetivas em que vive e as representações que constrói na condição de "assistida", este livro expressa uma necessidade fundamental do Serviço Social contemporâneo: a aproximação do cotidiano dos segmentos pauperizados das classes subalternas para explicitar e repensar o significado da tarefa assistencial enquanto mediação no acesso a direitos sociais.

A necessidade de conhecer melhor o destinatário da assistência suscita, de início, a questão do caráter heteróclito das ações assistenciais, que se constituem de um amplo e diversificado conjunto de programações, voltadas, por sua vez, para um amplo e diversificado contingente de usuários. Nesse conjunto de inúmeros programas, serviços e instituições que comportam uma população alvo extremamente variável, foi preciso optar por um critério homogeneizador dos sujeitos deste livro. Assim, tendo em vista a necessidade de delimitar o campo, optamos por alguns parâmetros principais: *a renda per capita inferior ou de até um salário mínimo, a dependência de serviços sociais públicos na determinação de seu padrão de vida e o caráter continuado de vínculo com uma ou mais instituições prestadoras de serviços assistenciais.*

A seleção de sujeitos que pudessem oferecer dados significativos para o estudo efetivou-se em instituições de natureza assistencial e privilegiou informantes com vinculação institucional de pelo menos três anos. Instituições que, nas circunstâncias deste livro, configuram-se apenas como cenário onde localizamos os protagonistas que desejamos conhecer. Assim, foram escolhidos dois homens e seis mulheres cujas experiências de vida apresentaram uma relação continuada com instituições assistenciais, ou com serviços assistenciais de instituições de outra natureza. No âmbito deste livro, definem-se os serviços assistenciais a partir da ordenação proposta por Sposati e Falcão (1985) que incluem como assistenciais: a) ações de caráter imediato, supletivo e compensatório como a assistência alimentar, a provisão de medicamentos, próteses, órteses, passagens, o auxílio em dinheiro, a profissionalização, o encaminhamento a serviços de colocação, a provisão de documentos e outros; b) serviços de cunho educativo, comunitário e sócio-urbano, tais como centros infantis, creches, núcleos comunitários, centros de lazer, núcleos de trabalho, serviços de promoção habitacional e de desenvolvimento de infraestrutura urbana e social (como esgotos, pavimentação de ruas etc.)

O primeiro passo foi contatar as instituições escolhidas: Secretaria do Bem-Estar Social do Município de São Paulo (SEBES), Legião Brasileira de Assistência (LBA) e Hospital das Clínicas da Faculdade de Medicina da Universidade de São Paulo.

Nestas três instituições, foram identificadas, com a colaboração de assistentes sociais que aí desenvolvem sua prática profissional, pessoas significativas para a coleta de histórias de vida, sendo consideradas significativas aquelas que, dentro dos parâmetros acima apontados, na busca de assegurar sua reprodução social e a de sua família, constituíram o recurso ao assistencial como parte de suas estratégias de sobrevivência. São experiências significativas, também, porque representam realidades diversificadas.

Assim, temos dois homens em condições bastante diferenciadas: um deles é doente e sozinho (Durval) e o outro tem uma família com três filhos e está desempregado (Francisco).

Entre as mulheres, as experiências de vida também são heterogêneas: uma delas é portadora de deficiência física e mental e vive sozinha (Wilma), outras duas são casadas e com filhos (Conceição e Francisca), outras duas são mães solteiras: uma vive só com seus dois filhos pequenos (Maria de Nazaré) e outra mora com um companheiro e tem problemas de saúde (Elizabeth). Todos trabalham. Finalmente, uma das mulheres escolhida e entrevistada (Mariana) não permitiu a gravação de seu depoimento. Sua vida, dizia-me ela, é e sempre foi "muito triste" e não gostaria de ter gravados "os sonhos que não realizou e as lembranças de dias de necessidade". Não conseguia ver qual utilidade teria o relato de tantas tristezas. Desse modo, embora tenhamos tido várias conversas, optei por não utilizar seu depoimento.

O contato inicial com esses "assistidos" apresentou-lhes o tema da pesquisa para obter sua colaboração para que se pudesse adentrar no universo de suas representações e de suas vivências, particularmente como "assistidos". Estes primeiros contatos, ainda realizados nas instituições, permitiram encontros posteriores, agora em suas moradias. Para captar as trajetórias dos sujeitos escolhidos como informantes da pesquisa, muitas visitas foram feitas a cada um deles. O objetivo foi estabelecer um vínculo capaz de facilitar a coleta de seus depoimentos. O inventário das experiências dos narradores, a partir de suas lembranças mais antigas, foi orientado por intervenções minhas, para encaminhar a conversa para os objetivos da pesquisa. Para facilitar a coleta, um pequeno roteiro foi elaborado e minhas intervenções nos diálogos sempre procuraram não tolher a espontaneidade dos depoentes em suas narrativas.

Acredito haver conciliado a liberdade de narrativa (Bastide, 1953, p. 7) com intervenções orientadoras da coleta, particularmente quando o assunto trazia à reflexão as relações do narrador com a assistência social. Foram colhidos longos relatos que me introduziram em suas experiências e representações. Os depoimentos foram gravados, transcritos e ordenados para preservar o discurso e as expressões dos informantes.

Não houve intenção de buscar uma representatividade quantitativa, buscou-se apenas recolher experiências de vida, "experiências humanas" (Thompson, 1981) de "assistidos". Experiências que, narradas fragmentariamente e em "falas" muitas vezes assentadas em outros códigos, bem expressam as múltiplas espoliações de seus narradores. Expressam também suas inquietudes, suas resistências e seus desejos de libertação das condições em que vivem, mesmo como um sonho. "Eu acredito que tudo pode mudá. Mesmo que seja quando eu tiver morrido. Pros meus filhos, pros meus netos..." (Maria de Nazaré).

Todas as trajetórias observadas situam os narradores no âmago da condição de pobreza, da exclusão e da subalternidade e, assim sendo, os relatos colhidos foram analisados a partir destes três eixos analíticos. Pobreza, exclusão e subalternidade: categorias imbricadas que permitem tornar visíveis a dominação, a humilhação, o ressentimento, a subordinação, a resistência e outras tantas dimensões do lento processo de constituição de uma identidade social subalterna. Como mediação, entre as diversas mediações possíveis para a compreensão da contraditória reprodução social dos subalternos, privilegiamos as ações assistenciais.

Como técnicas complementares, organizou-se um diário de pesquisa e fichas dos informantes. No diário de pesquisa, foram registradas descrições e observações sobre as situações de entrevista, os informantes, os relacionamentos estabelecidos e os locais onde se realizaram os encontros. No diário, também estão refletidas as emoções da descoberta que o "eu" faz do "outro", daquele que faz parte de uma realidade social concreta à qual não pertenço. Serei eu mais um de seus dominadores? Estarei procurando enquadrá-lo ou conduzi-lo como meu discurso? Sei que sou eu quem conduz o jogo (Queiroz, 1985) e procuro dar-lhe a palavra, observar seu universo.

Procurei dar particular atenção ao bairro, à rua e à moradia, signos de uma condição social. Os sete narradores moram em bairros periféricos: alguns mais organizados do ponto de vista urbanístico, outros destituídos de benfeitorias básicas. Cinco moram em favelas. Em todas as visitas, caminhamos por ruas esburacadas, acanhadas, às vezes ainda sem asfalto e com os esgotos a céu aberto, particularmente no caso das favelas. Observamos os movimentos de diferenciação entre os bairros, ruas e casas, com suas fisionomias peculiares, mas também observamos as semelhanças de um cotidiano de pobreza e opressão. Vimos o igual e o diferente e chegamos mais perto da experiência da pobreza.

Criamos alguns vínculos que até hoje permanecem, após a pesquisa encerrada. Para eles, éramos a "assistente social", um profissional que conheciam por suas vinculações a programas assistenciais e que, na maior parte das vezes, avaliavam como "alguém que ajuda os pobres", tanto em suas necessidades como em seu processo de organização.

Observamos também outros códigos que sinalizam a condição subalterna: as roupas, a fala, os silêncios, as expressões corporais, linguagens além do discurso e que tão pouco conhecemos. Percebemos a insuficiência teórica, os velhos preconceitos e que, sobretudo, vivemos em mundos muito diferentes.

Os relatos de vida, combinados ao uso da pesquisa documental, configuraram-se como via particularmente fecunda para a questão em estudo. Como fonte capaz de mostrar a vida que transcorre no dia a dia dos que dependem, muitas vezes, dos serviços assistenciais para sobreviver, os depoimentos relacionados a estudos e documentos sobre as condições de vida na Região Metropolitana de São Paulo permitiram a apreensão de algumas expressões da pobreza, fornecendo indicações sobre os possíveis efeitos de ações assistenciais.

A Região Metropolitana de São Paulo foi abordada do ponto de vista de sua pobreza na dinâmica contraditória que peculiariza a "estagflação" dos anos 80: processo em que os ricos pouco perdem e no qual se agrava a pobreza absoluta da Metrópole. Assim, para muitos, a sobrevivência na cidade dependerá do acesso aos bens e serviços públicos, entre os quais destacamos os serviços assistenciais.

Embora os estudos sobre a pobreza na Região Metropolitana de São Paulo sejam abundantes e ricos em dados quantitativos e qualitativos, oferecem pouco espaço para os depoimentos dos que vivenciam a pobreza e a condição de usuários de serviços assistenciais no espaço urbano.

Ao procurar delinear um conhecimento "mais de perto" sobre a constituição da identidade social dos subalternizados e excluídos, pela mediação da assistência, este livro não perdeu de vista as dimensões unificadoras e globalizadoras da diversidade das experiências coletadas. Experiências que, pouco a pouco, foram se tornando compreensíveis e concatenadas em um cenário onde se movem o Estado, suas políticas no campo social e as classes subalternas, constituindo um processo socioeconômico e político que decreta e reproduz a "subcidadania urbana", conforme Kowarick (1991a).

No percurso, para a construção das reflexões que se seguem, experimentamos a presença da "tensão entre o já-dito e o a-se-dizer". O já-dito não como fechamento, mas tensionado entre o que muda e o que permanece, entre o retorno e o avanço na busca do conhecimento (Orlandi, 1983). Trilhar caminhos já percorridos por outros, apropriar-me de suas reflexões para conhecer alguma coisa a mais de uma realidade múltipla e complexa que, entretanto, é uma enquanto face da exclusão e da subalternidade, foi o ponto de partida deste livro.

Antes de tudo, foi preciso explicitar alguns referenciais de apoio, para que se pudesse localizar a questão no âmbito das políticas socioassistenciais em sua intervenção no enfrentamento da questão social. Assim, o primeiro capítulo apresenta, do ponto de vista conceitual, as políticas sociais enquanto estratégias contraditórias de gestão estatal da pobreza das classes subalternas e a via assistencial, em sua particularidade, na atenção aos segmentos mais espoliados dessas classes.

O segundo capítulo aborda os destinatários das políticas socioassistenciais e dos serviços sociais, enfocados em sua condição subalterna, aqui explicitada como expressão de um lugar na vida social que se define exatamente pela exclusão. Exclusão que é uma forma de pertença, uma experiência que se explica na trama das relações sociais que definem o capitalismo no Brasil.

O terceiro capítulo traz as representações de sete usuários de serviços assistenciais com que se trabalhou para conhecer o modo como eles estruturam e organizam significativamente a realidade social que vivenciam e como subjetivamente participam da constituição do mundo objetivo em que se situam. Adentrar no processo de construção social da realidade da pobreza, da exclusão e da subalternidade pelo conhecimento da história de vida de Durval, Wilma, Conceição, Francisco, Francisca, Maria de Nazaré e Elizabeth foi o caminho. A mediação de assistência nesse processo e, particularmente, na conformação da identidade subalterna foi o aspecto privilegiado nas análises deste capítulo. Análises que nos remetem a um conjunto de indagações sobre a assistência e sobre suas possibilidades no complexo quadro da política social brasileira dos anos 90, questões que são retomadas no fechamento do trabalho sob o título: "Uma imensa fratura: a assistência social e o enfrentamento da pobreza".

Capítulo I

Políticas Sociais e Assistenciais: Estratégias Contraditórias de Gestão Estatal da Pobreza das Classes Subalternas

Para uma aproximação à experiência de pobreza, exclusão e subalternização de usuários de serviços sociais e assistenciais e, particularmente, para melhor situar a mediação do assistencial na conformação da identidade subalterna, entendemos que o ponto de partida é o enquadramento da questão no âmbito da regulação estatal das camadas mais pobres dos dominados na sociedade brasileira. Nesse sentido, se impõe uma incursão ao complexo e desarticulado campo da política social no país, particularizando sua *performance* na assistência social.

Sabemos que a política social no Brasil tem funcionado ambiguamente na perspectiva de acomodação das relações entre o Estado e a sociedade civil e, desde logo, cabe observar que as políticas sociais no contexto das prioridades governamentais, nos últimos vinte anos, vêm-se caracterizando por sua pouca efetividade social e por sua subordinação a interesses econômicos, configurando "o aspecto excludente que marca os investimentos sociais do Estado" (Jacobi, 1989, p. 9). Por outro lado, cresce a dependência, de segmentos cada vez maiores da população, da intervenção estatal no atendimento de suas necessidades, particularmente no que se refere às condições de vida no espaço urbano.

Em face de uma demanda crescente, sobretudo das populações carentes, a intervenção do Estado vem se revelando inoperante e incapaz de modificar, ao final dos anos 80, o perfil de desigualdade social que caracteriza a sociedade brasileira, que, ao contrário, agrava-se diante da recente política recessiva e do enorme desemprego por ela gerado.

1. O Estado e a política social no Brasil: a pouca efetividade dos investimentos no social

Partimos da hipótese de que há, no Brasil, uma modalidade assistencial (cf. Falcão, 1989) de fazer política no campo do social, particularmente nos espaços de relação entre o Estado e setores excluídos. É por isso que apresentamos, como referência inicial, uma reflexão acerca das formas contraditórias que vêm orientando a ação do Estado brasileiro em face da pobreza no país.

Sem dúvida, questões relacionadas às políticas estatais de corte social e ao enfrentamento da crescente pauperização das classes subalternas vêm se constituindo em temática cada vez mais presente nas análises e nos estudos de pesquisadores e profissionais envolvidos no campo das políticas sociais públicas no país.

Uma primeira análise sobre a questão mostra que as políticas sociais no Brasil nascem e se desenvolvem na perspectiva de enfrentamento da "questão social",[1] permitindo, apenas, acesso discriminado a recursos e a serviços sociais. O caráter regulador de intervenção estatal no âmbito das relações sociais na sociedade brasileira vem dando o formato às políticas sociais no país: são políticas casuísticas, inoperantes, fragmentadas, superpostas, sem regras estáveis ou reconhecimento de direitos. Nesse sentido, servem à acomodação de interesses de classe e são compatíveis com o caráter obsoleto dos aparelhos do Estado em face da questão. Constituem-se de ações que, no limite, reproduzem a desigualdade social na sociedade brasileira.

Essa modalidade de tratamento que o Estado vem dispensando aos segmentos mais pauperizados da força de trabalho deve ser apreendida no contexto contraditório das mutações econômicas, sociais e políticas que vem caracterizando o desenvolvimento capitalista no Brasil, sobretudo nas três últimas décadas. Produto de uma longa trajetória histórica marcada pela exacerbação dos contrastes entre riqueza e miséria, temos hoje no país um "Estado de Mal-Estar Social" (Oliveira, 1985, p. 5) em que as

---

1. A questão social diz respeito à divisão da sociedade em classes e à luta pela apropriação da riqueza socialmente produzida. Como refere Iamamoto, a questão social não é senão um conjunto de expressões do processo de formação e desenvolvimento da classe trabalhadora e de seu ingresso no cenário político da sociedade, exigindo seu reconhecimento pelo empresariado, pelo Estado. Como observa a autora, "a evolução da questão social apresenta duas faces indissociáveis: uma, configurada pela situação objetiva da classe trabalhadora, dada historicamente, face às mudanças no modo de produzir e de apropriar o trabalho excedente, como frente à capacidade de organização e luta dos trabalhadores na defesa de seus interesses de classe e na procura de satisfação de suas necessidades imediatas de sobrevivência; outra, expressa pelas diferentes maneiras de interpretá-la e agir sobre ela, propostas pelas diversas frações dominantes, apoiadas no e pelo poder do Estado" (Iamamoto, 1982, p. 79).

No Brasil contemporâneo, a questão social se expressa nas lutas sociais dos trabalhadores urbanos e rurais pela apropriação da riqueza social. Os movimentos sociais em geral e o movimento sindical em particular polarizam essas lutas, articulando suas demandas perante o Estado e o patronato que, no enfrentamento da questão, constituem políticas no campo social.

intervenções no âmbito social, e particularmente na assistência social, vêm representando um espaço de menor relevância na administração pública.[2]

> "As políticas sociais brasileiras, e, nelas, as de assistência social, embora aparentem a finalidade de contenção da acumulação da miséria e sua minimização através da ação de um Estado regulador das diferenças sociais, de fato não dão conta deste efeito. Constituídas na teia dos interesses que marcam as relações de classe, as políticas sociais brasileiras têm conformado a prática gestionária do Estado, nas condições de reprodução da força de trabalho, como favorecedoras, ao mesmo tempo, da acumulação da riqueza e da acumulação da miséria social" (Sposati, 1988, p. 11).

Estudos acerca das políticas sociais na periferia capitalista (Vasconcelos, 1988; Moura, 1989; Vieira, 1983) sobretudo no âmbito da abordagem marxista da questão, apontam que elas são estruturalmente condicionadas pelas características políticas e econômicas do Estado, quer sejam países "centrais" ou "periféricos".

---

2. Importa ter presente que, embora este livro tenha como referência, na abordagem da Política Social, as relações entre o Estado e os setores excluídos da sociedade, isso não significa compreender que a questão envolva apenas esses dois atores. Para entender a geração e a dinâmica da Política Social dentro da sociedade burguesa, é necessária a incursão em um terceiro campo: a empresa capitalista. É no âmbito destes três polos: Estado, classe trabalhadora e empresas privadas que se delineiam os caminhos da política social na sociedade capitalista, pois são as condições concretas de inserção no mercado de trabalho que geram a política social do trabalhador assalariado e a política social do pobre: a assistência social brasileira.

A regulação que o Estado efetiva do uso que o capital faz do trabalho se coloca na base do atendimento estatal aos "necessitados", pela assistência social, enquanto o empresariado, conforme aponta Mota (1989), assume a própria "desuniversalização" das políticas sociais ao intervir, pela prestação de serviços sociais, na reprodução do trabalhador e de sua família.

O papel do Estado só pode ser objeto de análise se referenciado a uma sociedade concreta e à dinâmica contraditória das relações entre as classes sociais nessa sociedade.

Analisando a problemática do Estado capitalista na experiência latino-americana, O'Donnell situa-o como um tipo histórico de Estado que denominará de "burocrático-autoritário" (O'Donnell, 1981). Este Estado é a expressão de interesses inerentemente conflitivos "dos sujeitos sociais de cuja relação emana". Interesses que não são neutros ou igualitários, mas que reproduzem "uma relação social que articula desigual e contraditoriamente a sociedade. Isto equivale a dizer que o Estado em seu conjunto — como aspecto e como objetivações — é uma forma de articulação daqueles sujeitos sociais" (O'Donnell, 1981, p. 77). É nesse sentido que o Estado é concebido como uma relação de forças. Relação assimétrica, porque relação de desigualdade, situada no campo do "controle dos recursos da dominação", como aponta O'Donnell.

Ao analisar a dominação como relacional, como modalidade de vinculação entre sujeitos sociais, O'Donnell situa a articulação desigual da sociedade em classes sociais como "o grande diferenciador do acesso aos recursos de dominação". Para ele, a dominação não se constitui apenas no plano econômico, mas inclui outras dimensões como coconstitutivas e tem no Estado uma "fenomenal condensação", embora não apareça como tal em suas instituições e relações (O'Donnell, 1981, p. 92).

Desse modo, objetivado em instituições com seus programas e projetos, o Estado apoia e organiza a reprodução das relações sociais, assumindo o papel de regulador e fiador dessas relações, intervindo tanto na viabilização do processo acumulativo como na reposição das classes subalternas.

O que se questiona na sociedade brasileira hoje é o caráter "truncado" dessa regulação (Oliveira, 1990). Trata-se, como mostra Oliveira, de "uma regulação permanentemente *ad hoc*: cada caso é um caso". "(...) uma intervenção estatal que financia a reprodução do capital mas não financia a reprodução da força de trabalho" (Oliveira, 1990, p. 46). Para o autor, o que caracteriza uma regulação "truncada" é a ausência de regras estáveis e a ausência de direitos, particularmente dos trabalhadores.

É importante lembrar que, no caso brasileiro, "a presença do financiamento público na reprodução de parcelas da força de trabalho é uma tendência histórica" (Oliveira, 1988a, p. 10) que vem assumindo expressões variadas segundo o contexto da acumulação e suas demandas e conforme as condições reprodutivas da força de trabalho. Nas duas últimas décadas, as transformações econômicas e políticas construíram o caráter "truncado" da regulação estatal.

As intervenções do Estado no quadro das interlocuções e mediações fundamentais que constituem o campo da política social pública inscrevem-se, pois, no bojo de relações sociais mais amplas que configuram a ordem capitalista no país em sua expansão monopolista.[3]

Efetivamente, o Estado sempre esteve presente na articulação do capitalismo no Brasil. A dinâmica dessa articulação nos

---

3. Entender a especificidade da expansão capitalista no Brasil em sua forma monopolista passa pela apreensão de suas ambiguidades, contradições e desigualdades que se evidenciam, de um lado, no tratamento impune e selvagem à força de trabalho e, de outro, pela presença de um capitalismo moderno, marcado pelo avanço tecnológico na industrialização e pelas altas taxas de concentração e acumulação. Esta apreensão combinada/associada do capitalismo brasileiro vem se configurando como uma via fértil para o entendimento do avanço do capital monopolista em países como o Brasil (Kowarick, 1988; Oliveira, 1985, 1990; Covre, 1989). A organização monopólica no país supõe o tripé econômico formado pela "confluência das empresas transnacionais (subsidiárias obviamente), empresas nacionais (de grande porte) e o Estado" (Covre, 1989, p. 38). Supõe, ainda, estrategicamente a transferência de tecnologia maquinária e a tecnologia organizatória (planejamento e controle). "É o Estado intervencionista planejador que viabiliza essa produção monopólica, a nível nacional e internacional, bem como é ele que controla os vários níveis da luta de classe decorrente desse processo de desigualdade entre países, entre frações do capital e entre o capital e o trabalho" (Covre, 1989, p. 28).

últimos vinte anos "configura uma forma de Estado centralizado, altamente integrado por funções burocráticas" (...) [e cuja] "intervenção na economia se expande para todas as esferas da vida social" (Jacobi, 1989, p. 8). Duas prováveis razões levaram à ampliação da intervenção do Estado nesses anos: a primeira diz respeito ao crescente processo de concentração de renda e à potencialização das carências da população, que muitas vezes se manifesta de forma explosiva; a segunda resulta da percepção por parte do Estado autoritário do papel legitimador da política social.

Os contrastes entre miséria e abundância observáveis "a olho nu" em nossa experiência diária nos mostram que a evolução econômica do capitalismo brasileiro fortaleceu mais a desigualdade do que a diminuiu. Sabemos que o Estado, para obter legitimidade, necessita desenvolver ações que pelo menos no nível da aparência se voltem para o enfrentamento dessa desigualdade.

Assim, as políticas governamentais no campo social, embora expressem o caráter contraditório das lutas sociais, acabam por reiterar o perfil da desigualdade no país e mantêm essa área de ação submersa e paliativa. São políticas que "organizam as formas e o acesso social dos trabalhadores aos serviços e equipamentos de uso coletivo a partir do papel conjuntural que o Estado desempenha na gestão da força de trabalho" (Sposati, 1988, p. 11). Este papel de mecanismo regulador se estabelece e se modifica casuisticamente, em face da correlação das forças sociais em diferentes conjunturas históricas (cf. Vieira, 1983).

A relação entre a política organizadora e reguladora do Estado e as demandas sociais acaba por expressar-se no exercício de funções contraditórias, permeadas tanto pelos interesses da acumulação como da busca de legitimidade. É nesse sentido que afirma-se que as políticas sociais reproduzem a luta política mais geral da sociedade e as contradições e ambiguidades que permeiam os diversos interesses em contraposição.

No caso brasileiro, as políticas sociais, particularmente pós-64, tem-se caracterizado pela subordinação a interesses econômicos e políticos. A matriz conservadora e oligárquica, e sua forma de relações sociais atravessadas pelo favor, pelo compadrio e pelo clientelismo, emoldura politicamente a história econômica e social do país, penetrando também na política social brasileira. Do ponto de vista político, as intervenções no campo da política social e, particularmente na assistência social, vêm se apresentando como espaço propício à ocorrência de práticas assistencialistas e clientelistas, servindo também ao fisiologismo e à formação de redutos eleitorais.

Nas relações clientelistas, não são reconhecidos direitos dos subalternizados e espera-se a lealdade dos que recebem os serviços. Estes aparecem como inferiores e sem autonomia, não são interlocutores. Trata-se de um padrão arcaico de relações que fragmenta e desorganiza os subalternos ao apresentar como favor ou como vantagem aquilo que é direito. Além disso, as práticas clientelistas personalizam as relações com os dominados, o que acarreta sua adesão e cumplicidade, mesmo quando sua necessidade não é atendida.

Analisando a prestação de serviços sociais públicos na sociedade brasileira, Lessa define esta área como "o neolítico inferior da administração pública no Brasil" (Lessa, 1990), e, na mesma direção, O'Donnell observa que o estilo de gestão da "coisa pública" no campo social é caracterizado por padrões "atrasados" em confronto com algumas dimensões da modernidade do econômico. Para o autor, este arcaísmo se coaduna com a desigualdade imperante no país e é movido pelo clientelismo e por seu poder desarticulador e institucionalizador dos confrontos entre as classes (cf. O'Donnell, 1987).

Em outras palavras, tratamos aqui de uma espécie de "cultura política" que nega a identidade social dos subalternos e seu pertencimento a uma classe; tratamos de uma forma de ocultar o conflito e a resistência e de legitimar a dominação.

O Estado, importante alvo das lutas por reconhecimento social dos subalternos e excluídos, configura-se terreno fértil para a expansão de práticas na direção acima referida. Nesse sentido, as políticas sociais assumem o papel de atenuar, através de programas sociais, os desequilíbrios no usufruto da riqueza social entre as diferentes classes sociais, bem como os possíveis conflitos sociais decorrentes das precárias condições de vida a que se encontram submetidas as classes subalternas.

Não podemos esquecer, no entanto, que é pela incorporação de demandas históricas, sobretudo dos mais pauperizados, que o Estado passa a produzir direta ou indiretamente serviços fundamentais necessários à sua manutenção e ao atendimento de alguns de seus direitos sociais. Assim, se as políticas sociais, do ângulo dos interesses do Estado, assumem características funcionais ao controle social e à própria reprodução das condições de dominação, também apresentam um caráter contraditório que precisa ser considerado e que diz respeito à intensidade das lutas políticas dos subalternos pela ampliação de programas e políticas de corte social.

Em outras palavras, o Estado, ao fornecer um fluxo de bens e serviços necessários à sobrevivência dos subalternos, busca reforçar sua capacidade de impor à sociedade como um todo os interesses políticos e sociais das classes hegemônicas. Ao mesmo tempo e na mesma ação, os subalternos introduzem, no interior dos próprios aparelhos do Estado, questões relevantes aos seus interesses.

Apesar da heterogeneidade das formas de interlocução de que se valem os subalternos perante o Estado, certamente, a partir de suas lutas cotidianas, constroem espaços de politização da sociedade civil.

Nesse processo de confrontos, o poder estatal busca, na regulação das relações entre classes dominantes, classes subalternas e aparelhos do Estado, a institucionalização e administração de suas diferenças, na perspectiva da manutenção da direção política do processo. Análises recentes mostram um Estado cada vez mais apto a absorver a pressão das demandas populares (Jacobi, 1989). E, se os subalternos criam novas formas de interlocução, o Estado também se move, com suas ambiguidades e respostas insuficientes e paliativas ante as demandas populares.

Uma abordagem histórica da questão revela que, com a crise de legitimação do regime autoritário,[4] a lógica de institucionalizar as lutas sociais prevalece, permeando os mecanismos de intervenção no social. Reitera-se a "tendência do Estado burguês de transformar as questões sociais em problemas de administração burocratizando-as e esvaziando-as de seu conteúdo mais profundo." (Iamamoto, 1987, p. 46).

Ao incorporar as demandas sociais relacionadas à esfera da reprodução da força de trabalho, o Estado brasileiro dos últimos anos, particularmente na denominada Nova República, buscou uma modernização dentro dos marcos do desenvolvimento capitalista no país. A noção de "administração das crises" (Offe, 1984), ao situar o Estado como agente regulador da dinâmica geral da vida social, oferecendo respostas localizadas e preestabelecendo as "arenas" para os confrontos, permite compreender por que as políticas públicas no campo social atomizam e retraduzem as demandas, delimitando instâncias e campos de ação através de intervenções parciais diante da questão social.

---

4. Para Habermas (1980), a crise de legitimação do capitalismo tardio aparece quando as demandas sociais crescem mais depressa do que as respostas do Estado. O'Connor levanta a questão de que o Estado capitalista desempenha duas funções básicas e muitas vezes contraditórias: acumulação e legitimação. Isso significa que intervém na viabilização do processo acumulativo e ao mesmo tempo "deve manter ou criar condições de harmonia social" (O'Connor, 1977, p. 19).

Suzanne Brunhoff, analisando a gestão estatal da força de trabalho pela mediação dos serviços sociais públicos, mostra que ela está vinculada à manutenção de uma reserva (cf. Marx, 1971, p. 712-827) disponível e a um processo disciplinador assentado na insegurança do emprego e no fracionamento dos trabalhadores a partir de seu grau de pobreza (Brunhoff, 1985, p. 8-9).

Como observa Sposati, instala-se "uma descontinuidade entre os operários e os pobres, como se a gênese de sua pobreza fosse diferente" (Sposati, 1988, p. 34). Tal enquadramento reitera uma intervenção fragmentária, especializada e recortada que corresponde à imagem de "clientelas" descoladas das condições objetivas que estão na raiz de sua pobreza e subalternização. A transformação de demandas em "clientelas", em contraposição à universalização dos acessos, é uma característica presente nas políticas sociais brasileiras, particularmente na esfera da assistência social.

Na configuração atual do capitalismo brasileiro, recorrem aos serviços sociais públicos tanto trabalhadores (registrados ou não) como os que se encontram excluídos do sistema de produção. O crescimento acelerado da mão de obra, sobretudo de baixa qualificação, constitui uma característica histórica do processo de acumulação no país.[5] No que se refere à distribuição de renda, verifica-se que a presença desse setor que não tem rendimento certo reitera a má distribuição de renda no país. Pesquisas mostram que "sistematicamente as pessoas ocupadas no setor informal têm rendimentos sempre abaixo daquelas com emprego formal" (Oliveira, 1988a). Este processo pressiona fortemente na direção do achatamento dos níveis salariais e/ou do desemprego de um lado e de outro e leva segmentos significativos da força de trabalho a recorrerem a serviços assistenciais para sua sobrevivência.

---

5. Trata-se de uma "exclusão integrativa", conforme Martins. Oliveira (1972) desenvolve a tese de que a expansão capitalista amplia o crescimento do setor informal da economia e a oferta de mão de obra. Para o autor, a existência desse contingente resulta da industrialização, em lugar de ser um resquício pré-industrial.

A intervenção estatal no campo das políticas sociais e especificamente no âmbito da assistência configura-se nesse quadro como uma modalidade de resposta à miserabilidade da população.

Nos últimos anos, a intimidade Estado/sociedade é indiscutível na sociedade brasileira, onde a exacerbação do intervencionismo estatal, sob o peso dos interesses dominantes, vem se apresentando como poderoso instrumento de acumulação enquanto financia e viabiliza a sustentação de capitais, articulando o setor privado às empresas estatais (cf. Oliveira, 1988a e 1990).

Ao lado dessa "privatização" do público, as intervenções na busca da legitimidade, sobretudo no campo das políticas sociais, mostram-se cada vez mais ineficientes em face das necessidades da reprodução social das classes subalternas. A precária intervenção pública no campo do social criou as condições para uma movimentação pela base da sociedade onde segmentos da força de trabalho lutam pelo acesso à riqueza social e reivindicam serviços sociais cuja carência afeta sua sobrevivência. O antagonismo ao Estado vem definindo a emergência de movimentos sociais e de lutas políticas dos subalternos na direção do enfrentamento das precárias condições que caracterizam seu modo de vida.

O que se observa é que os trabalhadores pobres, as classes subalternizadas e submetidas à espoliação engendrada pela sociedade capitalista reagem à sua situação de pobreza de diferentes formas, que muitas vezes se combinam: quer desenvolvendo estratégias de sobrevivência extremamente diversificadas,[6] quer

---

6. Por estratégias de sobrevivência entendemos aqui o conjunto de formas concretas que a população, individual ou coletivamente, encontra para enfrentar a pobreza. Para Inaiá Maria M. de Carvalho, estratégias de sobrevivência seriam constituídas pelo "conjunto de comportamentos e expedientes, principalmente em torno do trabalho, que estariam sendo utilizados pelos estratos mais baixos dos trabalhadores urbanos para subsistir e se reproduzir, nas condições socialmente adversas do desenvolvimento recente". Para a autora, as estratégias, além de "ginásticas do pobre", "representam formas de organização do cotidiano típicas da classe trabalhadora e de

vindo a constituir-se em demandatária dos programas das políticas públicas, ou ainda, articulando-se em movimentos que têm o Estado como alvo prioritário de suas lutas sociais. É a carência como uma situação social, e não como uma situação individual de alguns, que define o caminho das ações coletivas de enfrentamento da pobreza por parte dos subalternos.

Estas alternativas, ao lado de outras práticas das classes subalternas, constituem uma denúncia da espoliação e das precárias condições de reprodução social da força de trabalho no país. Apontam também para a busca de saídas individuais ou coletivas e para os interesses de um segmento de classe que luta pela subsistência.

Se a produção de serviços públicos vem obedecendo a perspectivas privatistas e excludentes, é importante ter presente que, além de espaço para a gestão estatal da força de trabalho, as políticas sociais são também espaço de expansão de direitos sociais que de outro modo são negados a essa população. Sabemos, no entanto, que a extensão de serviços básicos na direção do atendimento das necessidades mais imediatas da vida urbana constitui, ainda hoje, direito a ser alcançado por grandes parcelas da população das metrópoles brasileiras.

Vale notar também que as políticas sociais sustentam-se a partir de "saldos" orçamentários e modificam-se conjunturalmente.

---

distintas frações dela, sob condições de sobrevivência e reprodução social impostas pelos termos do desenvolvimento do capitalismo brasileiro" (Carvalho e Haguette, 1984, p. 126-127).

A partir desta compreensão das estratégias de sobrevivência, é possível aí inserir práticas que objetivam ampliar a renda e que se situam à margem do mercado formal de trabalho como a dos artesãos, dos vendedores ambulantes, dos biscateiros, dos ocupados em serviços e outras tantas tentativas que ocorrem nos interstícios da produção capitalista. Uma hipótese explicativa para o crescimento do trabalho autônomo vincula-o às altas taxas de desemprego da população. Outro aspecto significativo dos estudos sobre os expedientes utilizados para o enfrentamento da pauperização aponta para a importância das ações familiares onde a colaboração da dona da casa, dos filhos menores, dos idosos etc. é fundamental na composição da renda familiar.

Enquanto gasto público, o social "faz parte da relação social de produção e a modifica como historicamente tem sido demonstrado. Ele é *metamorfose* do excedente, da mais-valia ou do lucro" (Oliveira, 1985, p. 6). Sua "privatização" indica a subordinação aos interesses econômicos e mostra por que não se altera ou se paga o perfil da desigualdade na dinâmica geral da sociedade brasileira. Nos últimos anos, a pouca efetividade das políticas no âmbito do social vem marcado a prática gestionária do Estado em face das demandas crescentes nas áreas de bem-estar coletivo, como educação, saúde, saneamento básico, habitação e abastecimento, entre outros serviços.[7]

O que se observa é que os gastos na área social parecem cada vez mais vinculados ao desempenho geral da economia, o que abre o caminho para políticas assistencialistas e de precário padrão, "cujo resultado maior é tanto a subordinação de vastas parcelas da população à distribuição das migalhas, quanto, na outra ponta do espectro, o paradoxo de que não se pode estruturar verdadeiras políticas sociais, cujo objetivo seja realmente o de compensar, pela via da política, as iniquidades do mercado" (Oliveira, 1988a, p. 11). De fato, as políticas sociais, com seus programas e

---

7. O I PND da Nova República (1986-1989, *Diário Oficial*, 12-6-1986) refere-se ao enfrentamento da pobreza e miséria crescentes com um discurso voltado para o social a partir da definição de três metas estratégicas de ação: reformas, crescimento econômico e combate à pobreza. Reconhecendo que o crescimento econômico tem ocorrido à margem dos pobres e que as políticas sociais não se apresentam como prioridades, o Plano assume o "resgate da dívida social" através de programas e projetos que, diante da situação de miséria absoluta de 40 milhões de brasileiros, propõem ações na perspectiva de complementação alimentar para gestantes e nutrizes, distribuição de leite para crianças, creches, assistência aos excepcionais, aos idosos, ao menor, aperfeiçoamento ocupacional, erradicação do analfabetismo, saneamento etc. As perspectivas deste Plano reafirmam-se através do PAG (Programa de Ação Governamental para 1987-1991) cujo objetivo é: "acelerar o compromisso assumido no I PND da Nova República 1986-1989, de mudar a vida econômica e social do país, mediante a retomada do crescimento e o combate sistemático à pobreza (PAG, Brasília, agosto 1987). Apesar de diferir do discurso oficial de planos anteriores, a forma de intervir no social permanece praticamente intocada.

CLASSES SUBALTERNAS E ASSISTÊNCIA SOCIAL 63

proposições ineficazes, insuficientes e sobrecarregados diante de uma imensa maioria de pobres, vêm se confirmando como instrumentos de pouca efetividade no enfrentamento da pobreza brasileira.[8] Além disso, as diferentes políticas governamentais estão submetidas a um formato organizacional que superpõe e compartimentaliza as ações. Isso gera uma atuação burocrática, muitas vezes competitiva, em que se luta por manter áreas de influência e tem-se um baixo controle dessas ações. Até hoje, não há no Brasil uma definição explícita de competências das esferas federal, estadual e municipal no campo da assistência social, por exemplo.

---

8. Ainda que não seja o ponto central deste livro, é de fundamental importância destacar que, para uma melhor compreensão da ação pública no social, e particularmente na área da assistência social, não é suficiente analisar o conjunto das práticas estatais nesta direção; é necessário conhecer os recursos financeiros que o Estado aloca como investimento em programas sociais.

Pesquisas de Sposati (1985) e Oliveira, H. (1989) constataram que os recursos para a assistência social provêm tanto de dotações orçamentárias da União como de fundos sociais constituídos para dar cobertura a serviços de infraestrutura social. Trata-se de uma estruturação fragmentária e obscura. "Fragmentária porque os recursos orçamentários próprios para a Assistência permanecem diluídos em diferentes órgãos federais. Obscura, ainda, porque a operação dos recursos financeiros dos fundos não é particularizada nos balanços gerais da União" (Sposati *et alii*, 1985, p. 92).

As duas pesquisas elegem a função Assistência e Previdência (indicadas em conjunto no item 15 do orçamento geral da União), para observar o movimento dos gastos do Estado na função assistencial. Comparando os orçamentos de 1985 e 1988 analisados por Oliveira (1985/1988a) e por Sposati *et alii* (1985) observa-se a dispersão do assistencial em um amplo conjunto de órgãos, embora concentrem-se os maiores recursos no Ministério da Previdência e Assistência.

Conforme os dados apresentados, é possível observar que em 1985, 8,4% do orçamento corresponde à função Assistência e Previdência Social. Em 1986, este percentual decresce para 6,5% e em 1987 eleva-se para 8,0%. Para 1988, há um novo decréscimo, ficando a intenção de despesa para a função em 6,0%.

James O'Connor, analisando a crise fiscal do Estado capitalista contemporâneo, trabalha a partir de duas categorias que corresponderiam a duas funções básicas desse Estado: capital social e despesas sociais. A categoria capital social compreende as despesas exigidas para a acumulação privada do capital e a categoria despesas correntes de cunho social designa projetos e serviços voltados para o cumprimento das funções de legitimação do Estado e de manutenção da harmonia social. Diante do caráter contraditório do Estado, quase todas as despesas públicas se envolvem nas funções de acumulação e de legitimação (cf. O'Connor, 1977, p. 19-20).

Nestas circunstâncias, é possível questionar a efetividade dessas políticas enquanto respostas mínimas a direitos elementares dos subalternos. É importante considerar, no entanto, que o efeito reparador das políticas sociais está diretamente relacionado às condições em que vivem seus usuários que, se em determinadas circunstâncias questionam (sobretudo quando organizados) a precariedade dos serviços e recursos, muitas vezes a eles recorrem como alternativa para sobreviver.

Examinando a questão da pouca efetividade dos gastos sociais no Brasil, sobretudo no que se refere às despesas do setor público com programas de assistência social, relatórios do Banco Mundial de 1988 e 1989 mostram que no país, como na América Latina, a década de 80 revelou um aumento do número absoluto de pobres. E, pior do que a pobreza, vem sendo a forma de enfrentá-la. O relatório de 1988 levanta algumas hipóteses para o fato. Considerando que as despesas sociais no país não resultaram em "níveis médios mais altos de bem-estar social", aponta como dois principais motivos:

> "i) os recursos não foram destinados de maneira efetiva aos segmentos mais pobres e mais vulneráveis da população e, na realidade, grande parte do gasto social serve para subsidiar grupos de renda mais elevada: ii) os recursos são administrados de maneira deficiente pelas agências e programas. (...) O desempenho deficiente do Bem-Estar Social no Brasil não é consequência de gastos sociais inferiores aos de outros países em desenvolvimento de renda média (...) o exame pormenorizado dos padrões de despesa social do Brasil, feito neste relatório, indica constantemente outro motivo: a séria ineficiência e a má destinação dos recursos públicos" (World Development Report, 1988, p.3).[9]

---

9. Michael Michaely, economista chefe do Departamento do Brasil no Banco Mundial, afirma: "As políticas de desenvolvimento no Brasil têm sido erradas, não existe

Para as ações de enfrentamento da pobreza brasileira que aparecem sob a denominação de assistência social, o quadro é ainda mais grave. Percebida como benevolência paliativa, renegada como secundária e marginal ao conjunto das políticas, não é sequer apreendida como política social pública, apresentando--se, consequentemente, sem efetividade diante de seu objeto.

2. A relação entre o Estado e os setores excluídos: a via assistencial

A reflexão em torno da questão da assistência, quer como um dos setores da política social brasileira, quer como mecanismo compensatório que permeia o conjunto das políticas sociais públicas no país, apresenta-se aqui a partir de perspectivas históricas e sociais que situam o assistencial como ação engendrada na teia das relações estabelecidas entre o Estado e os setores excluídos da sociedade, no contexto da reprodução social da força de trabalho. Assim, parte-se da concepção de que as políticas assistenciais resultam de relações entre Estado e sociedade e dos mecanismos constituídos para gerenciar essas relações.

As políticas assistenciais apresentam, portanto, uma forma historicamente modificável, de acordo com as carcterísticas das relações que se estabelecem na gestão estatal da reprodução da força de trabalho. São, como o conjunto das políticas públicas e particularmente das políticas no campo social, estratégias reguladoras das condições de reprodução social. Enquanto regulação, obedecem ao padrão mais geral das estratégias reguladoras que peculiarizam a economia capitalista na sociedade brasileira.

---

meio-termo em relação a isso. Todas levam ao crescimento da pobreza, seja por omissão ou comprometimento" (revista *IstoÉ Senhor*, 29 ago. 1990).

Trata-se, conforme já nos referimos no capítulo anterior, de acordo com Francisco de Oliveira, de uma regulação "truncada", que funciona caso a caso e sem regras definidas. Situação que, quando se trata dos segmentos mais excluídos e subalternizados da sociedade, se torna extremamente grave e reitera a figura do "necessitado" e do "desamparado" num processo de mascaramento de relações de denominação. É fundamental, no entanto, não perder de vista que há um movimento no interior das políticas e ações no campo social, e estas não estão irremediavelmente destinadas a reiterar a dominação dos subalternos.

Historicamente, a assistência tem sido uma das estratégias acionadas pelo Estado para enfrentar a questão social, e não se dissocia, portanto, das relações que caracterizam a sociedade de classes. Tradicionalmente, as ações públicas de enfrentamento da pobreza na sociedade brasileira têm sido acompanhadas por algumas distorções, que lhes conferem um perfil limitado e ambíguo. Entre essas, destacamos:

a) Seu apoio, muitas vezes, na matriz do favor, do apadrinhamento, do clientelismo e do mando, formas enraizadas na cultura política do país, sobretudo no trato com as classes subalternas, o que reproduz a "cidadania invertida"[10] e relações de dependência. Essa matriz conservadora, baseada na reciprocidade e em relações de caráter personalizado, permeou o conjunto da vida nacional e, para os segmentos populacionais inclusos nas faixas de renda mais baixas, vem gerando uma condição de "prisio-

---

10. A noção de "cidadania invertida" é proposta por Sônia Maria Fleury Teixeira. Parte de uma análise da natureza compensatória e punitiva de medidas assistenciais que submetem os "assistidos" a rituais comprobatórios de sua condição de carência e miséria. Para a autora, nesta condição política "o indivíduo entra em relação com o Estado no momento em que se reconhece como um não-cidadão". É pelo reconhecimento de sua incapacidade de exercer a condição de cidadão que o indivíduo recorre à assistência social e, como necessitado, estabelece com o Estado uma relação de beneficiário, uma relação de cidadania invertida (Teixeira, 1989).

neiros de relações de dependência pessoal, da deferência e da lealdade (...) sendo a identidade de trabalhador pobre tratada como algo inferior" (Zaluar, 1985, p. 49-50). No campo da assistência social, esta matriz reforça as figuras do "pobre beneficiário", do "desamparado" e do "necessitado", com suas demandas atomizadas e uma posição de subordinação e de culpabilização pela sua condição de pobreza. Em síntese, é nessa matriz que se fundamenta a lógica tutelar que permeia as ações assistenciais na sociedade brasileira.

b) Sua vinculação histórica com o trabalho filantrópico, voluntário e solidário dos homens em sua vida em sociedade, o que vem permitindo identificar a intervenção técnica com a ação voluntária. Constituída a partir de bases institucionais inspiradas em ações da rede filantrópica (instituições religiosas, entidades beneficentes etc.), apresenta marcas dessa forma de estruturação que resistem a inovações e mudanças. Uma dessas marcas é a identificação da assistência com o assistencialismo paternalista e fundado em razões de benemerência. Sabemos que a atuação da rede privada no campo da assistência à pobreza remonta às origens de nossa sociedade e que, ao ser regulamentada pelo Estado, configura-se como uma relação cartorial que se efetiva a partir de registro e cadastramento para a obtenção de subvenções e auxílios técnico-financeiros. Esta relação é muitas vezes permeada pelo favoritismo na distribuição das "benesses" do Estado.

c) Sua conformação burocratizada e inoperante, determinada pelo lugar que ocupa o social na política pública e pela escassez de recursos para a área. A observação do caráter desarticulado do aparato estatal no campo da assistência social permite, inicialmente, pôr em questão seu perfil descontínuo e compartimentado. A inexistência de uma política mais ampla que articule as ações assistenciais, explicite competências e defina a alocação de recursos para as diversas instâncias de governo acaba por estimular ações emergenciais e circunstanciais em que não se altera o perfil da desigualdade e se nega a dimensão redistributiva que deveria orientar a intervenção estatal no campo da política assistencial.

Assim, os padrões brasileiros de assistência social se estruturam ao sabor do casuísmo histórico, em bases ambíguas e difusas, garantindo apenas um atendimento precário aos seus usuários, apesar de a pauperização no país não ser apenas conjuntural, mas resultar da organização social, política e econômica da sociedade.

Área polêmica e complexa, a assistência social[11] é em geral abordada a partir de sua forma aparente; como *ajuda* pontual e personalizada a grupos de maior vulnerabilidade social. Associada a ações de benevolência para com a pobreza, a assistência se apresenta como modalidade paliativa e secundária no conjunto das políticas sociais brasileiras. Assim configurada, "a política de Assistência Social no Brasil se mantém opaca, sem visibilidade, sem identidade, sem direção clara, germinando e proliferando uma caótica rede de instituições públicas produtoras de assistência e serviço social que se apresentam marginais até mesmo para seus agentes técnicos" (Falcão, 1989, p. 123). Tratada residualmente, voltada a necessitados e desamparados social e economicamente, como um pronto-socorro social, ao se apresentar como "ajuda, complementação, excepcionalidade, a assistência social não consegue assumir o perfil de uma política no campo da reprodução social. (...) Sua política é a 'não-política'" (Sposati *et alii*, 1989, p. 16-17), configurando-se o assistencial como espaço marginal e compensatório de atendimento aos excluídos. A ausência de uma política de assistência, claramente formulada, no campo do social, pode ser observada na

---

11. Para uma revisão das concepções usuais de assistência social, ver o trabalho de Oliveira (1989). Para o aprofundamento de questões conceituais relativas à assistência social ver os trabalhos de Sposati *et alii* (1985), Sposati (1989), Sposati e Falcão (1989).

CLASSES SUBALTERNAS E ASSISTÊNCIA SOCIAL 69

dispersividade e multiplicidade de ações institucionais e em seu caráter pontual e emergencial.[12]

Ressalte-se ainda que, no caso do assistencial, o Estado,[13] muitas vezes, abarca as iniciativas da rede solidária de entidades e movimentos da sociedade civil direcionados ao enfrentamento de questões relativas à minimização da pobreza. Esta articulação é na maior parte das vezes regulada por contratos ou convênios nos quais o Estado aparece como agente financiador e supervisor da produção de serviços sociais pelas entidades.[14]

Muitas vezes, as relações que se estabelecem entre as ações voluntárias e filantrópicas de entidades da sociedade civil e as ações estatais de administração da pobreza contribuem para uma versão assistencialista e "desprofissionalizada" na constituição de padrões de intervenção no campo da assistência social.

A assistência social constitui-se, assim, do conjunto de práticas que o Estado desenvolve de forma direta ou indireta, junto às classes subalternizadas, com sentido aparentemente compensatório de sua exclusão. O assistencial é neste sentido campo concreto de acesso a bens e serviços, enquanto oferece uma face menos perversa ao capitalismo. Obedece, pois, a interesses contraditórios, sendo um espaço em que se imbricam as relações entre as classes e destas com o Estado.

É portanto sob o ângulo de interesses diversos que a questão da assistência se apresenta, manifestando-se como estratégia de dupla face em que: o assistencial como mecanismo de estabiliza-

---

12. Pesquisa de Sônia Fleury Teixeira em 1989 constata a existência de 180 distintos programas de assistência social no governo federal em diferentes órgãos e sem mecanismos de vinculação (Teixeira, 1989, p. 92).

13. Na administração pública, esta área de atuação aparece sob denominações diversificadas: Promoção Social, Bem-Estar Social, Ação Social e outras.

14. A Fundação LBA é um exemplo rico neste modelo, ao estabelecer "um vínculo fundamental entre o público e o privado. Ela é um órgão que atua fundamentalmente através de parcerias" (Sposati e Falcão, 1989, p. 9).

ção das relações sociais é a ótica da ação estatal; e, como forma concreta de acesso a recursos, serviços e a um espaço de reconhecimento de seus direitos e de sua cidadania social, é em contrapartida o que buscam os excluídos e subalternizados.

O que se pretende assinalar é que o significado assumido pela assistência se explica a partir, e no conjunto, das relações historicamente dadas entre dominantes e dominados. Aí, a assistência "cumpre uma função ideológica na busca do consenso a fim de garantir a relação dominação — subalternidade, e, intrinsecamente a esta, a função política de alívio, neutralização das tensões existentes nessa relação. É ela uma forma de gestão estatal da força de trabalho e, nessa gestão, não só conforma o trabalhador às exigências da reprodução, valorização e expansão do capital, mas também é o espaço de articulação de pressões e movimentos sociais dos trabalhadores pela ampliação do atendimento de suas necessidades e reivindicações" (Sposati *et alii*, 1985, p. 34). Neste sentido, do ponto de vista conceitual, não podemos deslocar a questão do âmbito estrutural da sociedade capitalista, tendo presente que o assistencial não altera questões estruturais; pelo contrário, muitas vezes as oculta. Isso não significa que se deva negá-lo ou não reconhecer sua necessidade histórica, pois as políticas de assistência, como as demais políticas no âmbito da gestão estatal da reprodução da força de trabalho, buscam responder a interesses contraditórios, engendrados por diferentes instâncias da sociedade, e assim não se configuram como simples produtos dos interesses dos "de cima", mas como espaço onde também estão presentes os interesses dos subalternizados da sociedade.

Assim, se cabe à assistência um papel na ampliação das bases de legitimidade do Estado e de seu poder político de controle social, cabe-lhe também constituir-se para os segmentos excluídos da sociedade em modalidade de acesso real a recursos e de incorporação à cidadania.

A colocação do problema da incorporação à cidadania daqueles que se igualam por suas necessidades e carências na condição de subcidadãos é um ponto crucial no que diz respeito à assistência e sua apropriação pelos subalternos como espaço de luta pela redução das desigualdades. Não podemos esquecer que grande parte dos programas de assistência desenvolvem abordagens que desvinculam os indivíduos de suas relações sociais, seja através de abordagens individuais, grupais ou comunitárias. O que se observa é que hoje os movimentos sociais veem a luta por direitos sociais como um processo de construção coletiva. A "nova cidadania" se define no cenário político da sociedade como processo que tem como referência as classes sociais e não apenas os indivíduos.[15]

Como nos lembra Sposati, (1991a), uma leitura da assistência social sob a ótica da cidadania e do direito, em primeiro lugar, contesta o que a assistência tem sido: campo da "subordinação de sujeitados". A perspectiva que aponta é a da *assistência como espaço de resgate do protagonismo dos subalternizados*. Assumir a assistência nesta direção pressupõe reconhecer que as ações assistenciais podem se constituir em estratégias para a realização de direitos sociais dessa população.

Na Constituição em vigência no país desde 5-8-1988, insere-se, no capítulo sobre a Seguridade Social do cidadão brasileiro,

---

15. Ana Elizabeth Mota (1991), problematizando a questão da cidadania nos anos 80, constata a emergência de uma "cultura da cidadania" no discurso político das classes dominantes. Para a autora, a defesa da universalização dos direitos aparece como meio formal e institucional de garantir o acesso a bens e serviços públicos de consumo coletivo. Na ótica da dominação, a ausência da cidadania passa a figurar como causa da desigualdade e o discurso dos direitos sociais inaugura outra abordagem da questão social. Nessa nova cultura, o necessitado evolui para a condição de cidadão portador de direitos, e a questão se resolve no plano jurídico-formal. Este movimento plasma o cidadão genérico: expressão da ótica burguesa da questão.

Essa análise não implica que as classes subalternas não possam defender sua cidadania, ou seja, sua capacidade de, como sujeitos políticos, transformar suas demandas em exigências de classe. Para aprofundamento, cf. Mota (1991).

a Assistência Social ao lado da Saúde e da Previdência. A inclusão da assistência social na Seguridade traz a questão para o campo dos direitos e para a esfera da responsabilidade estatal. Inicia-se um processo que deverá torná-la visível como política pública e direito dos que dela necessitarem, embora dentro de uma concepção restritiva (apesar de prioritária) de seu destinatário. Seu alvo é a "carência, que perpassa também as outras políticas, mas aqui se trata da carência dos absolutamente excluídos. Excluídos e despossuídos, não necessariamente da inserção social clássica — o trabalho — mas excluídos do campo de ação das demais políticas sociais e sem possibilidade de satisfação de suas necessidades básicas, dado seu baixo poder aquisitivo" (Cohn *et alii*, 1987, p. 93). Diante destes, o Estado mantém seu poder de classificar, eleger e avaliar o direito ou não aos serviços que oferta.

Como face processante no conjunto das ações do Estado no campo social, ou como política específica, é o assistencial que estabelece os parâmetros meritocráticos para o acesso a "benefícios" e recursos concedidos, mantendo as desigualdades fundamentais. Por outro lado, como condição de reprodução social da força de trabalho, a assistência é forma de realização de direitos sociais e estratégia para fazer frente ao processo de exploração a que são submetidos seus usuários. Nesse sentido, a assistência é *possibilidade de reconhecimento público da legitimidade das demandas dos subalternos e espaço de ampliação de seu protagonismo como sujeito.*

Historicamente, a assistência social pública é o mais importante mecanismo pelo qual são estendidos aos segmentos mais pauperizados de uma classe serviços e recursos como creches, programas de profissionalização, programas de geração de renda, de moradia, de atendimento a direitos da criança, do adolescente, da maternidade, do idoso, do portador de deficiência, do homem de rua e de muitos outros. Trata-se de um conjunto de ações extremamente diversificadas que têm como alvo prioritário a situação de espoliação e pobreza de um segmento também

CLASSES SUBALTERNAS E ASSISTÊNCIA SOCIAL

diversificado e cada vez maior das classes subalternas que, em geral, situa-se na chamada linha de pobreza[16] que alcança mais da metade das famílias brasileiras. Essa população, inserida, ou não, no mercado de trabalho, caracteriza-se pois por sua condição de dependência da intervenção pública para sobreviver. Intervenção que vem se concretizando através de ações que poderiam ser agrupadas em dois grandes conjuntos: 1) ações dirigidas a segmentos da população sem condições de reprodução de sua própria subsistência por razões temporárias ou permanentes. Aí estão incluídos o atendimento a necessidades básicas da família,

---

16. A determinação empírica da pobreza apresenta variações. Assim, se tomarmos como indicador a renda familiar (de acordo com as PNADs de 1986 a 1989), mais da metade das famílias brasileiras (52,6) situa-se na chamada linha de pobreza: até dois salários mínimos, assim distribuídas: 28,3, de zero a um salário mínimo, e 24,3 de um a dois salários mínimos (dados de 1986) Jaguaribe (1986) toma por base a renda familiar *per capita* e aponta duas linhas de pobreza: a linha de até um quarto de salário mínimo *per capita*, que indica as famílias em situação de miséria, e a linha de até meio salário mínimo *per capita* (englobando portanto as famílias miseráveis), que indica a população pobre. Segundo esses indicadores, 60% da população brasileira pode ser considerada pobre ou miserável. Lopes e Gottschalk, da Fundação Sistema Estadual de Análise de Dados — SEADE da Secretaria de Economia e Planejamento do Estado de São Paulo, também assumem a renda familiar *per capita* como instrumento analítico para abordar a questão na Região Metropolitana de São Paulo nos anos 80. Um salário mínimo *per capita* demarca a linha da pobreza, e meio salário a linha de miséria. O estudo, que privilegia a heterogeneidade das situações de pobreza de acordo com diferentes configurações familiares e diante dos impactos de diferentes conjunturas socioeconômicas, revela que os pobres e miseráveis, na região mais rica do país, cresceram 20% ao longo da década de 80 e que a linha de pobreza (1 salário mínimo) que em 1981 delimitava 35% de famílias pobres, em que 11% correspondem a muito pobres (meio salário mínimo), chega a 1987 com 42% de pobres, em que 16% correspondem a muito pobres. Conforme o estudo, as porcentagens mais precisas para os anos de 1981, 1983, 1985, 1986 e 1987, são respectivamente para as famílias pobres: 34,7%, 43,2%, 36,9%, 25,5% e 42,1%. Para as famílias muito pobres, ou miseráveis: 11,2%, 18,6%, 13,9%, 7,3% e 16,3%. Abrindo novos caminhos para a pesquisa e análise de situações de pobreza, seja em função de levar em conta a configuração familiar, seja devido à relação com a conjuntura, o estudo de Lopes e Gottschalk, que adotamos como referência, mostra, sobretudo, o instável e frágil equilíbrio entre pobreza e miséria que rondam o cotidiano dessas famílias. Ver Gottschalk e Lopes (1990).

da criança, do adolescente, do idoso, do portador de deficiências, dos desempregados, dos homens de rua e dos "marginalizados" em geral; 2) ações compensatórias e complementares em face da desigualdade estrutural da sociedade brasileira, que se traduzem pela prestação de serviços sociais que se sobrepõem a programas de outros setores da política social que não alcançam ou excluem essa população. Em geral, essas programações configuram-se como estratégias isoladas de outras ações do governo, e viabilizam-se através de um aparato próprio para prestar serviços aos pobres. É neste conjunto de ações que situamos o serviço social profissional num movimento de mediação cujos objetivos ultrapassam o âmbito da profissão enquanto tal e vão inscrevê-la no conjunto dos mecanismos de enfrentamento da questão social na sociedade capitalista. Na gestão das desigualdades, o Estado legitima instituições, políticas e profissionais, entre os quais o assistente social, comumente reconhecido como o "profissional da assistência".

Na divisão social e técnica do trabalho, o assistente social vem sendo historicamente demandado para operar a assistência. Cabe a ele, ao lado de outros profissionais, implementar políticas socioassistenciais no âmbito das organizações públicas e privadas, desenvolvendo uma prática de natureza contraditória e subordinada às demandas institucionais. Desde suas origens, o serviço social defronta-se com esta contradição que lhe é inerente e se refere à legitimidade da demanda de seus serviços profissionais: constituído e legitimado pelas instâncias mandatárias da sociedade, desenvolve sua prática através de um conjunto de ações burocráticas e pedagógicas voltadas à prestação de serviços às classes subalternas (Raichelis, 1988).

As ações profissionais dos assistentes sociais apresentam duas dimensões: a prestação de serviços assistenciais e o trabalho socioeducativo, sendo que há uma tendência histórica a hierarquizar a ação educativa em face do serviço concreto. Na realidade,

CLASSES SUBALTERNAS E ASSISTÊNCIA SOCIAL

é pela mediação da prestação de serviços sociais que o assistente social interfere nas relações sociais que fazem parte do cotidiano de sua "clientela". Esta interferência se dá particularmente pelo exercício da dimensão socioeducativa (e política/ideológica) da profissão, que tanto pode assumir um caráter de enquadramento disciplinador destinado a moldar o "cliente" em termos de sua forma de inserção institucional e na vida social, como pode direcionar-se ao fortalecimento dos projetos e lutas das classes subalternizadas.[17] Neste sentido, a dimensão socioeducativa "não é algo que seja exterior à prestação de serviços materiais, mas sim algo que lhe é inerente e que lhe dá sentido e direção" (Batistoni, 1989, p. 7). A prática assistencial voltada aos interesses destas classes "não se reduz à provisão imediata de ajuda, transformando-se em instância de mediação fundamental ao avanço da consciência e apropriação de bens e serviços pelas classes subalternizadas. A assistência é uma instância de mediação que atua na trama das relações de confronto e de conquista" (Sposati *et alii*, 1985, p. 72).

Enquanto mediação, a assistência, assim como as demais políticas sociais, se objetiva em um conjunto de programas e projetos que põem ao alcance da população empobrecida bens e serviços sociais. Questões de ordem programática e metodológica, referentes à operacionalização das políticas sociais, revestem-se de fundamental importância no atendimento à população alvo dessas políticas. Assim, por exemplo, nos defrontamos tanto com

---

17. Repensar o assistencial, particularmente em vista dos interesses das classes subalternas, vem se constituindo aspecto central do serviço social contemporâneo. Persistente no exercício profissional dos assistentes sociais, mediação fundamental de sua prática, a assistência vem se colocando como um dos objetos prioritários nas reflexões e no debate acerca da intervenção profissional do assistente social nas políticas sociais brasileiras. O exame da literatura mais recente produzida pelo serviço social evidencia o lugar de destaque que assume a temática em questão e os caminhos que se abrem à investigação de suas múltiplas faces, óticas e ênfases que se inter-relacionam e completam.

propostas orientadas por concepções assistencialistas e paternalistas, como com programas e atividades socioeducativas e organizativas. Encontramos ainda propostas que supõem a participação da população nos serviços a ela destinados e outras em que se constata a ausência de participação dos usuários. Encontramos trabalhos em "parceria" com entidades sociais, ao lado de redes diretas de serviços. Temos quadros técnicos com referenciais analíticos diversos e posições políticas e ideológicas heterogêneas, até opostas entre si, temos práticas discriminadoras e que reproduzem relações de poder e controle social sobre os subalternos, temos diferentes leituras da prática social e da ação assistencial, entre as múltiplas questões de natureza programática e metodológica que devem ser consideradas na abordagem analítica dos programas e projetos da área socioassistencial.

É nesse sentido que a análise de programas e de projetos, enquanto mediações que oferecem concretude às políticas socioassistenciais, configura-se como um necessário caminho para avaliar a efetividade das ações de enfrentamento da pobreza brasileira.

Nos anos 1990, a demanda crescente, que coloca como alvo das ações de assistência social não mais parcelas minoritárias, mas uma ampla maioria da população, põe em questão a ineficácia das políticas sociais em seu conjunto programático. E é essa ampliação dos demandatários "a responsável, de um lado, pelo caráter progressivamente assistencial das políticas sociais, e, de outro, pela expansão e inclusão nos programas assistenciais, de ações teoricamente de competência de outras áreas de intervenção social pública" (Cohn *et alii*, 1987, p. 93-94).

Outro aspecto importante a ser destacado na relação demandas sociais/políticas assistenciais refere-se às ambiguidades que permeiam as ações de assistência em sua tarefa de viabilizar interesses engendrados por diferentes instâncias da sociedade. De um lado, a resistência e a luta dos subalternos pelo atendimento de suas necessidades, de outro, encaminhamentos em que muitas vezes se percebe uma visão dos pobres como vilões indesejáveis que é preciso subordinar.

Diante da realidade da pobreza, da exclusão e da subalternidade, o assistencial tem limites muito claros. A precariedade (quantitativa e qualitativa) das condições de vida daqueles que constituem o alvo das ações assistenciais e o caráter cumulativo de sua exclusão evidenciam que reverter esse processo exige profundas modificações não apenas no conjunto das políticas públicas, mas na própria estruturação da sociedade. Nesse sentido, a assistência social vem colocando em evidência um exército de excluídos que circula nas sobras do que se acumula e, que nas conjunturas de crise, "reaparece com seu aspecto tosco, medonho, para mostrar que o país cresceu deixando para trás um imenso contingente de deserdados" (Sales, 1989, p. 58).

Capítulo II

As classes subalternas como expressão de um lugar social: a exclusão integrativa

A violência da pobreza constitui parte de nossa experiência diária na sociedade brasileira contemporânea. Os impactos destrutivos do sistema vão deixando marcas exteriores sobre a população empobrecida: o aviltamento do trabalho, o desemprego, a debilidade da saúde, o desconforto, a moradia precária e insalubre, a alimentação insuficiente, a ignorância, a fadiga, a resignação, são alguns sinais que anunciam os limites da condição de vida dos excluídos e subalternizados da sociedade. Sinais em que muitas vezes se ocultam a resistência e a capacidade dessa população de lutar cotidianamente para sobreviver. Sinais que muitas vezes expressam também o quanto a sociedade pode tolerar a pobreza[1] sem uma intervenção direta para minimizá-la ou erradicá-la.

---

1. Regis de Castro Andrade, em artigo publicado na revista *Lua Nova* de novembro de 1989, apresenta as visões mais expressivas sobre a pobreza e os pobres na

O fato de a presença dos "pobres" em nossa sociedade ser vista como natural e banal (Falcão, 1989) despolitiza o enfrentamento da questão e coloca os que vivem a experiência da pobreza num lugar social que se define pela exclusão.

> "Entre a repressão e a tutela, parece não haver um lugar reconhecível e reconhecido para todos os que vivem a violência cotidiana do emprego instável, do salário insuficiente e da moradia precária. E isso significa dizer que a experiência da pobreza é algo mais do que as dificuldades objetivas da sobrevivência cotidiana. É também a experiência de uma sociedade que os coloca na condição de párias sociais" (Telles, 1990, p. 38).

A experiência da pobreza é ainda a experiência da desqualificação dos pobres por suas crenças, seu modo de expressar-se e seu comportamento social, sinais das "qualidades negativas" e indesejáveis que lhes são conferidas por sua procedência de classe.

A noção de pobreza é ampla, ambígua e supõe gradações. Embora seja uma concepção relativa, dada a pluralidade de situações que comporta, usualmente vem sendo medida através de indicadores de renda (múltiplos e submúltiplos do salário mínimo) e emprego, ao lado do usufruto de recursos sociais que interferem na determinação do padrão de vida, tais como saúde, educação, transporte, moradia, aposentadoria e pensões, entre outros. Os critérios, ainda que não homogêneos e marcados por um viés economicista, acabam por convergir na definição de que são pobres aqueles que, de modo temporário ou permanente, não têm acesso a um mínimo de bens e recursos, sendo portanto excluídos,

---

sociedade brasileira, enfatizando a reprodução política da pobreza em suas versões: o pobre como um ser desamparado, como potencialmente revolucionário, como um ser perigoso, como eleitorado e em sua debilidade diante dos patrões.

em graus diferenciados, da riqueza social. Entre eles, estão: os privados de meios de prover à sua própria subsistência e que não têm possibilidade de sobreviver sem ajuda; os trabalhadores, assalariados ou por conta própria, que estão incluídos nas faixas mais baixas de renda; os desempregados e subempregados que fazem parte de uma vastíssima reserva de mão de obra que, possivelmente, não será absorvida. Na caracterização das situações de pobreza é de fundamental importância o recurso a análises sociológicas e antropológicas (Teixeira, 1989), tendo em vista situar a questão em âmbito mais abrangente, abordando causas e consequências sociais da pobreza.[2] A pobreza é expressão direta das relações sociais vigentes na sociedade e certamente não se reduz às privações materiais. Alcança o plano espiritual, moral e político dos indivíduos submetidos aos problemas da sobrevivência. Martins mostra que a pobreza, muito mais que falta de comida e de habitação, é *"carência de direitos, de possibilidades, de esperança"*. Considera vergonhosa essa forma de pobreza, "que é a pobreza de direitos" (Martins, 1991, p. 11-15).

A pobreza é uma face do descarte de mão de obra barata, que faz parte da expansão do capitalismo brasileiro contemporâneo. Expansão que cria uma população sobrante, cria o necessitado, o desamparado e a tensão permanente da instabilidade na luta pela vida a cada dia. Implica a disseminação "de diferentes formas de trabalho clandestino, mediante pura e simples supressão de direitos conquistados pelas classes trabalhadoras" (Martins, 1991, p. 13). Finalmente, está na base de movimentos coletivos que se articulam a partir da consciência de carências comuns (Durham, 1984).

---

2. Para a delimitação empírica da pobreza na Região Metropolitana de São Paulo, adotamos como instrumento analítico a renda familiar *per capita* tal como trabalhada por Juarez Brandão Lopes e Andréa Gottschalk, da Fundação Sistema Estadual de Análise de Dados — SEADE da Secretaria de Economia e Planejamento do Estado de São Paulo: um salário mínimo *per capita* demarca a linha de pobreza e até meio salário mínimo *per capita* a linha de miséria.

A pobreza brasileira constitui-se de um conjunto heterogêneo, cuja unidade buscamos encontrar na renda limitada, na exclusão e na subalternidade. Do ponto de vista da renda, o que se evidencia é que para a grande maioria dos trabalhadores, com registro em carteira ou não, com contrato ou por conta própria, predominam os baixos rendimentos e a consequente privação material daí advinda. Do ponto de vista da exclusão e da subalternidade, a experiência da pobreza constrói referências e define "um lugar no mundo", onde a ausência de poder de mando e decisão, a privação de bens materiais e do próprio conhecimento dos processos sociais que explicam essa condição ocorrem simultaneamente a práticas de resistência e luta.

Quem são os que constituem a "pobreza brasileira"? Para Macedo (1986), a expressão "classes populares", apesar de sua ambiguidade, tem sido útil para dar conta das condições de vida e das formas de consciência de um segmento significativo da população brasileira que se caracteriza por seu empobrecimento e semelhança quanto ao modo de vida. Em pesquisa de Zaluar (1985), se representam como "trabalhadores pobres". E, embora essa seja uma assertiva genérica, sabemos que a maioria dos trabalhadores brasileiros vive com muito poucos recursos. Como reconhecê-los no conjunto das relações sociais de classe? Como reconhecê-los enquanto classe, quando o que parece estar em jogo na sociedade brasileira é a própria realização do trabalhador enquanto trabalhador? Obter a condição de operário é para muitos trabalhadores a realização de um projeto de ascensão. Projeto que se defronta com a dificuldade objetiva de encontrar trabalho. A impossibilidade de livremente colocar no mercado sua força de trabalho configura para o trabalhador pobre o aparente esboroamento e a indefinição de sua própria identidade de classe. O que temos então, como nos mostra Francisco de Oliveira, é a "produção de classes sem identidade de classe. O proletariado nunca se completa enquanto tal: a enormidade da reserva de força de trabalho cria uma assimetria entre a submissão real e submissão formal ao capital" (Oliveira, 1987, p. 130).

Ao lado do "inacabamento" que vivenciam enquanto classe, um outro desdobramento se anuncia nas análises mais recentes sobre os trabalhadores e suas movimentações nos anos 1980: a politização das lutas cotidianas contra a dominação que "vai construindo uma imagem de classe múltipla e diferenciada, que no entanto se articula através da noção de enfrentamento coletivo com um poder que também não é único" (Paoli e Sader, 1986, p. 61). Como nos lembra Thompson, "a classe acontece quando alguns homens, como resultado de experiências comuns (herdadas ou partilhadas), sentem e articulam a identidade de seus interesses entre si e contra outros homens cujos interesses diferem (e geralmente se opõem) aos seus" (Thompson, 1987, p. 10).

Trabalhos recentes produzidos no âmbito da sociologia, da antropologia e da psicologia social, ao abordar as temáticas da pobreza, das condições de vida dos trabalhadores urbanos, dos moradores das metrópoles, das periferias, favelas, cortiços, dos participantes de movimentos sociais, vêm dando à concepção de classe social uma historicidade concreta e um tratamento menos convencional do ponto de vista conceitual.[3]

Paoli e Sader (1986), analisando estudos e pesquisas recentes sobre as classes sociais no país, constatam esse tratamento. Isto é, observam uma ruptura no sistema explicativo sobre a singularidade da dinâmica de classes no Brasil em que o reconhecimento de sua heterogeneidade e diversidade interna é fundamental. Estes estudos, que tematizam os trabalhadores urbanos e sua presença na sociedade brasileira, evidenciam que não temos no país uma classe trabalhadora homogênea. Sua diversidade, que resul-

---

3. Ver os trabalhos de Caldeira (1984), Kowarick (1979, 1984, 1988, 1981), Macedo (1979 e 1986), Martins (1989 e 1991), Oliveira (1987), Paoli e Sader (1986) e Zaluar (1985), entre outros.

ta de experiências heterogêneas de dominação, aparece como expressão "da própria diversidade de tempos contida no processo do capital. O conhecimento teórico a respeito dos grupos e classes subalternos apresenta-se, basicamente, como conhecimento *sobre* essas classes e não conhecimento *das* classes subalternas (grifos do autor) (...). Tal concepção deve ser revista quando o percurso metodológico é outro, não abstrato, histórico, quando se estabelece a gênese de cada relação social, o tempo de cada uma. E, consequentemente, quando se admite que tanto a relação social é datada quanto o conhecimento (e o autoconhecimento) a seu respeito é datado" (Martins, 1989, p. 110-111).

Os anos 80 nos colocam diante de múltiplas lutas e experiências organizativas das classes subalternas. Mostram-nos a politização da fábrica e dos espaços da reprodução e o reconhecimento da presença de novos sujeitos em experiências diversas. Observa-se "a recusa de restringir a vida social e a dinâmica política aos espaços organizativos institucionais tradicionais (...) multiplicando-se os espaços onde se faz a classe" (Paoli e Sader, 1986, p. 61-65). Esses mesmos anos, no entanto, nos mostram também amplas parcelas desorganizadas, sujeitadas, que buscam recursos para sobreviver.

Penetrar, ainda que introdutoriamente, no universo de pobreza e destituição das classes subalternas e suas representações, aí situando a mediação da assistência social, não é uma questão simples. Supõe, ao contrário, uma longa e penosa trajetória em que vão sendo constatadas novas e múltiplas faces de uma pobreza material e moral que buscamos compreender na teia constitutiva das relações sociais que caracterizam a sociedade brasileira contemporânea.

Partimos do pressuposto de que exclusão e subalternidade configuram-se como indicadores sociais que ocultam/revelam o lugar que o segmento das classes subalternas que recorre à assistência social ocupa no processo produtivo e sua condição no jogo do poder. Submerso numa ordem social que o desqualifica, num cotidiano marcado pela resistência, vai aí constituindo os padrões mais gerais de sua identidade, sua consciência e representações.

O estudo das representações e do lugar social das classes subalternas e de suas relações com o assistencial supõe a opção por uma modalidade interpretativa dessas concepções e a escolha das fontes que possam iluminar a compreensão acerca da existência e sobrevivência destas classes. Supõe também que seja considerada a imensa fratura que separa nas classes subalternas os que participam de organizações políticas, comunitárias e sindicais dos que de nada participam.

Importa inicialmente ressaltar que as classes subalternas aqui referidas não são abordadas em si, abstrata e idealmente, mas como sujeitos mergulhadas no social, na trama da reciprocidade que constituem as relações sociais. Conforme assinala Satriani, antes de proceder a distinções posteriores. Quando nos ocupamos da sociedade capitalista, "a distinção primeira e fundamental que se opera é entre classe dominante capitalista e classe subalterna" (Satriani, 1986, p. 98-99). Sua pobreza e subalternidade é aqui abordada como resultante direta das relações de poder na sociedade. Tem portanto seus contornos ligados à própria formação social que a gera e se expressa não apenas em circunstâncias econômicas, sociais, políticas, culturais, mas nas atitudes mentais dos próprios "pobres" e de seus interlocutores na vida social. É ainda Satriani quem nos recorda que "o mundo dos dominados e o mundo dos dominadores não se encontram monoliticamente contrapostos, com um único ponto de contato: exatamente aquele no qual se exerce o domínio" (Satriani, 1986, p. 96). Do ponto de vista cultural, são realidades que se interpenetram sem linhas rígidas de demarcação, mas, de qualquer modo, é possível observar nelas que as ações e as representações dos subalternos correspondem a uma realidade caracterizada pelo lugar que ocupam nas relações sociais de classe.

A opção pelas categorias exclusão e subalternidade para apreender a situação de privação social, econômica, cultural e política dos usuários dos serviços assistenciais parte, no presente estudo, do reconhecimento das diferenciações internas das classes subalternizadas.[4]

"(...) a categoria de subalterno é certamente mais intensa e mais expressiva que a simples categoria de trabalhador. O

---

4. Os fundamentos para a escolha da categoria subalterno foram buscados no pensamento de Gramsci. A análise sobre as classes subalternas já se encontra presente nos escritos do jovem Gramsci. No texto "Alguns temas da questão meridional" (1987), Gramsci trabalha os elementos religiosos e tradicionais constitutivos das classes subalternas.

Nas análises sobre "Passado e Presente" dos *Quaderni del carcere* (1975, p. 328-332), Gramsci reporta-se ao elemento da espontaneidade característico da história das classes subalternas, analisando como essa espontaneidade pode ser transformada em direção consciente. Gramsci coloca-se contra o fetichismo da espontaneidade, fazendo críticas àqueles que recusam ou minimizam a luta cotidiana no sentido de dar uma direção consciente aos movimentos espontâneos. Ou seja, para ele, a espontaneidade é um traço fundamental das classes subalternas que está expresso na sua própria visão de mundo. Esta espontaneidade é que estabelece o nexo entre o pensar e o agir dos subalternos (o que traz implícitos elementos ideológicos conservadores e tradicionais). Conhecê-la e dar-lhe uma direção consciente é o caminho que aponta.

No *Quaderno 25* (p. 2287-2288), Gramsci escreve que "a unidade das classes dirigentes advém do Estado, e a história das classes dominantes é a história mesma do Estado e dos grupos do Estado. Mas essa unidade não é necessário crer-se que seja puramente jurídica e política, embora seja uma unidade importante e não somente formal. A unidade histórica fundamental advém das relações orgânicas entre o Estado, ou seja, sociedade política e sociedade civil. As classes subalternas por definição não são unificadas e não podem unificar-se porque elas não detêm a posse do Estado: a sua história é entrelaçada àquela da sociedade civil, embora elas sejam uma função desagregadora e descontínua da história da sociedade civil".

Nestas passagens, Gramsci está todo o tempo analisando como é possível passar do momento da fragmentação da história das classes subalternas para o momento de sua unicidade. Quem irá funcionar no sentido de facilitar essa unidade são justamente os intelectuais e o partido político.

Referências sobre as classes subalternas também aparecem nas "Notas sobre Maquiavel" quando discute as relações entre cidade e campo (p. 1607), e nas reflexões sobre a filosofia da práxis quando Gramsci dialoga com Benedetto Croce (p. 1320-1321) (Gramsci, 1975).

legado da tradição gramsciana que nos vem por meio dessa noção prefigura a diversidade das situações de subalternidade, a sua riqueza histórica, cultural e política. (...) Por isso mesmo, obriga-nos a fazer indagações sobre a reprodução ampliada da subalternidade, sobre a multiplicação diferençada dos grupos subalternos. Obriga-nos a ter em conta que as esperanças e lutas dos diferentes grupos e classes subalternos levam a diferentes resultados históricos, porque desatam contradições internas que não são apenas contradições principais do desenvolvimento do capital, a oposição burguesia-proletariado. Nessa perspectiva, a subalternidade ganha dimensões mais amplas. Não expressa apenas a *exploração*, mas também a *dominação* e a *exclusão* econômica e política. A teoria da superpopulação relativa teria maior consistência se fosse melhor examinado o seu elemento central — a criação de excedentes populacionais *úteis*, cuja utilidade está na exclusão do trabalhador do processo de trabalho capitalista e sua inclusão no processo de valorização por meio de formas indiretas de subordinação do trabalho ao capital. E, ainda, meio de subordinação real do trabalho, mas por via de relações clandestinas" (Martins, 1989, p. 98-99; grifos do autor).

Esse é, segundo o autor, o núcleo da concepção de subalterno: a exclusão, que constitui uma *exclusão integrativa* que no mercado capitalista cria reservas de mão de obra e transforma o pauperismo em despesa extra da produção.[5]

---

5. A abordagem marxiana distingue a classe operária ativa do exército industrial de reserva e situa como o mais profundo sedimento da superpopulação relativa aos meios de produção a esfera do pauperismo. Para Marx: "Abstraindo vagabundos, delinquentes, prostitutas, em suma, o lumpemproletariado propriamente dito, essa camada social consiste em três categorias. Primeiro, os aptos para o trabalho. Basta apenas observar superficialmente a estatística do pauperismo inglês e se constata que sua massa se expande a cada crise e decresce a toda retomada de negócios. Segundo, órfãos e crianças indigentes. Eles são candidatos ao exército industrial de reserva e, em tempos de grande prosperidade, como, por exemplo, em 1860, são rápida e maciçamente incorporados ao exército dos trabalhadores. Terceiro, degradados, maltra-

Trata-se de uma inclusão que se faz pela exclusão, de uma modalidade de participação que se define paradoxalmente pela não participação e pelo mínimo usufruto da riqueza socialmente construída. A noção de exclusão integrativa não se esgota no plano econômico e político. Ela supõe o nível cultural e o processo de interiorização das condições objetivas vividas pelos subalternos. Tal abordagem envolve o campo das representações, ao buscar apreender as significações subjetivas da experiência vivida em condições objetivas. Em outros termos, considera-se aqui que o conjunto de privações e carências que configuram objetivamente a exclusão expressa-se em um "estoque simbólico" articulado a partir da "instabilidade existencial" que situa os excluídos no "limite-possível" da sobrevivência (Foracchi, 1982).

Martins nos lembra ainda que a subalternidade não é uma condição que se extinguirá com o desenvolvimento do capitalismo.

---

pilhos, incapacitados para o trabalho. São notadamente indivíduos que sucumbem devido a sua imobilidade, causada pela divisão do trabalho, aqueles que ultrapassam a idade normal de um trabalhador e finalmente as vítimas da indústria, cujo número cresce com a maquinária perigosa, minas, fábricas químicas etc., isto é, aleijados, doentes, viúvas etc. O pauperismo constitui o asilo para inválidos do exército ativo de trabalhadores e o peso morto do exército industrial de reserva. Sua produção está incluída na produção da superpopulação relativa, sua necessidade na necessidade dela, e ambos constituem uma condição de existência da produção capitalista e do desenvolvimento da riqueza" (Marx, 1975, p. 802).

Uma utilização rigorosa desses conceitos revela-se desafiante no modo de acumulação capitalista do Brasil onde a expansão do terciário, os trabalhadores por conta própria e os biscateiros fazem parte da população economicamente ativa e os trabalhadores fabris têm, muitas vezes, condições de vida pouco diferentes das de subempregados em face da rotatividade e irregularidade do trabalho industrial. Nesse sentido, optamos por encaminhar a análise teórica tanto do exército ativo como da superpopulação relativa em cima do que têm em comum: a condição de dominação, de exploração e de exclusão do usufruto da riqueza socialmente produzida (contidas na noção de subalternidade). Incorporamos também em nossa referência teórica o elemento que Martins (1989) considera central na teoria da superpopulação relativa: seu caráter de utilidade nas relações capitalistas, enquanto subordina o trabalho ao capital.

CLASSES SUBALTERNAS E ASSISTÊNCIA SOCIAL

Para ele, estamos diante de um processo que se atualiza e alcança grupos crescentes "nos países pobres, nas regiões pobres dos países ricos mas também nos espaços ricos dos países pobres" (Martins, 1989, p. 101). (Lembra o negro, a mulher, as crianças, os jovens e os velhos.)

Trata-se, portanto, de uma concepção ampla na qual tanto incluímos os trabalhadores, cujo trabalho não é suficiente para garantir seu próprio sustento e o de sua família, como os desempregados e grupos sem condições de obtenção dos meios para subsistir. Temos aí uma imensa parcela da população, com grande diversidade de características e interesses, que vive imersa na *esfera da necessidade*, esfera marcada pela pertinência às classes subalternas e que transforma a vida cotidiana, sobretudo, na luta pela sobrevivência. É importante lembrar que esta diversidade, que deve ser considerada para fins de análise, não se coloca como um esvaziamento do conceito de classe social, mas antes deve dar-lhe concretude histórica. Martins assinala que cada vez mais a "ampla diversidade de características e interesses dos diferentes grupos subalternos tenderam a definir as classes subalternas como uma pluralidade de perspectivas, de ações, de estratégias, de interesses". Pluralidade que "põe em questão não apenas a exploração, mas também as diferentes formas assumidas pelo poder na vida cotidiana dos diferentes grupos e pessoas. Desse modo, ganham força e importância as injustiças e opressões cotidianas na formulação crítica da realidade e no desencadeamento dos movimentos sociais. Ganham força e importância as manifestações e expressões imediatas da acumulação e da dominação. Portanto, entram no âmbito do julgamento crítico não só a forma de exploração, mas a própria riqueza: não só a forma de dominação, mas o próprio poder" (Martins, 1989, p. 129-130).

Para uma aproximação ao universo dos usuários dos serviços de assistência, é fundamental, portanto, que se considere a diversidade interna das classes subalternas, seus limites, fragilidades e sua força como constitutivos de sua própria condição de classe.

O resgate do significado do que pensam e da experiência cotidiana que vivenciam os subalternos, a questão da moral, da cultura e da constituição de um universo simbólico marcado pelo signo da exclusão configuram-se como condição para superar análises idealizadas dessas classes, particularmente quando se apresentam como usuárias da assistência social pública. Conhecer os elementos críticos e históricos presentes no cotidiano desse caminhar, no plano *real* e no plano *simbólico*, é uma forma de aproximação ao processo de consolidação/ruptura da própria subalternidade.

> "É necessário considerar que cada relação social carrega consigo um tempo determinado, gênese, determinação. E, também, ter presente que, mesmo na tradição marxista, a relação social é recoberta por um conhecimento sobre ela, que dela faz parte, mas que dela, ao mesmo tempo, se destaca. Não é, acaso, assim que Marx pensa a alienação e a fetichização da relação social? (...) Por aí, basicamente, o universal se manifesta no particular, enquanto o homem não resolver as necessidades que o opõem a si mesmo, as carências por meio das quais constrói a possibilidade de sua humanização no outro, no estranho, de modo antinômico; fazendo assim com que a própria possibilidade de humanização que constrói com seu trabalho e sua atividade lhe apareça como carência adicional e fundamental — a carência de humanidade" (Martins, 1989, p. 111-112).

Essa busca de passagem do particular, do limitado, ao humano universal é própria do ser social e é sempre uma *possibilidade* que só o homem realiza.[6] É essa possibilidade que caracteri-

---

6. Reflexões a partir do curso "Marxismo e indivíduo", com o professor José Paulo Netto. Junho de 1989, PUC/SP. Sobre a questão ver Lukács (1978).

CLASSES SUBALTERNAS E ASSISTÊNCIA SOCIAL

za a socialidade universalizada do homem como uma construção histórica e crescente.[7]

Marx nos afirma que esse ser genérico é antes de tudo um ser objetivo, um ser que realiza *objetivações* de natureza prático-social.[8] Essas objetivações são essenciais ao desenvolvimento da subjetividade do homem na medida em que lhe desvendam limites e se constroem a partir do compartilhar de objetivações de outros sujeitos. A apropriação de objetivações que se constroem socialmente e que fazem parte da riqueza cultural da humanidade é característica central do humanismo marxiano e condição para a construção da individualidade e subjetividade do homem como ser social. É nesse sentido que o pensamento marxiano de que a riqueza dos homens é a riqueza de suas relações sociais ganha força e clareza.

A produção da subjetividade constitui-se em campo histórico, contextualizado, onde os homens, ao produzirem suas objetivações, produzem-se a si próprios.

Wallon,[9] em seus estudos acerca da complexidade que preside à constituição do subjetivo no homem, argumenta que "a personalidade não é um ponto de partida mas antes uma consequência (...) o conjunto dos modos de reação do indivíduo, cuja explicação repousará num complexo indissociável formado pelas situações determinadas e pelas disposições do indivíduo". Por "situações determinadas", o autor compreende as condições objetivas, externas ao sujeito, que exigem respostas, ações. Por

---

7. A passagem do homem de sua condição de objeto alienado de sua atividade e de si mesmo, para a condição de ser objetivo capaz de se libertar porque capaz de objetivações é trabalhada por Heller (1977, p. 364-365).

8. Para Lukács, as mais importantes objetivações do homem são: o trabalho criador — "work", a ciência e a arte, na qual destaca a literatura e a estética.

9. Psicólogo que desenvolveu sua obra em torno das relações entre o biológico e o psíquico, privilegiando a teoria da emoção. Ao se voltar ao humano em seu sentido mais abrangente, demonstra que as particularidades psíquicas do homem se revelam no processo histórico-social (Wallon, 1986).

"disposições do sujeito", compreende as condições internas, subjetivas da conduta existentes em certo momento: são os pensamentos, os sentimentos, as emoções, a história individual, o sistema nervoso etc. A personalidade é o resultado dessa dupla história.[10]

"O campo da subjetividade engloba o conjunto de processos pelos quais o indivíduo, em estreito contato com as estruturas simbólicas da cultura humana, tenta assumir e abrir um acesso a forma genérica do seu ser" (Doray e Silveira, 1989, p. 85). Nesta perspectiva, as estruturas simbólicas são carregadas de objetivações construídas pelo homem (numa dimensão histórico-cultural) que vão marcar o modo de ser do indivíduo. Lucien Seve (1975) refere-se a essa forma genérica essencial de personalidade ao afirmar que "o psíquico só se desenvolve através da apropriação psíquica de um patrimônio social não psíquico". A subjetividade é tanto mais plena e rica quanto mais incorpora e compartilha objetivações constituídas pela humanidade, na medida em que o processo de subjetivação resulta das relações contraditórias entre o ser singular e o ser genérico.

Há, portanto, uma clara vinculação entre a constituição da individualidade, da subjetividade e a experiência histórica e cultural dos indivíduos. Experiência que envolve sentimentos, valores, consciência e que transita pelo imaginário e pelas representações. Nos marcos da tradição marxista Thompson, ao trabalhar as condições concretas da vida dos trabalhadores, recorre à experiência como categoria capaz de situar a práxis humana, valorizando a esfera dos valores, da cultura, do fazer político dos indivíduos. Para ele: "A experiência é gerada na vida material, estruturada em termos de classe (...) As pessoas experimentam suas experiências não só como ideias, mas também como senti-

---

10. Para uma teoria marxista da subjetividade, ler Adam Schaff, 1967; Lucien Seve, 1975; Doray e Silveira, 1989, entre outros.

mentos. Lidam com este sentimento na cultura como normas, obrigações familiares e de parentesco, reciprocidade como valores ou arte, ou nas convicções religiosas. Essa metade da cultura pode ser descrita como *consciência afetiva e moral* (Thompson, 1981, p. 189, grifos nossos).[11]

Numa sociedade marcada pela exclusão, as precárias condições de vida das classes subalternizadas estão carregadas de um patrimônio social e de relações sociais que, muitas vezes, vão cunhar e reiterar o lugar social do subalterno.

Busca-se aqui avançar no conhecimento de como as condições materiais e espirituais de existência de um segmento das classes subalternas, os "assistidos", vão gerando sobre ela, lentamente, uma imagem de si mesma que se constrói numa longa trajetória de exclusão e resistência.[12]

Reconhecer que os sujeitos históricos encarnam um processo social, expressam "visões de mundo", emoções e experiências, implica redescobrir o cultural na dominação, como o homem do mundo subalterno sente e considera sua subalternidade e, finalmente, como na tessitura das relações sociais mais amplas se constrói e reconstrói a identidade subalternizada e as representações da pobreza pelos que a vivem. Para explicar ideias e representações,

---

11. Retoma aí o caminho dos historicistas, como Lukács, valorizando a experiência concreta como processo de construção da consciência. Experiência, para Thompson, constitui a "resposta mental e emocional seja de um indivíduo ou de um grupo social a muitos acontecimentos intrarrelacionados ou a muitas repetições do mesmo tipo de acontecimento" (Thompson, 1981, p. 15), que permite articular trajetórias e representações individuais com a objetividade dos acontecimentos históricos.

12. Para Lane, este processo se caracteriza pela "interiorização-exteriorização" do homem em face do real. "O indivíduo, na sua relação com o ambiente social, interioriza o mundo como realidade concreta, subjetiva, na medida em que é pertinente ao indivíduo em questão, e que por sua vez se exterioriza em seus comportamentos. Esta interiorização-exteriorização obedece a uma dialética em que a percepção do mundo se faz de acordo com o que já foi interiorizado, e a exteriorização do sujeito no mundo se faz conforme sua percepção das coisas existentes" (Lane, 1984, p. 83).

partimos do pressuposto de que há uma relação entre as estruturas da sociedade e os modos de pensamento. Isso significa que o pensamento se constrói a partir de circunstâncias objetivamente constituídas que são o fundamento das representações subjetivas dos agentes. Representações que devem ser consideradas enquanto expressão de um sentido e de uma ordem social.

Objetiva-se nesse livro quebrar a oposição artificial entre a vida social em sua concretude e as visões de mundo dos dominados, uma vez que as representações das classes subalternizadas são, em essência, produto da posição que ocupam na estrutura social.[13]

Representações sociais: organização significante do real

Sentimento, pensamento e ação emergem da experiência social. Cada indivíduo é uma construção social, e é na corrente dos acontecimentos sócio-históricos que se cunha seu lugar social. Para Brandão (1986), as identidades são representações inevita-

---

13. Em outro viés analítico, esta interpenetração das dimensões objetiva e subjetiva pode ser apreendida pela utilização da noção de *habitus* de classe, conforme elaboração de Pierre Bourdieu. No pensamento de Bourdieu, esta noção se localiza na perspectiva da construção de uma "sociologia da prática" em que a dicotomia entre "a reificação do social que desconhece os indivíduos e o subjetivismo que toma a sociedade por uma somatória de individualidades" (Brioschi e Trigo, 1989) seja superada. O *habitus* constitui para Bourdieu um sistema de esquemas duradouros e transponíveis de percepção, apreensão e ação que definem o grupo ou fração de classe que o adotam em função de sua posição no espaço social. O *habitus* "é ao mesmo tempo um sistema de esquemas de produção de práticas e um sistema de esquemas de percepção e apreciação das práticas. E, nos dois casos, suas operações exprimem a posição social em que foi construído" (Bourdieu, 1990, p. 158). Esta posição social, no entanto, ainda segundo Bourdieu, não se apresenta "como capaz de impor a todo sujeito perceptivo os princípios de sua própria construção" (Bourdieu, 1990, p. 159) e permite que a diferenciação possa organizar (além das diferenças econômicas e sociais) os agentes segundo outras modalidades como a etnia, a religião etc.

CLASSES SUBALTERNAS E ASSISTÊNCIA SOCIAL

velmente marcadas pelo confronto com o outro, o que significa que a identidade de um está sempre referenciada à de outro e à do "grupo social do qual fazem parte (...) a identidade é aquilo que individualiza o sujeito, ao mesmo tempo que o socializa, é aquilo que o diferencia e o que o torna um igual" (Violante, 1985, p. 146). Identidade é uma categoria em movimento, em recriação, numa perspectiva sócio-histórica dinâmica em que o ser social e as relações que constitui se apreendem numa mesma unidade, em reciprocidade.[14]

Designações tais como inadaptados, marginais, incapazes, problematizados, dependentes, alvo de ações promocionais e outras tantas constituem expressão de relações socialmente codificadas e marcadas por estereótipos que configuram o "olhar" sobre as classes subalternas do ponto de vista de outras classes e, ao mesmo tempo, definem as posições que os subalternos podem ter na sociedade. Conforme Ianni, "a autoconsciência do subalterno compreende sempre a autoconsciência do senhor. Em essência, há sempre uma dialética senhor/escravo na constituição de cada um e os dois, todos" (Ianni, 1987). Assim, para a consciência de si, a mediação do outro, do social, é fundamental. Isso significa que o modo como nos apropriamos da realidade passa pelas mediações constitutivas da própria vida social.

Para adentrar, ainda que introdutoriamente, no universo simbólico desse complexo indissociável que é o ser social em sua individualidade e socialidade, é necessária a intelecção do que expressam as representações como *organização significante do real*. Representações aqui abordadas como constitutivas do

---

14. Sobre a construção social da identidade, ver os trabalhos de Brandão (1986), Ciampa (1990) e Violante (1985). Para Freud, a ideia de "identidade tem a ver tanto com os dramas individuais de uma biografia, quanto com os dramas sociais da história do grupo e da cultura de que é parte" (apud Brandão, 1986, p. 42-43). "Para Marx — anos 43-44 — a autoconsciência própria a um tempo faz parte da realidade deste tempo" (apud León Rozitchner, *Teoria marxista da subjetividade*, 1989, p. 109).

próprio ser social, de seu modo de pensar e interpretar a realidade cotidiana.[15]

---

15. Foi Durkheim (1898) quem primeiro enunciou a necessidade do estudo das representações mentais coletivas, apontando a irredutibilidade do pensamento coletivo à consciência individual. Abordando os fatos sociais como exteriores ao pensamento dos indivíduos, Durkheim propõe tratamentos específicos ao pensamento social e ao pensamento individual.

Retomado por Moscovici em 1961 no contexto da Psicologia Social, o conceito de representação social passa a ser compreendido como um sistema de valores, de noções e práticas relativas a objetos sociais, permitindo a estabilização do quadro de vida dos indivíduos e dos grupos, constituindo um instrumento de orientação da percepção e de elaboração de respostas e contribuindo para a comunicação dos membros de um grupo ou de uma comunidade. Nesta perspectiva, constituem uma modalidade de conhecimento que serve à apreensão e explicação da realidade. Como conceito, atualiza velhas tensões no binômio indivíduo/sociedade e produz novas tensões entre as disciplinas no campo do pensamento social. "Por outro lado, ainda que retomado há já vinte anos, este conceito permanece insuficientemente clarificado e a sua operacionalização com vista à investigação empírica coloca ainda problemas complexos, o que não tem impedido seu valor heurístico e a realização de um número considerável de estudos" (Vala, 1986).

Dada a relevância da análise dos modos de pensamento e formas de elaboração do real e da sua articulação como as práticas sociais, atualmente, encontramos referências ao conceito de representação social em grande parte das ciências sociais, o que configura um posicionamento interdisciplinar da noção.

Não pretendendo aqui retomar os diferentes autores com seus percursos peculiares, privilegiamos a abordagem que tem sua raiz na proposição marxiana, segundo a qual a consciência do homem é determinada por seu ser social. Para Marx "a produção de ideias, de representações, da consciência está de início diretamente entrelaçada com a atividade material e com o intercâmbio material dos homens, como a linguagem da vida real. O representar, o pensar, o intercâmbio espiritual dos homens, aparecem aqui como emanação direta de seu comportamento material. O mesmo ocorre com a produção espiritual, tal como aparece na linguagem da política, das leis, da moral, da religião, da metafísica etc. de um povo. Os homens são os produtores de suas representações, de suas ideias etc., mas os homens reais e ativos, tal como se acham condicionados por um determinado desenvolvimento de suas forças produtivas e pelo intercâmbio a que ele corresponde até chegar às suas formações mais amplas. A consciência jamais pode ser outra coisa que o ser consciente dos homens e o ser dos homens é o seu processo de vida real" (Marx e Engels, 1982, p. 36).

Na opção pela perspectiva marxista, destacamos o trabalho de Henri Lefebvre (1983) que aborda as representações como um momento do conhecimento, mediação entre o sensível e a abstração verdadeira. Para ele, toda representação passa pela realidade e pela linguagem. As palavras, os signos representam presenças na ausência.

Abordar a temática das representações implica adentrar uma concepção produzida no entrecruzamento de diferentes ciências sociais e na tensão resultante da intersecção do individual com o social. Denise Jodelet situa-as como "imagines que condensan un conjunto de significados; sistemas de referencias que nos permiten interpretar lo que nos sucede e incluso dar un sentido a lo inesperado; categorías que sirven para clasificar las circunstancias, los fenómenos y los individuos con quienes tenemos algo que ver; teorías que permiten estabelecer hechos sobre ellos. Y a menudo, quando si les comprende dentro de la realidad concreta de nuestra vida social, las representaciones sociales son todo ello junto" (Jodelet, in Moscovici, 1985, p. 472). São, portanto, *produto e processo* de uma elaboração psicológica e social do real.

"La representación no puede reducirse a la sombra, al eco, al reflejo. No contiene menos que lo representado, sino más (salvo el empobrecimiento por la reflexión). No se define como el doble (en la conciencia) del objeto. Lo acentúa, lo vuelve intenso vinculándolo a los afectos" (Lefebvre, 1983, p. 98).

"Antes que nada conciernen a la manera como nosotros, sujeitos sociales, aprehendemos los acontecimientos de la vida diaria, las características de nuestro medio ambiente, las informaciones que en el circulan. En pocas palabras, el conocimiento espontáneo, ingenuo que tanto interesa en la actualidad a las ciencias sociales, ese que habitualmente se denomina conocimiento de sentido común" (Jodelet, in Moscovici, 1985, p. 473). Esse conhecimento, que é socialmente construído e compartilhado a partir da realidade cotidiana, expressa o imbricamento entre o objetivo e o subjetivo da realidade, suas tensões e rupturas. "Vivir es representar (se), pero también transgredir las representaciones (...). Pensar es representar pero superar las representaciones" (Lefebvre, 1983, p. 99).

A linguagem é expressão de representações, revela um modo de explorar o mundo, é carregada de sonhos e símbolos. Para

Vygotsky (1989), "uma palavra é um microcosmo da consciência humana". Nesse sentido, a linguagem pode expressar tanto a alienação do homem de si mesmo como sua resistência e criatividade na vida social. É pela linguagem que o sujeito se representa e se põe em interlocução com outros homens.

As representações, portanto, realizam a função de organizar significativamente a realidade para os que a vivenciam. Contêm um "modelo" de homem e de sociedade, explicam o real e respondem à necessidade de criação de uma identidade social, na qual a questão da diferenciação social aparece, muitas vezes, como elemento organizador e justificador dos comportamentos.

É importante ressaltar que, se as representações referem-se ao modo como nos apropriamos do real, referem-se a uma "forma imaginária que é percebida como real". O social é "indissociável de sua representação, que por sua vez tem a função de fazer com que o social seja o que pensamos que é ou que deve ser" (Sawaia, 1981, p. 110).[16]

Nesse sentido, a representação social é parte da subjetivação da realidade objetiva e também da própria ideologia que justifica essa realidade e oculta a lógica do poder, "fazendo com que as divisões e as diferenças apareçam como simples diversidade das condições de vida de cada um (...). Se a ideologia é um discurso que se oferece como representação e norma da sociedade e da política, como saber e como condição da ação, isto significa que promove uma certa noção de racionalidade cuja peculiaridade consiste em permitir a suposição de que as representações e as normas

---

16. Wallon, no estudo da evolução da socialidade, aborda a questão dos limites entre o real e o imaginário, enfatizando a perspectiva assimétrica dessa relação: "entre o real e sua representação, a única alternativa considerada é, frequentemente, a de ver na representação o decalque das coisas ou, ao contrário, o que impõe suas estruturas e suas leis às coisas. (...) A experiência mostra, entretanto, os choques perpétuos das ideias com a realidade e seu acordo consecutivo oferecendo uma significação para se meditar" (Dantas, 1983).

estão colocadas no real, são o próprio real e a verdade do real" (Chaui, 1989, p. 21-30).

O real, no entanto, é constituído de relações atravessadas pelo conflito e permeadas por antagonismos e, desse modo, se de um lado as representações reproduzem a lógica e o discurso ideológico dominante, de outro, reproduzem contraditoriamente o seu contrário, a sua transgressão, que se expressam como resistência, criatividade e superação de um determinismo reducionista, apontando caminhos de ruptura e libertação.

Colocar em debate a resistência, a desobediência dos destituídos, implica refletir a *emancipação do homem* em sua luta de cada dia na busca de alcançar um protagonismo histórico. Protagonismo que põe em cena novos sujeitos no processo político brasileiro, que são novos também porque, como afirma Martins, mobilizam e politizam vias não políticas no seu confronto com o poder econômico. Aqui as práticas sociais são apreendidas na multidimensionalidade que compõe o cotidiano, *locus* privilegiado da resistência. É preciso, no entanto, observar os riscos de uma posição "romântica" em relação aos aspectos libertadores presentes no cotidiano dos subalternos, sobretudo em uma ordem social que engendra indivíduos alienados, massificados, com "subjetividades programadas", onde suas representações, se podem expressar sua crítica e resistência, expressam também a perda do domínio do homem sobre o mundo por ele criado. É "o inteiro cotidiano dos indivíduos que se torna *administrado* (grifo do autor), um difuso terrorismo psicossocial se destila de todos os poros da vida e se instila em todas as manifestações anímicas e todas as instâncias que outrora o indivíduo podia reservar-se como áreas de autonomia (a constelação familiar, a organização doméstica, a fruição estética, o erotismo, a criação de imaginários, a gratuidade do ócio etc.) convertem-se em limbos programáveis" (Netto, 1987, p. 85-86).

As representações de que são portadoras as classes subalternas revelam essa "administração" de suas vidas, ao mesmo tempo em que expressam os confrontos das relações entre "ricos" e "pobres", entre mundos diversos, marcados pela miséria ou pela abundância. As representações dos subalternos sobre essas relações são marcadas pela simultaneidade de códigos e sentidos que muitas vezes diluem as reais contraposições que vivenciam.

Pesquisando o domínio dos valores da cultura oficial sobre as classes subalternas italianas, Satriani (1986) constata todo um "reacionarismo dos dominados" numa direção conformista de aceitação dos valores oficiais. Elementos de contestação e de contraposição foram por ele observados em experiências de teatralização, no gestual e no silêncio dos subalternos.[17]

Observações de Gramsci acerca dos conhecimentos populares, sobretudo o folclore e o senso comum, enfatizam as ideias de contraposição que permeiam as concepções de mundo dos subalternos em face das ideologias dominantes. Para ele, o folclore expressa concepções do mundo e da vida dos subalternos em contraposição às concepções do "mundo oficial" dos dominantes (Gramsci, 1968).

É preciso ter presente que o processo de estruturação simbólica do real das classes subalternizadas ocorre sob o signo da

---

17. Para Satriani, "o silêncio parece ser o sinal de uma epifania dos pobres, no sentido de que o silêncio se inscreve em uma ordem de verdade — a verdade histórica da dominação — e a palavra em uma ordem de poder" (Satriani, 1980, p. 38-39).

Foucault também nos recorda que o silêncio dos sujeitados é o mais forte componente da exclusão para os que de antemão têm a fala desfigurada ou negada. Para o autor, a exclusão e o silêncio se colocam na raiz de processos de estigmatização, discriminação e muitas vezes de confinamento dos subalternos (Foucault, 1977).

Ainda, sobre o silêncio, Martins, analisando as dificuldades dos chamados "grupos de mediação" (políticos, intelectuais, missionários, etc.) em interpretar o processo de luta dos "pobres e marginalizados do campo", afirma: "Os que se dizem politizados, porque fazem, ouvem, ou analisam discursos, têm, com desalentadora frequência, dificuldade para entender essa fala de espaços ocupados em silêncio, de reconhecimento da ruptura dos elos tradicionais que revestiam de reciprocidade moral a dominação do senhor e fazendeiro" (Martins, 1989).

pobreza, da dominação e, muitas vezes, da ignorância e da alienação. A alienação dos subalternos aparece com uma resultante do controle e da subordinação do homem à trama de relações constitutivas da ordem capitalista e se expressa no não reconhecimento dos indivíduos em um mundo que eles mesmos criam. Assim sendo, a alienação reduz o indivíduo a um objeto que confere a outros decisões sobre sua própria vida. Heller afirma que as sociedades capitalistas estimulam o individualismo, mas bloqueiam a individualidade e criatividade do homem. Para ela, a alienação é sempre alienação em face de alguma coisa e, mais precisamente, em face das possibilidades concretas de desenvolvimento genérico da humanidade (Heller, 1977).

Assim, a alienação existe quando as possibilidades de desenvolvimento e emancipação dos indivíduos não alcançam as objetivações do desenvolvimento do humano genérico. Trata-se de uma alienação que assume formas e graus diferenciados, extrapolando os limites das atividades produtivas, inserindo-se em outras esferas da vida do homem, penetrando sua consciência, desfigurando suas representações e sua fala.

É certo, no entanto, que os homens resistem e lutam contra a alienação "nos estreitos limites de liberdade que não lhe puderam ser roubados" (Mello, 1988, p. 15). Nesse sentido, não podemos colocar em questão a opressão e a subalternidade sem trazer à reflexão a questão da resistência e da luta pela sobrevivência como polos de uma tensão permanente.[18]

---

18. Sobre a questão dos espaços de liberdade na sociedade contemporânea, ver Arendt (1983) e Weil (1979).

Capítulo III

O lugar social dos excluídos e subalternizados: seu perfil, sua versão

"É falso que o cientista social possa compreender a fala do outro sempre, como é falso que só é socialmente eficaz a fala que pode ser compreendida e explicada pelo cientista social."

José de Souza Martins

Quem são os que recorrem à assistência social? O que pensam, julgam e fazem? Como constroem uma visão de mundo e de si mesmos? Como organizam significativamente o real no processo de constituição de uma identidade marcada pela condição subalterna? Como, tantas vezes, tornam "seus" projetos e valores que, na realidade, são contra eles? Qual é, sobretudo, a vida que transcorre no dia a dia daqueles que as diferentes formas de *pobreza e exclusão* acabam por condenar a partilhar muito pouco da riqueza social? O que é constituir-se em alvo de serviços de assistência no conjunto das experiências que vivenciam? Como a condição de *"assistido"* interfere no processo de identificação em termos da *reposição/ruptura* da subalternidade?

Marcados por um conjunto de carências, muitas vezes desqualificados pelas condições em que vivem e trabalham, enfrentando cotidianamente o confisco de seus direitos mais elementares, buscam, na prestação de serviços sociais públicos, alternativas para sobreviver. Sujeitos[1] que pouco conhecemos e que devemos "descobrir", se é que essa é a palavra adequada, diante de um segmento social concreto ao qual não pertencemos.

Mas, como descobri-los, como encontrá-los? Sabemos que essa descoberta não se dá numa única dimensão. O assunto é imenso. Subdivide-se em direções múltiplas, infinitas. O caminho escolhido foi dar-lhes a palavra, ouvir sua versão.

Neste capítulo, pois, os subalternizados falam. Aqui se analisam as *"condições de vida"* e as *representações* da população alvo de serviços assistenciais, a partir dos depoimentos de alguns usuários desses serviços. Assim, como material empírico são utilizados relatos de vida de sujeitos cujas situações sociais são marcadas pelo fato de serem usuários de instituições de cunho assistencial.

São sete os relatos coletados: realidades marcadas pela destituição e subalternidade em que as diversidades, as particulari-

---

1. A noção de sujeito é aqui abordada conforme Figueira, que aborda a problemática da mudança social no domínio da subjetividade. O caminho escolhido pelo autor foi o de "ir do sociologicamente visível (aquilo que a maior parte das teorias sociológicas problematiza e nos permite ver e pensar sistematicamente) até o sociologicamente invisível (toda a dimensão que a maior parte das teorias sociológicas negligencia, seja porque não percebe a sua importância, seja porque a considera da alçada das disciplinas psicológicas).

De modo simplificado, o sociologicamente invisível é o imaginário, as emoções, a fantasia, o desejo, em uma palavra, o *sujeito* (...) agente socializado que sofre a ação de regras transindividuais, mas que é dotado de subjetividade (Figueira, 1987, p. 14).

dades, as circunstâncias enfim, nos revelam fragmentos de um lugar social. Em comum, *a experiência* da pobreza, *identidades construídas na carência*. Identidades que resultam de um contínuo processo de exclusão e que expressam o movimento desses sujeitos na vida social. Apresentamos a seguir, sumariamente, os sujeitos desta pesquisa:

O primeiro a relatar sua trajetória é *Durval*, 49 anos, nascido em Seabra, zona rural da Bahia em uma família de sete irmãos. Cursou apenas o primeiro ano escolar, dedicando-se a trabalhos agrícolas até a idade de 19 anos, quando veio para São Paulo para trabalhar como servente de pedreiro. Aos 22 anos, sofreu um grave acidente que o incapacitou para o exercício de sua profissão. A partir daí, realiza tratamento médico contínuo de úlceras varicosas, que apresenta em ambas as pernas, necessitando comparecer três vezes por semana ao Hospital das Clínicas para curativos. Há alguns anos recebe auxílio-condução do Serviço Social do hospital, para poder cumprir o tratamento. Esporadicamente, recebe mantimentos e dinheiro da Igreja de Cangaíba e do Posto de Atendimento à População com Problemas de Subsistência da Secretaria do Bem-Estar Social do Município de São Paulo (APPS). Sendo um doente crônico, sobrevive de biscates diversificados: possui um carrinho para venda de doces, vende talões de zona azul, canetas e às vezes toma conta de um Ginásio "pra molecada não fazê bagunça e o homem me dá uns trocado né?". Sua renda mensal não chega a um salário mínimo. É solteiro e não tem contato com familiares que moram em São Paulo; recebe porém grande apoio de seus vizinhos na favela onde mora: Favela Ticoatira, na Marginal do Tietê, Penha. Barraco precário, com poucos pertences, muito limpo, apesar do chão de terra batida. A instituição pela qual contatamos Durval foi o Hospital das Clínicas da Faculdade de Medicina da Universidade de São Paulo.

Outra narrativa é a de *Wilma*, nascida em Mauá na Grande São Paulo, há 30 anos. Portadora de paralisia cerebral desde seu nascimento, apresenta dificuldades de locomoção e de visão, fato que não impediu que concluísse a 4ª série do 1º grau. É solteira e mora sozinha em um cômodo e banheiro de alvenaria construídos em área cedida pela Prefeitura de Mauá. Não recebe ajuda da família e considera-se rejeitada pela mãe e irmã. Não conhece o pai. Apesar de participar de Programas de Reabilitação profissional, vem constatando, ao longo de sua vida, as grandes dificuldades existentes em relação ao mercado de trabalho para o portador de deficiência. "O deficiente", diz ela, "ele é como um bandido, um criminoso, ele não tem oportunidades, nem mercado de trabalho. E nada em geral. Ele é muito incriminado: não tem chance nem autoridade pra discuti o direito dele." Para obter algum rendimento, vende fichas de telefone na estação do trem de Mauá. Vive praticamente de auxílios e do apoio que recebe da Igreja, da LBA, da Assistência Social do Município de Mauá e do Hospital das Clínicas, que frequenta semanalmente para realizar tratamento psicossocial (atendimento psicológico e de serviço social) e para participar de programa de reabilitação. Contatada no Hospital das Clínicas.

Conceição, 50 anos, é outra história que tem início com a vida rural. Filha de um violeiro e compositor de música sertaneja, nasceu em Reginópolis, no interior do Estado de São Paulo, morando em várias cidades do interior paulista (Campos Novos Paulista, Ocauçu, Borborema, Sertãozinho, Promissão...) sempre trabalhando na agricultura, dos 7 aos 29 anos. É casada desde os 25 anos e tem cinco filhos, dois nascidos antes de vir para São Paulo. Veio para São Paulo acompanhando o marido que buscava trabalho: "A gente teve que vendê uma roça. Só tinha colhido o feijão e gente veio embora. Veio embora e meu marido chegou aqui e não arranjou o emprego..." Aqui, passa a costurar para firmas e para fora, entre outros trabalhos e retoma o curso primário no terceiro ano do Mobral. Sua relação com diversos programas da Secretaria de Bem-Estar Social — SEBES data de mais de dez anos. "Eles me ajudaram demais, todas as vezes que eu precisei."

Por muitas vezes recorreu ao Programa de Atendimento à População com Problemas de Subsistência (APPS). A última vez recebeu mantimentos durante seis meses. O marido nunca ficou sem trabalho, embora tenha problemas de alcoolismo. Atualmente, dois filhos mais velhos ajudam nas despesas. Tem uma filha e neta morando com ela. É líder comunitária participando, ativamente, da Comunidade Eclesial de Base da favela do Jardim do Russo, em Perus, onde mora. Trabalha na Padaria Comunitária da favela, local inicial de nosso contato. A Padaria é parte do Programa de Produção Associada de Bens e Serviços da área de Assistência Social da SEBES.

Francisco, 33 anos, proveniente de Fortaleza, Ceará, é outro sujeito desta pesquisa. Em sua infância, conciliou o trabalho na agricultura com uma precária escolarização de dois anos. Por não gostar do trabalho "na roça", foi trabalhar como servente de pedreiro até migrar para São Paulo em 1979. Aqui, começou como ajudante de metalúrgico até chegar a meio oficial de torneiro mecânico. Passou por vários empregos e teve períodos de desemprego, quando viveu de "bicos" diversos. Há dez meses está desempregado e trabalha como "marreteiro", vendendo colchas e redes do Ceará. O que consegue ganhar não é suficiente para a manutenção de sua família, o que o leva a depender do trabalho da mulher, monitora da creche da Favela do Jardim do Autódromo onde moram. Têm três filhos: dois meninos e uma menina. Participa de trabalhos comunitários desenvolvidos na favela tanto a partir do Programa Serviços Comunitários (SERCOM) da SEBES, como pelo programa de urbanização de favelas da Secretaria da Habitação e Desenvolvimento Urbano — SEHAB. Contatado em reunião de moradores da favela a partir do Programa SERCOM.

Outra história é a de *Elizabeth*. Solteira, 34 anos, proveniente da capital do Rio de Janeiro, de onde veio há quinze anos com uma filha que acabara de nascer. Hoje tem cinco filhos, três meninos e duas meninas. Além desses, perdeu, já em São Paulo, duas meninas no prazo de sete dias: uma com sarampo, outra com pneumonia. É sustentada por seu atual companheiro, cuja renda mensal é de um salário mínimo e meio. Elizabeth sempre trabalhou em "casa de família" e mais recentemente em uma fábrica de plásticos onde ficou por seis meses, sendo demitida após uma greve por melhores condições salariais. Passou por múltiplas dificuldades, chegando a dormir na rua, por uma semana, com seus filhos. Teve tuberculose e há cinco anos, quando dependeu quase que exclusivamente de auxílios da LBA, do Programa de Atendimento à População com Problemas de Subsistência (APPS) da SEBES, entre outros, para sobreviver. Mora na favela do Jardim Marabá em precaríssimo cômodo de blocos, sem janelas. Há dois meses está desempregada. É usuária tanto dos Plantões da LBA —Centro Regional do Brooklin, onde foi contatada, como usuária da Creche Casulo do Jardim Marabá, onde tem dois de seus filhos matriculados. Recorre também, com frequência, ao Programa de Atendimento à População com Problemas de Subsistência, Posto de Santo Amaro.

Maria de Nazaré, 36 anos, proveniente de Belém no Pará, é mais uma narradora dessa pesquisa. É solteira, mãe de duas crianças e veio de Belém há quatro anos. Veio "porque na minha terra também eu tinha muitas dificuldades". Lá, começou a trabalhar com 14 anos, tendo sido auxiliar de escritório, balconista e professora do Mobral, embora tenha cursado apenas o 1º grau. Em São Paulo, depois de trabalhar como balconista, passou a auxiliar educacional na Creche Nossa Senhora Aparecida, conveniada da Prefeitura, na Favela do Jardim do Autódromo onde mora. Sua vinculação a programas assistenciais data de sua chegada a São Paulo, quando, sem ter onde morar, conseguiu da Prefeitura um barraco. A partir daí, vem participando ativamente dos diversos programas que a Secretaria do Bem-Estar Social mantém na favela. Maria de Nazaré é uma figura humana expressiva e respeitada: sempre presente no que denomina "as lutas do povo". Mantém

CLASSES SUBALTERNAS E ASSISTÊNCIA SOCIAL

sua casa "sempre aberta pra todo mundo", entendendo sua inserção nas "lutas comunitárias como as coisas boas que acontecem na vida da gente". Nosso primeiro encontro com Nazaré ocorre em uma reunião de moradores do Programa: Serviços Comunitários (SERCOM) da SEBES.

Francisca, 46 anos, solteira, apresenta-se como a última narradora da pesquisa. Nasceu em Santa Isabel, no interior da Paraíba, de onde veio para São Paulo há dezoito anos, deixando com a mãe dois filhos pequenos, de 3 e 4 anos respectivamente. Aqui, sempre trabalhou como faxineira ou como servente, e assim que obteve recursos mandou buscar os filhos na Paraíba. Não tem nenhuma escolaridade, pois antes de migrar trabalhava na lavoura "desde muito pequena e se fosse pra escola fazia muita falta pra família onde todos ajudavam". Sua situação de trabalho é bastante instável e há cinco meses está desempregada. Tem um companheiro com o qual tem uma filha de 6 anos, que, aposentado por invalidez, vem encontrando dificuldades para manter a família. Seu filho mais velho está casado e pouco pode ajudá-la, a filha é mãe solteira de duas crianças pequenas (a mais nova tem 4 meses). Mora na Favela de Vila Nova Cachoeirinha onde, além de usuária da Creche e participante do Clube de Mães, vem participando na favela onde mora de inúmeras atividades do Programa SERCOM. Após sugestão de seu nome por parte dos responsáveis pelo Programa, Francisca passou a me receber em sua própria casa.

O que faz semelhantes seus depoimentos, apesar da diversidade de suas vivências, é a experiência partilhada da *pobreza, da exclusão e da subalternidade*. O recurso a categorias tão abrangentes e imbricadas para orientar a articulação, possível, entre os depoimentos coletados, se expressa pela mediação de temas significativos que emergem das narrativas. Cada narrativa é uma *experiência* (Thompson, 1981). Experiência pessoal que traduz uma apreensão do mundo a partir de trajetórias que se dão em determinadas condições sociais, que poderíamos chamar "*campo de carências".*[2] Realidade estruturada a partir das muitas faces da pobreza, da exclusão e da subalternidade.

Romper a dualidade analítica objetividade/subjetividade[3] é fio condutor destas reflexões que têm como ponto de partida a seleção de representações significativas que expressem formas de compreensão e inserção nessa realidade.

A abordagem qualitativa busca aqui, através da recuperação de trajetórias individuais, o resgate de alguns sentidos e significados de uma realidade social e coletiva que aqui se revela pelo conhecimento de algumas situações-limite em termos da desumanização do homem.

Os depoimentos recolhidos e organizados consubstanciam-se em temas que permitem a compreensão de matizes desse universo social homogeneizado pela pobreza e pela carência. Aqui,

---

2. Expressão cunhada por Marialice Foracchi em estudo sobre populações "marginais" no Brasil. Trabalhando a noção de participação-exclusão como característica do modo de instalação e desenvolvimento do capitalismo brasileiro, a autora afirma que a marginalidade é, como processo, uma forma singular de participação-exclusão em nível econômico, social, político e cultural. Da perspectiva cultural, essa noção apanha especificamente: o universo de representações simbólicas, os significados e a experiência vivida. "A participação-exclusão expressa assim um processo de interiorização da objetividade, ou seja, uma modalidade de *experiência* do campo de carências." A noção de *campo de carências* como categoria analítica parte do suposto de que há um campo de carências no qual os agentes humanos se movem. "A renda mínima familiar garante a perpetuidade desse sistema de carências e a preservação da homogeneidade do seu estoque simbólico. Por essa razão, o privilegiamento do indicador renda implica na opção metodológica de presumir a imutabilidade e o poder de determinação desse sistema de carências (...) que configura, de modo extremo, as características do sistema de privações inerente à formação social subdesenvolvida/dependente" (Foracchi, 1982, p. 13-14).

3. Habermas (1980) mostra que, se o capitalismo realiza a segmentação das condições subjetivas com as condições objetivas do trabalho e da produção, ele também realiza a cisão do Eu com a sociedade em seu conjunto. Mas essa cisão não impede que, em fluxos contínuos e criadores, as identidades se renovem, procurando dar conta de novas formas de sociabilidade. A identidade, portanto, não é fixa, sua construção é histórica, o que implica e leva à busca de outras referências para o processo de identificação.

CLASSES SUBALTERNAS E ASSISTÊNCIA SOCIAL

a condição de classe é contextualizada pela história e pelas vivências sociais dos que a fazem. Há, nas ações que constituem o cotidiano, expressões de relações reais e objetivas que os homens estabelecem em sua vida social. Há também, nesse cotidiano dos indivíduos, um processo de interiorização dessas relações objetivas que constitui um universo de representações simbólicas.

As representações como mapeamento simbólico do real (Macedo, 1986) aparecem em narrativas descontínuas que se fazem a partir do cotidiano. Narrativas fragmentadas em sua aparência e que expressam a contínua recriação de estratégias de "levar a vida" (Caldeira, 1984, p. 9), de lutar pela sobrevivência a cada dia. Não é aleatoriamente que questões relacionadas ao abrigo, ao trabalho, ao atendimento à saúde aparecem com tanta força nos depoimentos. Nesse sentido, a observação inicial é de que as narrativas articulam-se a partir de questões relacionadas com sobrevivência pessoal e do grupo familiar, bem como em torno da luta contra a pobreza nas diversas esferas que envolvem a vida cotidiana.

No caminho da reconstituição de suas histórias de vida, emergem, como mediações reveladoras da exclusão e subalternidade em que vivem, temáticas relativas ao atendimento de necessidades mais elementares. Aquelas que Marx situa como "necessidades existenciais", ou seja, aquelas que ontologicamente se referem à própria manutenção da vida humana em contraposição a necessidades a que se refere como "propriamente humanas" em que localiza a construção histórica de objetivações realizadoras do homem.[4]

---

4. Abordando "la teoría de la necesidad" como problema capital dentro da antropologia marxista, Agnes Heller observa que esta categoria é trabalhada desde os *Grundrisse* até o livro III d'*O capital*. Heller observa que as necessidades que "referem-se à mera manutenção da vida humana (autoconservação) e são necessárias, simplesmente porque sem sua satisfação o homem não pode conservar-se como ser natural. Estas necessidades não são idênticas às dos animais, (...) as necessidades necessárias

À medida que as narrativas iam se desenvolvendo, apesar de seu caráter não-linear, alguns núcleos destacavam-se como "significantes" e articuladores dos depoimentos. O trabalho, ou o modo pelo qual se obtém alguma renda, quase sempre era um desses núcleos. A quantidade de rendimentos define, muitas vezes, a maneira de atender as necessidades relacionadas à sobrevivência. São presentes em todos os depoimentos conexões entre os rendimentos e a maneira de viver.

1. O trabalho e as formas de sociabilidade

"O trabalho é um dos pontos críticos da mentira. Transformado em virtude para a riqueza, ou para a segurança que a riqueza encerra, justifica ambas, mascara a divisão e o conflito porque escamoteia, no jogo do vir-a-ter pelo esforço e pelo trabalho, a verdade evidente de que os longos anos de trabalho nem mesmo libertaram-nas da ansiedade pelo dia seguinte" (Mello, 1988).

No conjunto dos depoimentos coletados, a questão do *trabalho* se impõe, entre as mais elucidativas para a compreensão da vida social dos entrevistados. Para estes, o modo de "ganhar a vida" aparece sempre vinculado à procura da melhoria das condições em que vivem.

As diferenciações observadas entre os entrevistados, quanto às formas de inserção no trabalho, evidenciam a condição comum de instabilidade ocupacional demarcada ora pelo modo de participação no conjunto de relações não tipicamente capitalistas de produção (Martins, 1979); ora pelo desemprego; ora pelo trabalho

---

para a manutenção do homem como ser natural são também sociais: (...) os modos de satisfação tornam social a própria necessidade" (Heller, 1978, p. 31).

assalariado. De fato, o aspecto que mais claramente delimita as condições desses trabalhadores é seu baixo nível de rendimento e suas precárias alternativas de trabalho. A alta rotatividade nos empregos, a alternância ou mesmo a conjugação do trabalho por conta própria com o trabalho assalariado que se observa nos trabalhadores pobres (Zaluar, 1985) aqui emergem com clareza. Prevalece a pertinência a um setor da economia capitalista "que, à falta de critérios mais precisos, é comumente chamado de setor informal, na linguagem asséptica da Organização Internacional do Trabalho". Como aponta Oliveira, mais do que reflexões teóricas sobre o tema, o que está em jogo é a sobrevivência de muitos na sociedade brasileira. Este "enorme flanco aberto na economia, no mercado de força de trabalho, na distribuição de renda, nas políticas sociais..." (Oliveira, 1988a, p. 11) coloca em evidência a situação de uma vasta reserva que não apresenta muitas chances de inserção no mercado.

É importante recordar que é o capital, em sua "diversidade de tempos" (Martins, 1989), que vai determinar formas de inserção de relações não tipicamente capitalistas no capitalismo. Essas relações se dão em espaços intersticiais do capitalismo. Para Martins, o capitalismo, na sua expansão, não apenas redefine antigas relações, subordinando-as à reprodução do capital, como também engendra relações não capitalistas necessárias a essa reprodução. Estes espaços se definem sob os movimentos do capital, embora não se explicitem como relação tipicamente capitalistas de produção. Porque contêm o desemprego em massa, auxiliam no processo de rebaixamento dos salários e permitem a circulação de bens produzidos por empresas capitalistas, são fundamentais tanto para o capital como para os trabalhadores que, através deles, sobrevivem ao descarte de mão de obra já barata. Lidamos aqui com outras modalidades de relacionamento da força de trabalho com o capital, mas que, em sua essência, representam uma mesma ordenação da vida social que se caracteriza pela profunda desigualdade na apropriação da riqueza socialmente construída.[5]

Reunindo o trabalho por conta própria com a prestação de serviços assalariados em uma escola, Durval é um exemplo da conjugação de estratégias diversificadas e pouco estáveis de trabalho, situação, em seu caso, agravada pela falta de saúde. Assim apresenta seu modo de "ganhar a vida":

> "Eu vendo doces numa banquinha de doces. Eu tenho um carrinho né? Eu vendo biscoito, bala, chiclete e essas canetinhas. Eu também vendo zona azul, os cartão pros carro. A senhora conhece né? Tem também um ginasiosinho que eu tomo conta e quebra o galho, dá pra vivê. Mal e mal. Eu tiro a base do salário. As veis nem o salário eu tiro."

Outro exemplo da junção do trabalho por conta própria com o emprego assalariado pode ser observado no relato de Conceição acerca de suas experiências de trabalho:

> "Toda vida eu trabalhei. Desde que vim para São Paulo. Eu costurava pra firma. E, quando chegava o Carnaval e as Festa Junina, eu costurava vestido, chapeuzinho, eu fazia pras vizinhanças. Até hoje ainda costuro. Também trabalhei num cartório da Barra Funda muitos anos. Agora eu trabalho na padaria da Comunidade. A padaria, foi engraçado: o Serviço Social da Prefeitura veio fazê uma visita pra gente, e eu falei que a gente fazia pão, né. Aí eu pedi material pra gente fazê uns fornos. Sabe, esses fornos que tem no interior, que a gente põe lenha assim e depois esquenta pra fazê o pão? Eu pedi, que a gente queria fazê pão prá gente vendê. Igual a gente já fazia. Só que nos forno comum era muito difícil. A gente to-

---

5. Ver a respeito desta temática os trabalhos de Martins (1979 e 1989), Oliveira (1985 e 1988) e Carvalho (1990).

mava muita quentura! Aí a Padaria começô. Ganho um salário mínimo na padaria e mais algum dinheiro com umas costuras que eu faço quando dá."

Neste quadro, as referências são as estratégias ocupacionais de sobrevivência dos trabalhadores pauperizados, que tanto buscam o trabalho assalariado, quanto o trabalho por conta própria para fazer frente às suas necessidades. Esta inserção múltipla no mundo do trabalho (no tempo e no espaço) revela a busca de "ganhar a vida" de todas as formas possíveis e se expressa no estilhaçamento de suas vidas, particularmente em relação ao trabalho.

A alternância de trabalhos, os biscates, o desemprego revelam um quadro que se "assenta na superexploração da força de trabalho", o que gera condições precárias de trabalho e vida dos trabalhadores em geral e, particularmente, naqueles sem qualificação profissional (Menezes, 1990).

Para Francisco, o desemprego e a alta rotatividade nos trabalhos assalariados fazem com que se intercalem, em suas experiências de trabalhador, fases de trabalho por conta própria com o emprego na indústria metalúrgica:

"(...) estou desempregado há dez meses. Eu trabalhava no Jardim Marabá numa Metalúrgica que num fechô mas despediu eu e mais oito companheiros ao todo. A partir daí eu num consegui outro emprego. Na época eu ganhava 18 mil cruzeiros. Achei pra ganha 5, 8, num compensava. Eu vivo hoje vendendo, de marreteiro, né. Eu vendo colcha de artesanato. Quando eu consigo vendê... E eu era metalúrgico! Trabalhei um ano nessa firma. Quando surgiu esse plano do indivíduo aí, o homê lá falou que num podia mais pagá nóis porque ele tava devendo as peças. Com três dias ele cortou a marmita, que eles dava marmita pra nóis, né. Aí dia dois de abril eu fui despedido."

O *desemprego* constitui, nas trajetórias ocupacionais dos entrevistados, momento de grandes dificuldades, quer do ponto de vista do atendimento de suas necessidades materiais, quer enquanto interfere na própria representação que o trabalhador constrói de sua condição de desempregado.

> "Estou vivendo envergonhado por não estar conseguindo trabalho. Minha mulher sustenta mais os filho que eu. Eu tô sentindo muito humilhado por causa do próprio Presidente. Ele cancelou os dinheiro dos patrões e eles não puderam mais pagá nóis e assim, eu e os outros companheiros fomos despedido por esse motivo." (Francisco)

Para Francisco, a situação de desemprego se apresenta como vergonhosa; talvez, em vista de padrões que conferem ao homem a responsabilidade maior no provimento do grupo familiar, sobretudo no Nordeste, sua região de origem (Caldeira, 1984); talvez, pela valorização do trabalho que executa como assalariado e das relações que estabelece como "um meio oficial metalúrgico", fato a que se refere constantemente contrapondo as duas formas de obter recursos: como marreteiro e como operário. A diferença entre prestar serviços por conta própria e ser um trabalhador assalariado, no mercado de trabalho, se coloca claramente para ele.

> "Trabalho de marreteiro né... E, eu era metalúrgico. Eu vendo as colchas e minha esposa trabalha na creche. Então é ela que sustenta nóis um pouco. Ela que sustenta. Eu sou sustentado por ela. É uma vergonha, né?"
> "(...) a falta de trabalho atrapalha todo o pensamento da pessoa. Viver fracassa um pouco na época em que se fica desempregado... a vida é só sobrevida. Eu tô me sentindo muito humilhado."

A dignidade de trabalhador, autorrepresentada pela condição de metalúrgico, se apresenta ameaçada pela desqualificação de seu trabalho. A identidade de desempregado ou de "marreteiro" é inaceitável para Francisco. Para ele, como para outros trabalhadores, a ética de provedor (Zaluar, 1985) define um espaço moral onde a respeitabilidade vincula-se à capacidade de "fazer frente a todas adversidades, garantir a manutenção da casa e prover dignamente aqueles que são seus dependentes" (Telles, 1990, p. 41). O que prevalece como sentido valorativo do trabalho é sua apreensão como forma de atender às necessidades relacionadas à sobrevivência, e não como atividade de valor em si mesma.[6] O desemprego traz também a dor da percepção de que seu lugar como trabalhador lhe foi retirado e que está sobrando no mundo do trabalho.

O desemprego, como uma expressão concreta da pobreza e da exclusão, emerge também nas narrativas de Francisca e de Elizabeth:

> "No momento eu num tô trabalhando. Parei de trabalhá em maio, estou há cinco meis sem trabalho. Eu trabalhava como faxineira. Ultimamente eu estava trabalhando aí num prédio de 2 andar de residência na Cachoeirinha. Era trabalho pesado, de limpeza num prédio. Mas pra mim que num tive estudo, tem que ser esse serviço. Agora, tá pior: tou desempregada e nem posso ajudar minha filha mais velha. Mas, acontece que eu vivo com um senhor, e ele agora tá doente, que ele se acidentou no serviço e cegou um olho. Ele já fez duas operações. Tá no seguro e tá difícil nossa vida. Estamos passando muito aperto, ainda mais que tenho que ajudá uma filha que também tá desempregada e tem duas crianças. A criança dela mais nova tá com 4 meses. Tá difícil. As coisa tá tudo caro." (Francisca)

---

6. Paula Stroh, em pesquisa acerca do movimento de desempregados de 1983 que constituiu sua dissertação de Mestrado, observa que o desemprego afeta não apenas o núcleo da representação que o trabalhador constrói de si próprio, mas atinge a teia de relações em que se situa. Questionamentos acerca da situação de desemprego que atingem sua condição de trabalhador ameaçam duramente a sua dignidade.

"Sempre trabalhei pra criá meus filhos. O primeiro pai num valia nada, num trabalhava. Larguei... O salário de meu companheiro atual num dá... Agora tô andando atrás de emprego. Ainda num consegui. A coisa tá muito feia. Faz dois meses que tou desempregada. Eu já saí por aí e nem em casa de família eu consegui. Eu já trabalhei em casa de família. Da firma, fui embora porque eu tava nova na firma, com 5 meses e a firma fez greve. Então a gente foi embargada de entrá, ficando aquela turma de funcionários na rua fechando a entrada. Quem tentasse entrá eles fechavam a entrada e machucavam. Então eu preferi num entrá... Eu era auxiliar de produção. Trabalhava na máquina. Entrei como auxiliar de produção mas estava trabalhando como prensista. Nisso eu tenho muita prática. (...) É fábrica de plástico aqui perto. Eu teria vontade de voltá pra lá." (Elizabeth)

Embora diversas, as situações referidas pelos narradores, como de desemprego, revelam o valor do trabalho tanto para a sobrevivência como para a manutenção da dignidade pessoal de trabalhadores.

Wilma, por dificuldades diretamente relacionadas com sua condição de portadora de graves deficiências físicas no que se refere à visão e locomoção, é a narradora que maiores entraves vem enfrentando para obter trabalho:

"(...) é muito difícil a possibilidade de ingresso no mercado de trabalho pro deficiente. Porque hoje em dia, já é difícil trabalho, independente da pessoa ser deficiente ou não. O deficiente não tem oportunidades. Para ele não há mercado de trabalho. E nada em geral. Hoje, eu consigo algum dinheirinho vendendo ficha telefônica na Estação de Mauá, mas, é muito pouco..." (Wilma)

A condição de Maria de Nazaré, no que se refere ao trabalho, configura-se, apesar das muitas mudanças de emprego, como de maior estabilidade ocupacional. Em sua trajetória como trabalhadora, vem buscando conjugar a obtenção de recursos necessários à sua sobrevivência com a realização pessoal:

> "Na minha terra eu trabalhava de balconista. Eu trabalhei dez anos em uma farmácia. Fui professora no Mobral por três anos. Ganhava muito pouco. Logo que cheguei aqui também comecei a trabalhar em uma farmácia. Depois passei pra trabalhar na Creche N. Senhora Aparecida aqui com a irmã. A irmã me deu a maior força. Hoje já faz dois anos que eu estou com a irmã. Gosto muito de meu trabalho com as crianças na creche. Ser educadora já era meu sonho antes." (Maria de Nazaré)

Nas experiências relatadas delimitam-se dois significados para o trabalho: meio de "ganhar a vida" e ascender socialmente, num quadro de restrições e carências, e atividade cujo valor ético lhes confere a dignidade pessoal de trabalhadores. Embora encontrem dificuldades objetivas para obter trabalho e tenham em comum uma inserção social caracterizada pela exclusão, todos se referenciam ao trabalho como lógica e como ética organizadora de suas vidas. O que significa referenciar-se na ética do trabalho e não conseguir trabalhar? O que é recobrir a identidade de trabalhador com a de "assistido"? Sem dúvida, trata-se de uma situação perversa para aqueles que vivem a experiência da incerteza quanto ao trabalho.

> "Os amigos me ajuda. As assistente (refere-se às assistentes sociais) me ajuda. Sou pobre. Porque eu num trabalho todo dia, tenho que ir três vezes por semana pro hospital e aí eu praticamente já perco o dia. Eu chego cansado de andá e desanimado pra trabalhá." (Durval)

Chama a atenção no conjunto dos depoimentos o sofrimento moral advindo da falta de trabalho, da instabilidade nos empregos, das precárias opções dos desempregados, dos rendimentos insuficientes, do desamparo dos doentes e deficientes e seus trabalhos desqualificados.

O lugar do trabalho nas experiências é, muitas vezes e de maneira diversificada, um lugar contraditório: lugar alienado de lutar "pela vida" que muitas vezes se confunde com o próprio trabalho (Bosi, 1987, p. 393), lugar de *espoliação*, de *sofrimento*, que permeia as lembranças desde a infância. Aqui o trabalho é atividade submetida à *espoliação* ("labour"): perdas objetivas e sofrimentos subjetivos. Mas é também questão básica quando se trata da *manutenção da vida* e da dignidade do homem (Abramo, 1988). Como atividade humana, situa o homem na vida social, ainda que, para os narradores que ouvimos, não se coloque nem de longe a perspectiva do trabalho como atividade criadora ou libertadora ("Work").

Assim, trabalho para estes sujeitos não é resultado de uma escolha, é apenas uma face do direito à sobrevivência, uma forma de ter o que comer, de abrigar-se, de "levar a vida" enfim, buscando uma dignidade sempre posta à prova por constrangimentos de diferentes ordens. Constrangimentos que gestam sentimentos de indignação, de injustiça e muitas vezes de humilhação diante de "uma situação que rompe com todas as reciprocidades esperadas por conta de um trabalho ao qual se recusa qualquer nível de reconhecimento; por conta de salários que estão aquém das necessidades de sobrevivência, que não são equivalentes ao esforço empreendido..." (Telles, 1990, p. 41).

Ainda assim, apesar de desqualificado, monótono, repetitivo e sem criatividade, o trabalho configura-se como uma forma de ser, uma forma de inserção digna na vida social, um caminho para "ganhar a vida", uma identidade social.

Em todas as narrativas, fica claro que os ganhos constituem o elo mais explícito com o trabalho. Os ganhos e os salários são os resultados objetivos do trabalho. Ganhos em geral aviltantes, limites para o consumo, para o que se pode ter, mas que permitem atenuar um pouco a situação de pobreza. O salário é fetichizado, transformado em caminho para melhorar a vida e ter alguns bens e alguma tranquilidade. A busca da segurança na reprodução do trabalhador e de sua família tem nos ganhos obtidos com o trabalho um de seus fundamentos. E todos sabem que sem o trabalho a vida é impossível.

> "Melhorando o salário, melhorava a vida. A gente tinha mais sossego quanto ao dia de amanhã. Porque vamos supor: se o custo de vida não aumentasse, aí tudo bem. Mas não, o salário aumenta pouco e as coisa aumenta demais, quase todo dia! Aí num dá." (Francisca)

> "(...) trabalhei e comprei um terreno. Eu tenho meu terreno. Tá pagado. Tá tudo pagado graças a Deus. Só falta passá a escritura né?... A gente nessa vida da gente, a gente tem que lutá num é mesmo? Eu só num endireitei de vida porque é tudo difícil pros pobres. Mas, de todo jeito melhorô. Eu nunca tive uma casa, agora tenho uma casa! (ri)." (Conceição)

> "Um salário melhor também ajudava. O salário tá muito baixo. Num tá dando pro pobre acompanhá com o salário que tá. Desse jeito num vai dá nunca pro pobre subi, melhorá de vida, tem mais que descê do que subi.
> "Até aqui, as coisas que eu consegui foi com trabalho. Só consegui comprá esse terreno... Se a gente não tivesse sido mandada embora agora eu tava talvez na faixa de trinta mil. Não ia sê uma grande coisa que a carestia tá muita mas, já dava pra gente oferecê umas coisas melhor pra eles, pelo menos no alimento. Essas crianças passa a semana todinha sem vê um pão na frente deles." (Elizabeth)

No plano das representações, elaboram-se reflexões e explicações que procuram justificar o modo como vivem e que apontam as razões e ganhos dos trabalhos que executam. Aproximam-se do processo oculto que produz e reproduz a ordenação de suas vidas apenas ao reconhecer que a situação é difícil para todos os pobres. Processo em que o homem perde o domínio sobre suas obras, que não mais se subordinam à sua vontade, mas que, como nos lembra Schaff, começam a dominá-lo, a subjugá-lo. "O homem encontra-se na situação do feiticeiro mágico, já não conseguindo libertar-se dos espíritos que ele próprio invoca" (Schaff, 1967, p. 9).

As ambiguidades que caracterizam as representações acerca do trabalho e das formas de obtenção de rendimentos, particularmente diante da condição da baixa qualificação desses trabalhadores, sinalizam um processo onde a exclusão integra o processo de trabalho. O trabalho como atividade transformadora da natureza e do próprio homem é aqui ação que não emancipa, é condenação à reserva com poucas possibilidades de entrar na ativa. Temos hoje na sociedade brasileira um contingente crescente de subempregados, desempregados, explorados, homens divididos entre o reconhecimento do peso e da exploração de sua força como trabalhador e a busca da sobrevivência e da ascensão pelo trabalho.

O que se constata nos depoimentos concretos dos dominados é que, apesar da multiplicidade de alienações, da centralidade de sua luta para sobreviver, o que se põe nessas falas é um protesto contra a vida desumanizada, sobretudo dos mais pobres da sociedade.

Há, em relação ao trabalho e ao salário insuficiente, a vivência de uma experiência comum de pobreza. No reconhecimento da desvalorização do trabalho pelo salário que não cobre as necessidades, do alto custo de vida e da ausência de intervenção do Estado no sentido de possibilitar acesso a recursos sociais, os trabalhadores pobres se identificam.

A consciência "possível" de partilhar com uma "classe" uma condição de exploração e o reconhecimento de relações de oposição, de desigualdade entre "pobres" e "ricos" na sociedade, aparece apenas na narrativa de Francisco:

"Os ricos pode gastá duzentos mil por dia e num tem probrema. Rico tem mais se tirá dos pobre. Os pobre é que faz o que eles ganha, mas eles num pagam. Os ricos tem que sobra! Mas a nossa crasse infelizmente num tem nada!...Melhorar? Só milagre! Esperança pros pobres num existe mais. Nóis acredita na Verdade (que todos são filhos de Deus) mas os mandantes, os governador num acredita mais. É eles que manda. A turma pequena num adianta falá, gritá! Eles viraro elefantes e nóis somo formiguinhas. E as formiguinha cansaro, elas num consegue levantá mais não. Eles são um só. Um elefante só e nos somos muitas formiguinhas, mas nós num temos mais força pra tirá o elefante do lugar." (Francisco)

Aqui, o trabalhador desempregado e pobre elabora suas representações através de um discurso simbólico em que se reconhece a si mesmo e à sua classe, na sociedade e no tempo histórico em que vive, como impotente e subalternizado. A hierarquização que aponta para as relações sociais define os que mandam e os que devem obedecer. Coloca à reflexão uma visão do lugar social dos subalternos: submissão e revolta. Sua experiência, que é próxima à de outros que vivem restrições semelhantes, ao mesmo tempo nega e justifica a difícil esperança de tempos melhores.

1.1 O trabalho na infância e a experiência migratória

"Primeiro trabalham, depois vão à escola e depois brincam, no fim do dia, na boca da noite. A infância é o resíduo de um tempo que está acabando" (Martins, 1991).

Todos, à exceção de Wilma, são migrantes e iniciaram sua relação com o trabalho desde muito jovens. Foram crianças sem infância, crianças para as quais as responsabilidades do trabalho foram impostas muito cedo, quer no meio rural, procedência de Durval (Seabra-Bahia), Conceição (Reginópolis-São Paulo), Francisco (Acaraú-Ceará) e Francisca (Santa Isabel-Paraíba), quer nas zonas urbanas de onde vieram Maria de Nazaré (Belém-Pará) e Elizabeth (Rio de Janeiro-RJ). Todos, à exceção de Nazaré, que está em São Paulo há cinco anos, migraram há mais de 10 anos.

Sabemos que, no Brasil, a incorporação do trabalho infantil no mercado de trabalho "lança gerações inteiras, prematuramente, num modo de vida adulto". Como mostra Martins, "a supressão da infância não é temporária. Ela se insere no complicado e perigoso processo de ampliação forçada do chamado exército industrial de reserva, que torna descartável e sem esperança parcelas amplas da humanidade" (Martins, 1991, p. 15).

Nossos narradores não são exceção. Absorvidos prematuramente como mão de obra, carregam nas lembranças da infância representações do trabalho como imposição. Pelo trabalho e não pelo lúdico ou por outras necessidades da infância é que se reportam a esse tempo.

O trabalho, que em certo sentido subtraiu-lhes a infância, indica-lhes uma trajetória na qual essa imposição é representada algumas vezes como sofrimento, como "batalha":

> "Desde pequena, a vida é muita corrida pra mim. Trabalhava na roça com meu pai, muito doente e eu o mais velho de todos e só eu batalhando, sempre sofrendo, sempre. Só eu sustentano todo mundo, trabalhano na roça, dando duro pra carpir, pra colher. Trabalho duro de enfrentar a terra. Minha vida é isso: *só sofrimento e trabalho*. Entrava na escola de manhã até o meio-dia. O resto do dia trabalhava. (...)

Desde os sete anos estou trabalhano. Com a idade de sete anos eu já trabalhava colhendo, plantando... Comecei a trabalhá com sete anos e nunca mais parei. Tirei 15 dias de férias por conta própia. Só. Cabô. Até hoje num parô... só quando tô muito doente, passano mal...

(...) e era eu que carregava a lenha pra fazê a comida... no meio do mato. Longe! Como daqui no largo da Concórdia. (fala da Penha) Era longe pra trazê a lenha, carregando num jegue. Aqui chamam jerico. Na Bahia chamam jegue (...)

Trabalhando na roça nóis tinha de tudo: tem arroz, feijão, banana, jaca, laranja... Nóis criava porco, vaca, galinha. Sempre tem pra comê..." (Durval)

"Eu já comecei a trabalhar com 14 anos, sempre lutando porque a minha família é pobre e eu num tinha grandes coisas pra poder sobreviver, entendeu? Então eu trabalhava pra mim mesmo que já era uma despesa a menos em casa. Tinha uma sociedade, um clube, então eu ia cobrá na casa de cada associado. Eu fazia cobrança das mensalidades. E, daquela mensalidade eu obtinha 2% do total. E com isso era que eu já comprava umas coisinhas pra mim e até meu material pra estudá." (Maria de Nazaré)

"Minha vida é assim: desde menina sempre trabalhando e sofrendo pra podê criá meus filhos. Com 9 anos já ajudava em casa de família. Eu ajudava com as crianças... e eu mesma era muito pequena ainda pra tanta coisa que tinha pra fazê." (Elizabeth)

A relação trabalho/sofrimento que emerge na narrativa de Durval e de Elizabeth evidencia o significado que muitas vezes assume o trabalho para os trabalhadores pobres e subalternizados em nossa sociedade. O descompasso entre o que aspiram obter com o trabalho e a realidade de exploração que permeia suas trajetórias como trabalhadores leva-os a uma relação de sujeição e de antagonismo com a experiência de trabalho.

A concomitância entre vida escolar e trabalho apresenta-se como outra característica comum na experiência de infância dos relatores da pesquisa.

"Nóis trabalhava na roça. Era algodoeiro. Eu comecei a trabalhar na roça com 14 anos. Antes eu já trabalhava, né? Quando era criança. Você já viu trabalhá em colheita de algodão. Pranta o algodão. Pranta de punhado, né, de bastante. Depois vem a raliação, a gente vai rancando os pé, deixando só dois. Então eu trabalhava desde criancinha de sete anos, eu trabalhava na raliação. Com quinze anos, eu e minha irmã tomava conta da prantação de algodão sozinhas. Nóis colhia e tudo. Até veneno no algodão nóis passava. Eu ia pra escola às sete horas. Ia a cavalo. Depois eu saía às 11 horas. Depois eu chegava, almoçava e ia pra roça." (Conceição)

"Meus pais tem uma terrinha lá no Ceará. Assim desde pequeno eu ajudava com a terra, mas eu num gostava. Lá num tinha escola. Eu só fiz a primeira e a terceira série. A segunda eu num fiz. E era só sábado que a gente ia na escola. Os outros dias a gente trabalhava." (Francisco)

"Saí de casa com 17 anos para morar com um homem com quem tive dois filhos... Antes eu trabalhava na terra. Ajudava meus pais na roça de feijão e de milho. Comecei a trabalhar com mais ou menos de 7 anos e nunca fui pra escola, não pude, não sei ler nem escrever." (Francisca)

Das alegrias e brincadeiras desse tempo da vida, apenas Maria de Nazaré e Conceição falam. Para elas, o tempo de ser criança, embora ocupado prematuramente pelo trabalho, sobretudo para Conceição que aos 7 anos já está na roça, é lembrado como um período alegre e feliz.

"A minha infância foi ótima. Foi linda, linda. Foi maravilhosa. Com brincadeiras no rio e no quintal da casa de minha avó que tinha muitas mangueiras e outras árvores gigantes. Minha família era pobre mas só comecei a trabalhar fora com 14 anos. Antes eu ajudava minha mãe nas coisas da casa porque eu tinha muitos irmãos, sendo três menores que eu. Eu fazia de tudo em casa e pode se dizer que criei o Pedro, meu irmão caçula." (Maria de Nazaré)

"Agorinha mesmo eu tava lembrando da minha infância. Era em cima do cavalo, ouvindo sanfona... Meu pai era violeiro... Era compositor de música sertaneja. Essas terras era a gente que cuidava: colhia e tudo." (Conceição)

Para Durval, as alegrias maiores vêm com a puberdade e com a adolescência. São as primeiras namoradas e festas que vão ocupar suas horas de folga:

"Na escola eu já comecei a namorá. Com 11 anos já era muita namorada. Era branca. Era preta. Eu namorava pra valê. E dançava. Era baile em cima de baile. Era comigo mesmo: casamento, aniversário, eu dançava, dançava. Era sábado. Era domingo. Não perdia um baile. Eu aproveitei muito." (Durval)

Circunstâncias várias vão modificando suas vidas. A aventura maior é vir para São Paulo. Seu deslocamento para a grande cidade acarreta mudanças fundamentais em suas experiências. Sabem que São Paulo é centro de expansão econômica e supõem que aqui não lhes faltarão oportunidades.

Estudos acerca de deslocamentos populacionais vêm deixando claro que esses movimentos ocorrem das regiões economicamente mais "atrasadas" para as mais prósperas e se constituem, em grande parte, como uma transferência de mão de obra (ou de reserva de mão de obra) para sistemas econômicos mais produtivos (Durham, 1984).

Migrantes, pois, como tantos, vieram para São Paulo em busca de melhores condições de vida e de trabalho. A perspectiva de mudar a trajetória ocupacional é a referência mais importante na explicitação dos motivos da migração.

> "Eu vim pra cá com um objetivo porque na minha terra tem muita dificuldade de trabalho e eu queria melhorar minha vida. Ganhá mais. Aqui, fui trabalhar como auxiliar educacional na creche que já era meu sonho antes." (Maria de Nazaré)

> "(...) lá eu era meio agricultor. Meus pais tem uma terrinha. (...) Eu vim pra trabalhá com meus outros irmãos que já estava aqui, né? Eu esperava uma vida melhor. Era aquele entusiasmo: São Paulo é bom! Vim nessa aí e num tô sentindo grandes coisas, não. Pra mim, no meu modo de pensá, se tivesse lá taria melhor!" (Francisco)

> "(...) Minha sobrinha escreveu uma carta dizendo que estavam precisando empregado lá na Melhoramento e num teve quem segurasse meu marido. A gente teve que vendê uma roça e depois a gente veio embora atrás de emprego pro meu marido na Melhoramento. A gente veio embora e meu marido chegou aqui e não conseguiu..." (Conceição)

Filhos de pequenos proprietários rurais (Durval, Francisco, Francisca e Conceição), ou provenientes de famílias pobres de outros centros urbanos (Maria de Nazaré e Elizabeth) passam a fazer parte de um novo universo sociocultural dentro do qual elaboram novas representações. A teia de relações que abrangia seu modo de vida e trabalho se modifica. Assumem novas modalidades de trabalho, participam de instituições diversificadas e complexas para o atendimento de suas necessidades de diversas ordens.

A experiência migratória é ressocializadora. Confrontos entre a vida de antes no campo ou cidade e a vida em São Paulo, mudanças, novas relações sociais, novos conhecimentos e projetos expressam as transformações advindas da migração.

CLASSES SUBALTERNAS E ASSISTÊNCIA SOCIAL

Comparações entre as experiências de antes e a vida de agora permeiam as narrativas:

"Lá num tinha nada. Uma cidadinha! Só roça. Alguns quintalões... Voltar, não. Só pra passear, ver a família. Morá não. Gosto de São Paulo. Aqui vou casar e ficá." (Durval)

"Eu acho que a vida da gente é assim: cheia de altos e baixos. Eu acho que a minha vida, depois que eu vim pra cá, ela melhorou bastante. A coisa boa que eu fiz foi ter vindo pra cá sabe? Ter conhecido as pessoas que eu conheço, participar das coisas de que participo! Aqui é outra vida! Abri meu coração." (Maria de Nazaré)

"Na roça mesmo eu num gostava de trabalhá, não. Aqui eu comecei de ajudante de metalúrgico operador de máquina, depois logo passei pra meio oficial de torneiro mecânico. Só não sou torneiro porque não tenho estudo. Não passo nos testes: meu estudo é fraco." (Francisco)

Para estes narradores, "viver melhor" passa pela esperança de ter trabalho e de ascender socialmente. Um bom trabalho, nas representações dos entrevistados, tem efeito de estabilização na sua reprodução enquanto trabalhador.

"(...) eu sempre tive esse objetivo de vim pra cá. Pra melhorá de vida, né? Pra ganhá mais. Porque lá em Belém o salário é miséria também. Se aqui é, imagina lá! Lá é peor. Porque a gente tem sempre aquela esperança que um dia melhore. Aqui, eu ganho pouco mas tenho meu trabalho. Eu passo lá o dia inteiro. Lá eu já me alimento, eu e meus filhos e eu gosto muito de trabalhar com as crianças." (Maria de Nazaré)

"(...) mas eu sou da Paraíba. E eu vim de lá porque lá também eu nunca tive a sorte de tê um bom trabalho. Lá também foi muito difícil a minha vida e, um bom trabalho, eu acho, favorece a vida da gente. Eu queria trabalhá num escritório... se tivesse estudado, melhor que trabalhá de faxineira." (Francisca)

"(...) aí eu vim praqui, larguei minha mãe lá com os meninos, porque minha mãe ficou boa. Vim com 19 anos. Queria um trabalho melhor. Queria ser pintor profissional de pintura de prédio, arranha-céu, massa corrida... Aqui, eu entrei numa escola de pintura ali na Dr. Arnaldo. E virei pintor profissional. Não era brincadeira. Naqueles elevadores aquelas escadas, os balancins, na corda, em tudo eu trabalhei..." (Durval)

O trabalho aparece como caminho para uma vida melhor, somado ao empenho pessoal, ao estudo e também à sorte de cada um. Como observa Caldeira, embora as condições para a "melhoria de vida" sejam dadas socialmente e são comuns aos pobres, as saídas para melhorar a vida são pensadas quase sempre no plano individual ou no máximo familiar. Acreditam que a melhoria virá com o esforço de cada um, com muito trabalho e estudo.

Aspecto importante que vem se evidenciando nos estudos referentes à organização da subsistência e famílias de precários rendimentos é o envolvimento do grupo familiar na busca de assegurar sua reprodução social. "A família se organiza como uma *unidade de rendimentos*" (Durham, 1984, grifo da autora) na qual a soma das rendas, resultantes das mais diversificadas estratégias e trabalhos de seus membros, se destina ao consumo comum. Assim, buscamos entrever nos depoimentos a contribuição dos rendimentos dos informantes na composição de seu grupo familiar. E em apenas duas narrativas esta estratégia se evidencia de maneira mais explícita: na família de dona Conceição onde trabalham ela, o marido e dois dos cinco filhos; na casa de Francisco onde trabalham ele e a mulher, em uma situação em que ela é a provedora principal. Elizabeth e Francisca, no momento desempregadas,

CLASSES SUBALTERNAS E ASSISTÊNCIA SOCIAL

também colaboram com os companheiros na tarefa de manutenção das famílias.

1.2 As aspirações e o trabalho

"A sobrevivência esgota-se no presente"... Esta observação formulada no contexto da pesquisa de Mello (1988) é reveladora de um modo de vida carregado de premências e dificuldades que encontramos nos relatos dos sujeitos dessa pesquisa. Viver nos limites da sobrevivência, no entanto, não constitui impedimento para a busca de melhorar a vida ou de realizar algumas aspirações.

Elizabeth sonha ser costureira, tarefa de que gosta e que lhe permitiria trabalhar em casa, "sem deixá as criança jogada", mas reconhece que precisaria estudar e se qualificar para a tarefa:

"Eu queria ser costureira que era a coisa que eu sempre tive loucura. Era o meu sonho e tinha quem me ensinasse. Só não tinha como pagá... Eu tinha 14 anos e depois eu continuei sonhando assim. Sempre achei bonito. Mas, daí veio os filho e já ficou mais difícil pra mim. Apesar que esse ainda é um sonho que se eu pudesse realizá ele, ainda ia tentá. Eu conserto as roupa deles. Eu queria aprendê. Eu queria estudá pra poder trabalhá em casa." (Elizabeth)

A questão da qualificação para o trabalho e a necessidade do estudo aparecem nos depoimentos de Elizabeth, Francisco e Francisca como condição para a realização de suas aspirações e como caminho para a obtenção de melhores rendimentos e de ascensão social.

"Hoje, eu acho que teria mais condições se tivesse estudado. Eu queria trabalhar com escritório. Melhor do que trabalhar de faxineira. Melhor!" (Francisca)

"Na época nóis num tinha como estudá. A pessoa que num tem estudo num tem o pensamento fixo em nada. Num tem. A senhora pode entrevistar milhões de pessoa e a senhora num vai achar nenhum! Pessoa que num estudô num tem como entusiasmá por nada. Fica preso. Num tem espaço pra ele! Todo lado é beco! Como num estudô num tem espaço. Num sabe nada! (...) Só num sou tornero porque num tenho estudo. Não passo no teste porque meu estudo é fraco. Atualmente tenho 33 anos e estou querendo estudar. Minha esposa tá estudando... Queria estudar um pouco, pelo menos até a oitava série. Depois arrumar um emprego melhor. Posso ser técnico em qualquer coisa. A maioria dos emprego pede a oitava série mesmo sem experiência. Se num tiver a oitava série num é aprovado." (Francisco)

Também os projetos para o futuro dos filhos supõem o acesso à escola e o reconhecimento da educação como caminho de ascensão e de chances que não tiveram.

Conceição, que cursou em Ocauçu a primeira e a segunda série, volta a estudar em São Paulo, já casada, conseguindo concluir a terceira série no Mobral e só parando por proibição do marido:

"(...) ele ficou com ciúme e num quis ir pra escola mais. Tava nóis dois na escola. Mas só que ele não passava de ano. Eu passava e ele não passava. Eu ia com o meu menino mais velho, mas assim mesmo ele num deixô eu ir mais. Mais eu tinha vontade. Se eu tivesse continuado tinha feito até a oitava série. Mais eu num tive esse prazer... Meus filhos, Rita e Adilson, graças a Deus estão estudando. O futuro para eles, se Deus quiser, vai ser melhor que o nosso. As outras duas parô na quinta série. Repitiram 3 anos a quinta e pararam. Enjoaram." (Conceição)

Maria de Nazaré tem como projeto ter um negócio seu, o que até agora não conseguiu "por falta de capital".

CLASSES SUBALTERNAS E ASSISTÊNCIA SOCIAL

"Meu sonho hoje é ter uma coisa minha. Uma farmácia por exemplo. Montá e botar pra frente mesmo! Pra mim. Trabalhar pra mim. Mesmo que não seja uma farmácia porque é difícil. Mas que seja alguma coisa pra mim mesma, entendeu? Pra eu ser a minha própia patroa." (Maria de Nazaré)

O desejo de trabalhar por conta própria aparece como recusa à condição de subalternidade, como vontade de "progredir", e não se resume em ganhos econômicos.[7] Como bem expressa Durval, referindo-se a seu trabalho como pintor profissional, antes do acidente que o incapacitou para essa atividade:

"Trabalhá por conta dá muito conhecimento e eu sinto bem trabalhando independente. Não tem nada melhor." (Durval)

O anseio de autonomia, como trabalhador, constitui "uma espécie de pedra de toque no imaginário das classes populares" (Macedo, 1986, p. 40). Essa aspiração, para a autora, permite ao trabalhador ver-se como livre proprietário de sua força de trabalho: noção que, contraditoriamente, é fundamental para que aceite sua subordinação ao capital, reforçando-se assim "o imaginário de ascensão via trabalho". No entanto, o que a história recente do capitalismo vem mostrando é a rejeição de contingentes crescentes de trabalhadores para os quais o trabalho é instrumento de sobrevivência e não de ascensão social.

Mas o desejo de ascensão e de uma vida melhor pode também revelar uma posição crítica dos subalternos, a consciência da exploração e a esperança de carecimentos realizados. Carências

---

7. Menezes (1990), em pesquisa realizada com migrantes de São Paulo nos anos 1982/1984, verificou que o desejo de trabalho por conta própria estava presente na maioria deles. Liberdade e ganhos superiores aos auferidos através do salário fixo apareceram como atribuições valorizadas nesta atividade.

A propósito do assunto ver também o trabalho de Carvalho (1990).

e esperanças que se acumulam e não se restringem a objetos e recursos materiais, mas que se voltam a valores, aspirações, ações, projetos (ver Heller, 1978 e 1980).

O que fica claro é que o enfrentamento da pobreza nos anos 90 passa não apenas pela necessária redistribuição de renda, mas sobretudo pela questão política da redistribuição de direitos, possibilidades e esperanças usurpadas.

> "Eu acredito que um dia, eu tenho uma esperança, no fundo, quem sabe? Que um dia pela luta do povo, pela força do povo organizado apareça alguém que mude tudo, a respeito de tudo, entendeu? E, se não aparecê alguém que pise firme e que faça alguma coisa pra mudá a nossa vida, principalmente a vida do pobre, eu num sei como é que vai ficá!" (Maria de Nazaré)

2. Formas de morar e viver

Apesar de extremamente heterogêneos, quanto a seus itinerários, os relatos de vida, ao se tecerem de fios da experiência da pobreza, da exclusão e subalternidade, vão deixando entrever outro núcleo comum significativo: *a moradia*, o abrigo, o lugar de criar os filhos e amenizar o cansaço.

"A moradia é o mundo da sociabilidade privada, o que significa dizer ajuda mútua, brigas, rivalidades, preferências, tristezas, alegrias, chatices, planos, sonhos, realizações. É, por outro lado, abrigo contra as tempestades do sistema econômico" (Kowarick, 1991b, p. 4). Enquanto habitantes da metrópole, nossos narradores buscam seu lugar no espaço urbano. Sabem que o abrigo ou a sua falta alteram profundamente suas condições de vida e as de sua família.

CLASSES SUBALTERNAS E ASSISTÊNCIA SOCIAL

A multidimensionalidade das questões que afetam a extrema pobreza apresenta no problema da moradia um recorte complexo. Os sujeitos que conhecemos bem expressam, na diversidade de seus modos de morar, alguns dos traços principais da sub-habitação na Grande São Paulo.

Estudos recentes acerca dos padrões de crescimento urbano e do quadro habitacional do Município e da Região Metropolitana da Grande São Paulo apontam para uma significativa elevação do número de favelas, cortiços e de moradias autoconstruídas nas periferias, que representaram, nos últimos anos, a principal forma de habitação dos grupos populacionais de menores níveis de rendimento. O censo de favelas realizado em 1987 pela Secretaria de Habitação do Município de São Paulo registrou um aumento da população favelada da ordem de 1.031% entre 1973 e 1987.[8] Em 1988, os moradores de favela são 8,0% da população, os encortiçados 28%, e moram em casas precárias autoconstruídas na periferia 23% da população, ou seja, 59% dos habitantes de São Paulo não possuem ao final da década condições satisfatórias de moradia (Kowarick, 1990). Como mostra Kowarick, (1991b), apesar da crescente mercantilização do aluguel de barracos, a favela continua a ser a opção de moradia mais barata, mas, ao lado do cortiço, constitui a modalidade habitacional mais precária e passível de deterioração, marcada pela falta de higiene e privacidade e por tantos outros problemas, que a tornam alvo de múltiplas discriminações.[9]

---

8. Censo das Favelas do Município de São Paulo-1987. Documento: Favelas em São Paulo, Caracterização físico-espacial. Secretaria da Habitação Desenvolvimento Urbano-Popular-HABI. Divisão Técnica de Planejamento. Coordenação de Informações Técnicas e Pesquisa. Novembro/1989. Ver também o trabalho da Secretaria Municipal de Planejamento: *São Paulo: crise e mudança*, São Paulo, Brasiliense, 1990.

9. Além da moradia em favelas, a população empobrecida vem se deslocando para cortiços nas zonas centrais. "Torna-se cada vez mais evidente que parte dos grupos pobres só pode alugar um cubículo nos cortiços de bairros como Barra Funda,

2.1 Moradia: lutas, sonhos e estigma

A "escolha" da favela predomina no pequeno universo pesquisado. Cinco de nossos personagens moram em favela: Durval, Conceição, Francisco, Francisca e Maria Nazaré. Outros dois, Wilma e Elizabeth, moram em casas autoconstruídas na periferia em loteamentos distantes, em ruas de terra, sem guias, sem calçamento ou saneamento.[10]

Brás, Bela Vista, Belenzinho, Bom Retiro, Liberdade, Santa Cecília e Sé" (Kowarick *et alii*, 1990). Esse deslocamento expressa, para o autor, uma nova tendência na distribuição espacial da população de baixa renda no Município. Estudos recentes da Secretaria Municipal de Planejamento (1990) revelam o que Lúcio Kowarick denomina de "diminuição perversa da segregação socioespacial" caracterizada pelo "deslocamento dos grupos pauperizados" rumo às áreas centrais e pela "multiplicação de bairros nos quais se misturam as camadas pobres e intermediárias" da população, atenuando limites antes definidos e que "aglutinavam níveis de renda bastante diferenciados" (Kowarick *et alii*, 1990). Essas mudanças aparecem como resultado do processo de pauperização que aproximou extratos médios e pobres em vários espaços da cidade. Crescem, ao final da década, os despejos, as favelas, os moradores de rua, as ocupações de áreas e, sobretudo, torna-se projeto cada vez mais distante das famílias pobres o sonho da realização da casa própria.

10. A desigualdade na distribuição da riqueza manifesta-se também no acesso desigual ao saneamento básico e aos equipamentos de saúde. Informações das PNADs 1985/1986 apontam para a espacialização dessa desigualdade, particularmente no que se refere ao sistema de esgoto, uma vez que nas áreas centrais o percentual de domicílios atendidos alcança 95%, contrastando com regiões sem nenhuma instalação. Assim, por exemplo, "no subdistrito de Capela do Socorro, caracterizado pela elevada concentração de famílias de baixos rendimentos, localizado ao sul da Capital, somente 32,7% dos domicílios estavam ligados à rede de esgoto e 34,7% dispunham de fossa séptica, situação que ainda se mostrava superior à de muitos Municípios da Região, nos quais, como em 14 deles, sequer havia redes. Um exemplo típico de tais situações é o caso de Itaquaquecetuba, onde 90,9% dos domicílios dispunham somente de fossas rudimentares ou não tinham sequer alguma instalação. Em municípios como Poá e Jandira, esse valor alcançava 85%, enquanto em 16 outros municípios oscilava entre 50% e 80%, mostrando em todas essas situações uma real precariedade das instalações sanitárias." (Camargo e Montali, 1988). Quanto à rede de água, já em 1985 alcançava 95,8 dos domicílios da Região Metropolitana de São Paulo (PNAD, 1985).

As favelas organizam-se pela ocupação de áreas públicas ou privadas, onde crescem habitações extremamente precárias, de tábuas velhas ou novas, zinco, latão, papelão e outros materiais, inclusive "blocos". Localizadas em geral em terrenos íngremes sobre barrancos, à beira de córregos, ou sob viadutos, predominantemente nas periferias, constituem assentamentos habitacionais sem infraestrutura, socialmente muito desvalorizados, em áreas vedadas pela legislação que acabam por agravar as condições em que vivem as famílias em situação de pobreza.

Distribuídos espacialmente de modo disperso, no mapa da Grande São Paulo, os narradores têm em comum a moradia em abrigos precários, alguns ainda inacabados e sem condições de habitabilidade. O quadro é de um conjunto de moradias em áreas extremamente pobres, de difícil acesso, todos eles inadequados para ocupação residencial, expressando assim soluções extremas para se viver na cidade.

Todos moram nas periferias. No plural, como quer Kowarick (1991a), porque tantas e tão diversas, mas sempre o mundo da subcidadania. No geral ocupadas de modo caótico e confuso e com graves problemas de saneamento, transporte e serviços de saúde e educação, as periferias expressam um processo socioeconômico e político em que se reiteram a exclusão e a subalternidade.

Em áreas pouco adequadas para construir, sem nenhuma ordenação, cada um, em sua trajetória individual e familiar, foi constituindo seu abrigo. Exemplar é a trajetória de Conceição:

> "e eu construí a minha casa assim, sabe? Eu morando dentro e construindo em volta... como tanta gente! Eu já estava esgotada. O homem que a gente morava na casa dele, se ficasse um cruzeiro pra trás o homem tinha coragem de vir a semana inteira, lá na minha casa, atrás daquele cruzeiro. Eu num guentava mais! Até que minha sobrinha falou: ô tia, por que a senhora num fais um barraquinho ali na Prefeitura? Todo

mundo tá fazendo. Isso foi em 77. Acho que tinha umas cinco casas aqui... Meu marido saía cedinho pro trabalho e eu saía cedinho pra carpir e roçar que ali era um matão. Eles foram fazendo os barraco em lugar mais limpo e no lugar que era mato mesmo eles deixaram. Enfrentei o matão e carpi o lugar e depois, eu num podia comprá as tábuas pra fazer o barraco... Cadê o dinheiro? (ri...)

A madeira, cê vê que engraçado: cê pode até num acreditar nessa história. Sonhei que havia ganhado um caminhão de madeira. Daí, quando foi outro dia, de manhã fui lá no seu José, um curandeiro lá na Parada do Itaim. Mas eu fui lá pra tirá a pinga do meu marido, sabe? Eu já tinha tentado de tudo. Até ameaçado de largá dele. Quando cheguei lá, o homem fez a oração e ele falou que eu ia ganhar um caminhão de madeira! Falou, menina! Ele falou que podia deixá que a madeira eu ia ganhá! Mas num dá nem pra acreditá!... Isso foi na quarta-feira. Quando foi na quinta, meu marido tava em casa e chegou o vizinho lá e falou: ô Juvencio, vamos lá na Vila Clarice comigo? Tem um caminhão de madeira com defeito. Vamos trazê um pra você outro pra mim. Pois num trouxe mesmo, menina! Com essa madeira deu pra fazê dois cômodo bem grandão!

(...) depois com o dinheiro que meu marido recebeu quando foi mandado embora da fábrica de cimento, ele comprou telha, comprou cimento, blocos, pregos. Já fais treze anos. Agora já fiz tres cômodos de bloco. E tou fazendo mais dois e banheiro. Quem constrói é meu marido e os filho home ajuda!"
(Conceição)

Casa autoconstruída à medida que foi sendo obtido o material, ao longo de treze anos, apresenta uma aparência desconjuntada e sem revestimento que revela as agregações que lhe foram sendo realizadas. Em seu interior de chão cimentado coberto por alguns tapetes de retalhos, encontramos alguns móveis simples de compensado e fórmica, um sofá plastificado, uma mesinha com uma televisão. Na cozinha onde brilham panelas penduradas, está o fogão novo "presente dos meus filhos no dia das mães", uma geladeira e uma velha máquina de costura, instrumento para a obtenção de "algum dinheiro". Chama a atenção a limpeza e a arrumação observadas em todos os cantos da casa. O zelo, o valor que Conceição atribui a "uma casa limpa e bem arrumadinha, mesmo que de gente pobre..." confirmam a observação da pesquisa de Caldeira acerca de representações de trabalhadoras pobres para as quais a pobreza é compatível com a dignidade que não é dada pelo que se possui de bens materiais, mas pelo trabalho honesto, a casa limpa e a família bem cuidada.

Nenhum dos outros narradores chega a ter uma casa como a que Conceição construiu. É a que tem maior número de cômodos e apresenta-se melhor equipada. Nenhum deles paga aluguel. Wilma, Francisco e Maria de Nazaré têm casas com dois cômodos: um quarto e uma sala-cozinha. A casa de Wilma é de alvenaria. A de Francisco e a de Maria de Nazaré são de madeira. Durval mora em um barraco de madeira e outros materiais e Elizabeth em um cômodo de alvenaria. O estado das moradias, em seu conjunto é precário, mesmo nas construções de alvenaria como a de Elizabeth, que tem um único cômodo sem janela e cheio de umidade.

> "(...) chove tudo! Porque as telha está tudo quebrada e a situação num tá dando pra comprá telha. Entra água por ali... A porta é baixa. Ganhamo uma porta nova e num deu pra colocá porque a gente num tem o dinheiro pra comprá o cimento pra colocá, porque essa aí está caindo. Tem muito vazamento nas parede. Vaza tudo. A altura é pouca, mas a casa é nossa." (Elizabeth)

Os moradores de favelas que estão sendo urbanizadas pela Prefeitura, como Francisca, Maria de Nazaré e Francisco, lutam pela regularização da propriedade de suas casas e pela urbanização das favelas onde moram. Comentam o fato vinculando-o à superação da condição de favelado, explicitando alguns dos estigmas que os atingem no dia a dia da vida na favela e participando, cada qual a seu modo, do processo.

"Na favela eu participo de tudo que possa melhorar nossa vida. Por exemplo, agora mesmo a gente está fazendo um mutirão. É porque está sendo urbanizada a favela. Estão tentando urbanizar. Quer dizer, já faz um ano que a gente está mexendo com isso! Começaram a mexer na urbanização. E, assim eu sempre tô no meio do pessoal ajudando uma coisa, outra. A gente sempre tá junto! Eu sempre tô. Se tem pra fazê uma coisa, eu sempre tô no meio! De uma forma ou de outra eu ajudo!" (Maria de Nazaré)

"Estamos aí feliz com isso. Quando foi aprovada a lei de urbanização da favela e a favela num vai mais sair daqui. Tava correndo o risco de sair. O Jânio Quadros expulsou a gente duas vezes daqui. Veio carta duas vezes pra gente sair. Eu mesmo fui várias vezes na Praça da Sé fazê protesto. Eu moro aqui há doze anos. Sair pra onde? Pra Parelheiros? Três horas de ônibus pro centro. Como é que nois ia vivê? Na época eu trabalhava aqui." (Francisco)

"Eu entendo assim: que todos deviam concordarem pra favela deixá de ser favela e ser um bairro. Fica melhor. Aí a gente num tem mais o nome de favelado. Esse nome é ruim... Quando a gente vai procurá emprego e fala que mora na favela é mais difícil. Quem mora na favela é difícil de dá o endereço. Eu sinto vergonhoso, humilhante. Eu acho que todos da favela se sentem humilhados. É difícil pra comprá um móvel a prestação. Porque se fala que é favela, eles num querem vendê. Num vende. E escola também. Eu tive que matriculá minha filha no ano passado, que ela começou a estudá no prezinho. Eu tive que menti. Dizê que eu num morava aqui na favela. Eu inventei uma rua... É vergonhoso morá na favela. É humilhante. É triste... (Francisca)

CLASSES SUBALTERNAS E ASSISTÊNCIA SOCIAL

Na busca de compreender e explicar a favela no quadro dos contrastes urbanos, Kowarick, observa os fortes estigmas que a favela recebe de todos os outros moradores da cidade: "a cidade olha a favela como uma realidade patológica, uma doença, uma praga, um quisto, uma calamidade pública". E ainda:

> "O fato de ser favelado tem desqualificado o indivíduo da condição de habitante urbano, pois retira-lhe a possibilidade de exercício de uma defesa que se processa em torno da questão da moradia. Ocupante de terra alheia, o favelado passa a ser definido por sua situação de ilegalidade (...) um usurpador que pode ser destituído sem possibilidade de defesa, pois contra ele paira o reino da legalidade em que se assenta o direito de expulsão" (Kowarick, 1979, p. 91-93).

Esta visão alcança os próprios moradores das favelas que veem cotidianamente serem reafirmados estigmas de suspeição e de incriminação.

A situação de moradia mais vulnerável é a de Durval que mora em um barraco de madeira na Marginal do Tietê, sob um viaduto na região da Penha. Sempre morou em barracos, às vezes em casa de vizinhos, quando por exemplo "o ladrão robô tudo, quando fui pro hospital" ou quando "pusero fogo no barraco". Hoje, seu abrigo é "um barraquinho que um vizinho fez".

> "(...) esse vizinho aqui me chamou: fica aqui na minha casa. Esse aqui é meu pai. Meu pai é esse e essa mulher aqui lava minha ropa, toma conta da minha casa, limpa tudo, tudo. (aponta um casal de vizinhos como seus pais) Foi ele que me ajudou quando precisei mais, na doença. Foi ele que pegou as madera. Ele troxe tudo, trabalhô um bocado e montou esse barraco. Ele e uma menina ...e outro ajudô. A turma tudo gosta de mim e me ajudô tudo, tudo." (Durval)

Moradia quase vazia: um colchão, um fogão, um armário e um quadro de N. Sra. Aparecida na parede. Chão de terra varrido, limpo (talvez porque aguardasse as minhas visitas: "eu fiquei esperando. Eu fiquei pensando: meu Deus será que hoje ela num vem?"). Companhia: dois cães. Projeto: ter uma casa.

> "Sonho não... O que eu quero, que tenho vontade de fazê é tê minha casa. Tê meu lar, meu mesmo, que esse aqui não é meu, é da Prefeitura. Esse aqui é da Prefeitura. Queria tê minha casa de broco, casinha terra, num gosto de sobrado. Num quero um arranha-céu só uma casa terra, bem limpinha, um quintalzinho prá plantá umas coisinha, que eu gosto de uma rocinha né? Assim que eu gosto..." (Durval)

A aspiração à casa própria é uma constante na fala de Durval, que não a possui a expressa a realização de um sonho para os que resolveram seu problema de moradia, ainda que pela via da legalização e urbanização de um lote na favela. A luta pela casa própria é um dos eixos dos movimentos de favelas e é vista como uma forma de estabilidade para os trabalhadores pobres e suas famílias, sempre sujeitas à instabilidade ocupacional, ao salário insuficiente, ao consumo restringido e aos demais riscos da pauperização.

A casa própria para essa população é a segurança do abrigo, mas é também a possibilidade de "moldar a casa segundo os desejos da família" (Bonduki, 1986). Para realizar o projeto da casa própria, muitos sacrifícios e privações são enfrentados: as longas jornadas de trabalho, a autoconstrução em fins de semana e às noites, chegando-se à convivência com a fome, moradia em abrigos inacabados e sem condições de habitabilidade, situados em longínquos loteamentos desprovidos de infraestrutura. Predominam em áreas periféricas as moradias autoconstruídas (63% em 1988, conforme a fundação SEADE). A segregação espacial e a distância entre essas áreas e os locais de trabalho contribuem para piorar as condições de vida e para aumentar os gastos e o tempo dispendido com transporte; contribuem também para a configuração de áreas, tipicamente, dormitórios.

Wilma mora sozinha em uma pequena casa de bloco construída em terreno cedido pela Prefeitura de Mauá. Para construir sua casa, recorreu à Igreja a que pertence (Paróquia de Vila Vitória) que organizou uma campanha de arrecadação de recursos para compra do material de construção.

"Bom é o tal negócio. O setor de Planejamento da Prefeitura de Mauá tem umas áreas lá que eles compraram do INPS. Então, com o objetivo de usar parte dessas áreas para urbanização e parte para pessoas removidas de outros lugares essa área vai sendo usada para remoção. É usada só pra isso mesmo. E, diante da minha situação eles resolveram abrir uma exceção, né? Me cedê uma área como se eu tivesse também que ser removida. (...) Tem um senhor lá que tem dois lotes e cada proprietário num pode ter mais que um. Então ele me cedeu uma parte do lote dele, né? É uma área que deu pra um cômodo e banheiro, mas tá bom." (Wilma)

2.2 Viver e sobreviver

Ao lado dos impactos visíveis dessas precárias condições de moradia e saneamento, observa-se ainda que muito se tem a desejar sobre a distribuição espacial de equipamentos e serviços necessários à saúde, educação, transporte e outros aspectos básicos para a qualidade de vida dessa população.

A moradia precária é uma das expressões observáveis da exclusão social. A dominação econômica e política realiza-se em múltiplas esferas do cotidiano e nesse sentido a forma de morar não é algo que se possa compreender fora dessa trama.

E, mais do que isso, a convivência com situações de extrema violência é um dos preços que, muitas vezes, o trabalhador pobre tem de pagar para morar. Violência que os submete a situações de medo e tensão e que associa pobreza e criminalidade.

> "Eu morava do lado de lá. Naquelas casinhas. Morava eu, minha comadre, o filho dela e o compadre também. Bom aí teve uma confusão, uma briga, o filho atirô no pai e foi aquela confusão e chamaro a polícia e foi aquele rolo, foi um tiroteio e minha comadre levou chumbo no peito. A bala ainda tá lá." (Durval)

> "Olha, aqui no Jardim do Russo é boca quente. Já foi mais quente. Agora, graças a Deus, tá esfriando. Mais que foi vou tê contá! Da gente pegá e pedi a Deus mesmo pra num deixá bala entrá no barraco da gente. Menina, uma vez eu contei trinta e seis tiros passaram por cima do meu barraco aqui. Era de lá e de cá. A gente precisava ficá abaixadinha. E olha que a Andréa ainda dormia na beliche! E o perigo? Pesar que Deus olha a gente em qualquer lugar, né? Se achar que a gente merece tomá uma bala na cabeça é em qualquer lugar e qualquer parede pode ser atravessada." (Conceição)

> "No ano novo ele (filho do marido com outra mulher) pegou a peixeira dele e ficou aí riscando no portão. E quase acertou o menino." (Elizabeth)

É importante ressaltar ainda que a violência que os atinge cotidianamente não se reduz às dificuldades para sobreviver: violência de "mil faces": do governo, do patrão, da polícia, dos bandidos, dos vizinhos... (Sawaia, 1990). A violência da experiência da pobreza vai além da precariedade das condições materiais em que vivem. É também a experiência da identificação com a condição de "párias sociais" (Telles, 1990), responsáveis por sua própria miséria. É a vivência de ser uma sobra. Para a autora, como para

CLASSES SUBALTERNAS E ASSISTÊNCIA SOCIAL

Mello (1988), o cotidiano da vida social dessa população reafirma a associação entre pobreza e suspeição. As batidas policiais, as prisões de trabalhadores sem carteira assinada e tantas outras situações de violência servem como "um credenciamento em negativo" para os que sobrevivem com empregos instáveis, salários insuficientes e moradias precárias. As pesquisas de Zaluar (1985), Caldeira (1984) e Mello (1988) apontam o reiterado esforço dos trabalhadores pobres em se distanciar pelo "trabalho honesto" de bandidos e malandros. Zaluar mostra a importância da demarcação dessas diferenças na constituição de suas auto-identificações como trabalhadores pobres. Caldeira trabalha com a autorrepresentação do "pobre ordeiro" que demarca sua distância dos que não "andam direito" e levanta a questão da compatibilidade da pobreza extrema com a dignidade. Mello nos lembra que "ser pobre é sempre estar sob suspeita, não apenas de ser ladrão e vagabundo, mas de ser indigno" (Mello, 1988, p. 190). Nesse sentido, a reafirmação de sua dignidade é tarefa contínua para aqueles que continuamente são desqualificados socialmente.

Construída entre sentimentos de injustiça e de humilhação (Abramo, 1988) a noção de dignidade expressa uma dimensão moral de luta e resistência.

> "Todo mundo me respeita, desde os velhos até os pequenos. Me respeitam porque quem faz o ambiente é a gente. A gente é que faz o ambiente onde a gente trabalha. A gente tem que dá o respeito pra sê respeitada. Entrá num lugá pra trabalhá pra ofendê o meu irmão, eu num entro!" (Conceição)

> "Valor material eu quase num tenho nada! Tenho minha vontade de trabalhá, que eu num sou vagabundo e eu quero estudá um pouco..." (Francisco)

Num cotidiano marcado por sofrimentos objetivos e subjetivos, pela suspeição, pelo desrespeito a direitos mínimos e pelo esforço para sobreviver, a dignidade dos subalternizados é colocada à prova cada dia, e a cada oportunidade deve ser reafirmada. Como tão bem coloca Mello: "Numa sociedade que valoriza a aparência, valoriza as coisas a ponto de confundi-las com o valor dos homens, a dignidade (...) deve ser reinventada a cada novo dia, pois a cada novo dia ela é posta em questão" (Mello, 1988, p. 190).

Como mostram os relatos, a vida que transcorre no dia a dia dos homens e mulheres que se constituíram alvo desta pesquisa é marcada pela resistência, visível ou invisível, à instabilidade resultante das precárias condições sócio-econômicas em que se movem. Vivem muito perto da miséria, lutando contra ela em frágil equilíbrio que qualquer circunstância adversa pode romper.

Em teimosa persistência, constroem e organizam seu cotidiano e se inserem na vida social mais ampla, partilhando do processo urbano e participando de um contexto social unificado pela expansão capitalista. É nesse contexto que constroem suas vidas e a de seus familiares, não individualmente, mas em redes de sociabilidade que se constituem nos limites de sua inserção no processo social.[11]

É vivendo na intersecção de instâncias diversas como a família, o trabalho, a vizinhança, a Igreja, as associações do bairro e as instituições sociais e assistenciais que constroem seu lugar na sociedade com as reciprocidades e responsabilidades daí decorrentes. Aí criam laços e têm seu lugar.

Na confluência desses fatores, é possível chegar à questão da constituição de suas identidades. Identidades que se represen-

---

11. Adotamos aqui a formulação de José de Souza Martins in Iamamoto (1982) acerca de Processo Social: "Por processo social não entendemos o sentido intersubjetivo das relações sociais, mas sim que as relações sociais são mediatizadas por condições históricas e que os processos têm duas dimensões: a da consciência subjetiva da situação e a do sentido e direção objetiva que assume. Então entre estes sujeitos há uma realidade objetiva e construída, cujos significados podem ser compreendidos de diferentes modos".

tam no discurso de *todos* os narradores marcadas pela pobreza e pela subalternidade ao lado de outros atributos relativos à condições específicas de cada um. Identidade que expressa uma forma de pertencimento, uma representação de um modo de ser na trama social, pois é na confrontação social que se constrói a identidade de subalterno, dominado e excluído. Identidade engendrada pelas condições concretas de um cotidiano de enfrentamento da pobreza, que acaba por constituir, para todos, além de um campo de experiências similares, o que Caldeira vai denominar de "estoque simbólico comum" (Caldeira, 1984), que expressa a distribuição desigual, não apenas dos bens materiais, mas também dos bens culturais na sociedade.

"A definição social é, no seu todo impositivo, a armadura de símbolos que constrói a identidade. A própria codificação social da vida coletiva se encarna no sujeito e lhe impõe a sua identidade" (Brandão, 1986, p. 159). As formas pelas quais os sujeitos são reconhecidos e tratados na vida social deixam sinais na tessitura de suas identidades. Atitudes, regras de comportamento adequadas às posições que se ocupa na sociedade vão reproduzindo uma modalidade de inserção nas relações sociais, enquanto ocultam a realidade dessa inserção e constituem uma versão imaginária dela.[12]

Constituindo uma espécie de situação-limite da condição subalterna, a pobreza, no imaginário social, é muitas vezes apreendida de forma descolada da realidade em que é gerada, em sua imediaticidade, fragmentada, obscurecida, reificada. A pobreza é pouco conhecida e os "pobres" muitas vezes desqualificados e marcados por clichês que reiteram sua "inadaptação", "marginalização" e "situação problemática".

---

12. Oliveira mostra que a "reprodução é o movimento no qual e pelo qual a objetividade se representa. Representar-se é o reconhecimento da necessidade do outro reproduzir-se pelo e no seu oposto" (Oliveira, 1987, p. 12). Este é o movimento de subjetivação da objetividade que supõe a sua continuidade e negação.

As experiências vividas pelos sujeitos da pesquisa geraram para cada um deles imagens de si próprios que, embora marcadas pela diversidade e pela peculiaridade, se unificam na privação, na exclusão e na subalternidade. Resultado: a diversidade de suas trajetórias, a individualidade que caracteriza as experiências de cada um deles é também aquilo que os unifica e iguala.

Pouco a pouco, as narrativas deixam transparecer que a experiência da pobreza se tece, de resto como toda experiência humana, de ações, emoções, valores e representações. A privação penetra no âmago das relações familiares, interferindo nos modos de vida e na cunhagem das identidades de cada um. Cada história é o ensejo de proclamação de um lugar social e de uma forma de "pertencimento" à sociedade.

As trajetórias de Durval e de Wilma são marcadas pela doença e pela solidão. Wilma, que tem paralisia cerebral e é portadora de deficiência visual e motora, enfrenta ainda as dificuldades e os estigmas de sua condição, que acabam por conferir-lhe uma identidade social negativa. O estigma de deficiente muitas vezes acarreta ao seu portador sentimentos de invalidez social e de inadaptação.

> "Sempre fui uma pessoa que gostou de viver no isolamento. Não me sinto bem no meio ambiente. Eu nunca tive apoio pra nada. Nem de minha mãe. Ela não ligava pra mim. Eu nunca tive a companhia dela pra nada, por mais rigoroso que fosse o exame ou tratamento. Eu não tenho ninguém. As pessoas têm vergonha de ajudar um deficiente. Até hoje eu só encontrei uma pessoa que teve cuidado comigo de andar na rua, descer uma escada, isso ou aquilo. (refere-se a uma amiga) É o tal negócio: qualquer pessoa percebe que eu sou doente. Então, numa comparação, você vindo ao meu encontro, você percebendo que eu sou doente, sua obrigação é desviar do meu caminho, e não eu desviar do seu. É onde eu sofro aquele choque. E, eu tenho medo, morro de medo de cair. Eu sempre tive esse trauma comigo: medo de cair.

CLASSES SUBALTERNAS E ASSISTÊNCIA SOCIAL

(...) acho que as pessoas ridicularizam os pobres e os deficientes. Minha mãe tem vergonha de mim...

(...) moro sozinha num cômodo e banheiro. Me viro sozinha mesmo com a limitação de saúde e socioeconômica...

(...) mesmo com a perna engessada até na virilha e sem saltinho, eu tinha que me locomover pra colocar a minha comida, pra tomar água (...) eu tinha que me esforçar muito.

(...) vivo de ajuda e do meu trabalho. A Igreja me ajuda uma vez por mês. Não é o padre que dá. É a comunidade, o povo." (Wilma)

Apesar da difícil situação em que vive e do processo de estigmatização de que é alvo, Wilma busca alternativas que reduzam suas dificuldades e que lhe possibilitem uma vida menos dura e sombria. Não pensa apenas em si, mas refere-se constantemente às condições dos portadores de deficiência em geral.

"Olha, eu tenho batalhado muito! E, aliás eu fiz uma pesquisa de psicologia na Divisão de Reabilitação da Vergueiro e o resultado bateu com o que eu estava pensando: a minha maior preocupação do mundo é com a assistência ao deficiente! Porque, como eu, tem muita gente. Eu fico com o coração na mão! Na verdade eu num posso nem pra mim, mas às vezes se eu tiver um pão eu reparto com quem não tem. Aliás, eu escrevi pra Nova Constituinte dando uma série de sugestões a respeito. Para melhoria da assistência ao deficiente e para aumentar a possibilidade de ingresso no mercado de trabalho... Eu critico os serviços para o deficiente. Eu pedi apoio para o Palácio do Planalto. Eles me encaminharam para a LBA..." (Wilma)

No perfil autorrepresentado de Durval aparecem como principais características a vida solitária de trabalho, pobreza, sofrimento e doença.

"Eu sou pobre... e digo pra senhora: Deus num desampara ninguém não...

(...) e lutei. Lutei trabalhando, trabalhando, lutando e sempre sofrendo, sofrendo sozinho... Eu acho ruim. É ruim ficá sozinho.

(...) Na minha vida o problema que eu acho ruim só é a doença. O resto enfrento tudo! O dia que tem a gente come. O dia que não tem... Não fiz nem um café ainda, mas faço tudo: cozinho, faço café, tudo!" (Durval)

Quando tinha 22 anos, Durval foi atropelado por um carro, acidente que deixou sequelas irreversíveis em sua saúde e o incapacitou para o exercício de sua profissão como pintor.

"Essa perna, mais um pouco e eu precisava cortá por causa da gangrena... Foi cedo, eu tinha 22 anos. Nesse tempo todo abriu e fechô umas quatro vezes. Agora tá miorando. Tá bem melhor mas num pode batê em nada. Bateu, ela abre... Quando cicratizá eu vô operá as varizes." (Durval)

É muito tenso, "nervoso", conforme sua própria definição e às vezes recorre à bebida para enfrentar o nervosismo.

"Eu num sou viciado. Algum dia é que eu bebo. Ontem eu bebi. Ontem eu tava nervoso. Aí meu Deus... Eu bebia de caí antigamente. Com essa perna doente que não sarava, não sarava... Ontem eu curei nas Clínicas e eu vi uma mulhé doente e eu pensei em mim. A água desceu dos óio. Choro à toa! Vi aquela situação... Eu fiquei com aquilo na cabeça... Ah, ontem eu fiquei tão nervoso, tão chateado. Eu fiquei com dó dela. Eu fiquei com uma dó. Fiquei muito triste. Sozinha tombém. Quase sem ninguém. Aí eu fiquei pensando... Eu pensei em mim. Num quero falá pra num chorá..." (chora) (Durval)

O estar só apresenta-se como uma condição vivida e temida por Durval, que não se casou porque "não dei sorte. Quando eu

CLASSES SUBALTERNAS E ASSISTÊNCIA SOCIAL

ia casá eu via que não ia dá certo e desmanchava". Refugia-se da solidão apoiando-se em amigos e vizinhos. Assim, em sua trajetória emerge como aspecto significativo o apoio e a sustentação que vem recebendo de seus vizinhos e compadres. Nas visitas realizadas na casa de Durval estiveram presentes alguns de seus vizinhos, que chegaram a participar das entrevistas, reforçando a minha percepção de que naquele pequeno conjunto de barracos que constitui a favela Ticoatira, na Marginal do Tietê, há uma vinculação solidária entre alguns de seus moradores. Assim, mais de uma vez, D. Cléa foi fazer um café para todos e juntamente com D. Benedita interveio várias vezes nas entrevistas colaborando para que se instalasse um clima de conversas. Nesse clima, surgem depoimentos que reforçam, pelo menos em relação a Durval, posições solidárias.

> "Nóis tudo é que toma conta dele... Quando ele se invoca dorme na casa minha. Quando eu vejo que ele tá passando mal, ele dorme lá em casa. Come aqui na casa da Cléa. Vai na casa do Miltão e lá come, lá mesmo dorme. É assim. A gente gosta muito dele, sabe? A gente se ajuda. Ajuda ele. Todo mundo gosta dele. O Luís pega água pra ele. É tudo assim. Ele é doente. A gente tem que dá uma força pras pessoa ficá mais forte... De fome ele num morre, roupa suja ele num fica." (Benedita Conceição dos Santos)

Mello, analisando a formação de redes informais de sustentação mútua, observa que aparecem nos momentos de necessidade mais aguda, representando muitas vezes a diferença entre a comida e a fome. Situações de desemprego, doença ou morte na família podem romper os tênues limites entre a "pobreza e a miséria". Considera que esses momentos emergem da experiência comum de desamparo. "A solidariedade não é sentimental e nem se manifesta com alarde. É calada e dura como a vida que levam" (Mello, 1990, p. 19).

A questão da participação em redes informais de apoio mútuo foi explicitada nas narrativas de Durval, Conceição e Maria Nazaré. Essas redes são observadas nos locais de moradia, lugar onde se desenvolve um conjunto de relações e onde se enfrenta o cotidiano com precários recursos urbanos. No dia a dia, múltiplos arranjos ajudam a "aguentar" a rudeza da vida. É importante observar que essas redes cumprem muitas vezes o papel de uma assistência social que não responde às demandas que lhe são colocadas.

> "(...) esse vizinho aqui me chamou: fica aqui na minha casa. Esse aqui é meu pai e essa mulher aqui lava a minha roupa, toma conta da minha casa, limpa tudo.
>
> Agora, essa vizinha aí, ela me ajuda, quando eu chego cansado e chateado, ela me dá conselho, o marido dela me dá conselho. Se chego ao meio-dia e num fiz almoço, como na casa dela... Eles ajudam. São pobre. São gente pobre. Mas eu chego ruim e ela me dá comida. Eu preciso e eles me ajuda... (chora) Eles são muito bom pra mim. Todo mundo aqui." (Durval)

Nem sempre porém essas redes de apoio mútuo têm as características observadas na situação de Durval. Sawaia (1990) chama a atenção para a troca de favores e coisas que ocorre, não indiscriminadamente, mas entre grupos de intercâmbio de compadres e comadres. Observa que muitas vezes o que se tem na favela é "a *unidade* na miséria e não a solidariedade entre iguais" (Sawaia, 1990, p. 47, grifo da autora) apontando que, pelo fato de viverem próximas, as pessoas, embora se conheçam, nem sempre se estimam e muitas vezes se temem.

No relato de Elizabeth, a experiência predominante é a da ausência de solidariedade quer de sua família, quer de seus vizinhos. A doença aparece como elemento desestruturador das instáveis condições que marcam sua trajetória. Com cinco filhos, foi abandonada pelo primeiro companheiro que "num trabalhava e num valia nada". Resume sua vida em "trabalho e sofrimento"

CLASSES SUBALTERNAS E ASSISTÊNCIA SOCIAL

para criar os filhos. Chamam a atenção em seu depoimento as referências à precariedade das condições nutricionais em que vive juntamente com seus filhos:[13]

> "(...) fiquei sozinha. Continuei a luta vivendo com parente, sofrendo do mesmo jeito, levando na cara aquilo que comia, quando ficava doente e não podia trabalhá os parente reclamavam... me botaram na rua.
>
> Hoje em dia ninguém tá podendo ajudá a ninguém. A gente só tem que contá com a gente mesmo... O dinheiro é curto pra todos. O pessoal vê as coisa e num tem como ajudá.
>
> Eu fui tuberculosa. Era muita dor no pulmão, febre demais... Eles exigiram uma alimentação mais forte... Mas, o que a gente vai fazê? A gente vai até onde pode ir e eu num tenho condições de levar uma alimentação mais pra frente... O pior é num poder trabalhar... Agora eu sarei e emprego tá em falta. Tem muita gente desempregada. Nem em casa de família eu tô achando trabalho."
>
> Nós temos muito problema de doença. Essas crianças aqui, quando eles começa a ficá muito fraco na alimentação, eles começa a ficá doente." (Elizabeth)

---

13. Pesquisa do Dieese (1987) localiza no estrato de renda de até um salário mínimo a incidência mais alta de desnutrição, com 50% das famílias apresentando situação nutricional inadequada. A pesquisa citada detectou que o problema nutricional é "basicamente de insuficiência calórica, de cunho quantitativo, decorrente de baixa ingestão de alimentos com estreita relação entre poder aquisitivo e estado nutricional". Conclui a pesquisa que o limite mínimo de renda para assegurar um consumo suficiente deve ser superior a um salário mínimo *per capita*. Outra pesquisa recente realizada em São Paulo com crianças de 0 a 59 meses revelou que 25,9% dela eram desnutridas (Monteiro, 1988). É importante não esquecer que análises de causas de mortalidade infantil revelam a presença da desnutrição como uma das causas básicas, num quadro de superposição de carências.

Estudos antropométricos em crianças ao final da idade escolar apontaram retardo no crescimento e no peso de crianças de áreas com população de baixa renda — aproximadamente 5cm na estatura e 5kg no peso (Monteiro, 1988).

Para Maria Nazaré como para Conceição, questões relacionadas à ajuda mútua e à solidariedade vêm permeadas pela perspectiva religiosa. Ambas participam ativamente de Comunidades Eclesiais de Base, referências importantes na constituição de sua visão de mundo. Francisca também participa de atividades comunitárias desenvolvidas a partir da Igreja.

> "Eu participo do grupo da novena. Eu sou líder. Eu reúno o grupo e faço novena nas casas, vou de casa em casa. Acho que a reza tem força..." (Francisca)

> "Você sabe, meu maior amigo, meu melhor amigo é Deus. Sou católica e ajudei a construir essa comunidade. Foi em 79 que começou, eu estou aqui desde o começo. A comunidade ajuda as pessoas a viver melhor, com mais respeito pelos outro." (Conceição)

A mediação da Igreja na vida social, sobretudo de Maria Nazaré, é muito forte. A religião ampara, permite uma leitura das tarefas do dia a dia e oferece a possibilidade de "crescer".

> "Eu acho que estou crescendo sempre! Eu cresci. Na minha terra, eu vivia mais isolada, mais pra mim, pra minha família. E, aqui não! Aqui eu vivo mais pros outros, entendeu? Eu me dediquei mais na Igreja. Antes, todos os domingos, terças-feiras, qualquer coisa eu tava lá! Mas não é exatamente como aqui! Porque aqui eu participo de tudo. Tem liturgias, cantos, essas coisas todas: a gente vem, ensaia e participa...
> Eu acho que a minha vida depois que eu vim pra cá (refere-se à vinda para São Paulo), ela melhorou bastante. A coisa boa que eu fiz foi ter vindo pra cá, sabe? Ter conhecido as pessoas que eu conheço. É, você vê, a minha casa tá aberta pra todo mundo... Eu num sei, é uma coisa que é de mim mesmo porque eu mesma fui uma melhora. Eu mesma progredi, eu mesma melhorei. Eu sempre fui assim popular, mas é com

CLASSES SUBALTERNAS E ASSISTÊNCIA SOCIAL

a Associação de moradores que a gente está conseguindo tudo até hoje. Então eu me sinto bem em estar junto com a comunidade. Eu acho que isso foi uma coisa muito boa que aconteceu comigo..." (Maria de Nazaré)

Tendo como quadro de referência a visão de mundo constituída na vivência do trabalho comunitário da Igreja, onde emergem as noções de solidariedade, igualdade, esperança na "luta do povo" contra a opressão e a consciência da necessidade da organização para mudar a vida, Nazaré interpreta seu cotidiano a partir desses pontos de referência. Mais do que isso: vive de acordo com eles.

"Aqui na Comunidade tem a Associação de Moradores, o Partido e a gente também se organiza pela Creche...
Ah! Eu acredito que um dia pode mudá. (referindo-se à pobreza em que vivem) Sei lá. Mesmo que seja quando eu tivé morrido. Pros meus filhos, pros meus netos. Eu acredito que um dia mude... pois há as pessoas que lutam antes, bem antes que eu. Eu acho que é uma maravilha essas pessoas ...você se sente bem com elas." (Maria de Nazaré)

A experiência de Maria de Nazaré expressa claramente sua consciência da situação de exclusão social em que vivem os pobres. Revela também a esperança de ruptura com essa condição pela ação conjunta. A dimensão comunitária presente na estruturação das Comunidades Eclesiais de Base contribui para consolidar esse sentido de coletivo que observamos na narrativa de Maria de Nazaré. É importante não perder de vista que as redefinições da Igreja Católica no Brasil levam-na (ou pelo menos a um seu significativo segmento) a posicionar-se diante dos problemas sociais "do povo", entendido como o conjunto dos subalternos e dos pobres (ver Macedo, 1986). Efetivamente, para todos os narradores, em diferentes circunstâncias, a Igreja esteve presente.

Foi na Igreja que Conceição buscou apoio para enfrentar a dura tarefa de ser mulher de um alcoólatra.

"Depois o meu marido começou a bebê. Foi uma luta. Foi 5 anos batidos: era dia e noite. Eu já tinha 5 filhos. Sabe quando cai uma tempestade na cabeça da gente? Daí, ele não controlava mais o dinheiro. Graças a Deus, ele nunca parou de trabalhá, mas o dinheiro num dava. Num sobrava. Eu vendia Avon e costurava e num dava... Fui até um curandeiro pra ele pará de bebê e num deu certo. Foi com a ajuda do pessoal daqui da Igreja que ele melhorô..." (Conceição)

É na participação em algumas tarefas da Igreja que Francisco encontra algum alívio para o sofrimento que vem passando como desempregado.

"Hoje, eu só participo dos trabalhos na comunidade, no mutirão e na missa. Fui escalado pra sábado no mutirão. Na Igreja, a gente reflete sobre a situação de pessoas como eu, sem emprego, sem poder dá as coisas pros filhos (...) e também sobre as injustiças de nossa vida." (Francisco)

O quadro que vai se compondo com as narrativas mostra fragmentos de um cotidiano em que a realidade da pobreza aparece em sua dureza: o desemprego, o trabalho aviltante, a fadiga, o esgotamento, a violência, a moradia insalubre, a nutrição precária, os problemas de saneamento, transporte, serviços médicos e escolares constituem algumas dimensões dessa realidade. Bosi (in Vale e Queiroz, 1979), inspirando-se em Simone Weil, afirma que não há compreensão possível da vida do povo se não compreendermos sua fadiga. Em muitas situações, essa vida se resume em trabalhar e descansar para continuar trabalhando. A fadiga, permeando o conjunto da experiência vivida, emerge indissociavelmente vinculada às condições sociais desses indivíduos e expressa as marcas da espoliação de suas vidas. Vidas onde

CLASSES SUBALTERNAS E ASSISTÊNCIA SOCIAL

a esfera do lúdico, da fantasia e da utopia está no futebol, na roda de samba, na cachaça, nas novelas.

Analisando as relações entre pobreza e direitos sociais, Telles afirma que a privação de direitos das grandes maiorias na sociedade brasileira é a "contraface da ausência de um espaço público de pertencimento, em que seus interesses, razões e vontades possam ser elaborados e reconhecidos como demandas legítimas" (Telles, 1990, p. 39). Nesse sentido, a questão dos direitos, sobretudo para aqueles que cotidianamente lutam pela sobrevivência, vai muito além das regulamentações do Estado, expressando-se na própria construção de seu lugar na sociedade e de sua identidade.

A reprodução das desigualdades sociais é mediatizada por situações objetivas, mas supõe a persuasão dos subalternos de que aqueles são os seus "lugares certos" na sociedade. A inculcação do sentimento de subalternidade supõe que o conteúdo da dominação seja ocultado e que a subordinação pareça natural. Dessa forma legitima-se a ordem social em sua totalidade e são reforçadas suas estruturas de dominação.[14]

3. A assistência social na conformação da identidade subalterna

"O pobre, ao receber, ou, melhor ainda, porque depende do que recebe, é um devedor. Não há troca aparente, posto que não se lhe pode exigir nada. Há, porém, uma troca real e desigual: trocam-se as coisas pela submissão, sob a falsa forma de gratidão" (Mello, 1988).

---

14. "O discurso da subalternidade é imprescindível numa relação de dominação, que se dá mediante o seguinte processo ideológico: ele é introjetado como verdade, inculcado/incorporado e reproduzido como algo universal, impedindo que outras pessoas (ou grupos) possam criar um discurso contrário de insubordinação, de superação dessa subalternidade" (Almeida, B., 1990, p. 37).

Na compreensão possível da sobrevivência dos habitantes pobres de São Paulo, está a intermediação de serviços sociais públicos e privados. Na esfera da reprodução social e na constituição de um padrão mínimo de sobrevivência das classes subalternizadas, cada vez mais a intervenção estatal vem se fazendo necessária e revelando-se insuficiente. Como assinala Kowarick, a precariedade quantitativa e qualitativa dos bens e serviços públicos tem resultados muito claros na qualidade de vida dessa população que, "devido exatamente aos baixos níveis salariais — para ficar ainda em alguns exemplos significativos —, só pode utilizar o transporte coletivo e o sistema de saúde e escolar gratuitos, portanto públicos..." (Kowarick, 1990, p. 58).

É ainda Kowarick quem observa que "as áreas que concentram maiores contingentes de estratos de baixa renda são as que apresentam também maiores demandas por infraestrutura e equipamentos sociais" (Kowarick, 1990, p. 59), configurando um quadro onde pobreza e carências sociais se revelam processos cumulativos.

Quando se trata de usuários de serviços assistenciais, o que se constata muitas vezes é uma dependência quase que exclusiva dos serviços sociais públicos em suas estratégias para sobreviver. Buscam estes serviços para suprir necessidades materiais de consumo e para enfrentar outras dimensões significativas de seu dia a dia.[15]

---

15. O trabalho de Maria de Lourdes Scarfon (1979) acerca do papel dos serviços assistenciais como alternativa para a sobrevivência da população de baixa renda, na região de Piracicaba, constatou que a maior parte das 324 famílias pesquisadas estava em situação de dependência desses serviços entre 1 e 5 anos (tempo médio de dependência: 4 anos). Os dados coletados por Scarfon, além de indicar a importância das entidades assistenciais como alternativa para a sobrevivência das famílias pesquisadas, revelam também que "a maioria dos chefes de família entrevistados não veem nenhuma possibilidade de viver sem os auxílios que recebem mensalmente" (Scarfon, 1979, p. 114).

Os serviços assistenciais tanto compreendem ações de ajuda imediata individualizada, em geral com características de pronto socorro social, que destinam aos demandatários recursos como cotas alimentares, medicamentos, auxílios financeiros e provisão de documentos, entre outros, como se efetivam através de uma rede de serviços e bens "produzidos de forma compensatória, para as classes subalternas: creches, núcleos de atendimento sociocomunitário à criança e adolescente, internatos, programas de educação supletiva e profissionalizante, asilos, centros de reabilitação, programas de provisão de habitação, ações comunitárias, etc." (Sposati e Falcão, 1985). É necessário assinalar, portanto, que os programas da área de assistência não se reduzem à distribuição de auxílios materiais ou orientações; são também programas de formação profissional e de geração de renda, programas socioeducacionais e de atendimento a grupos específicos como os portadores de deficiências, idosos, crianças e adolescentes, entre outros. As ações assistenciais podem significar tanto a tutela e a reiteração da subalternidade, quanto um lugar de reconhecimento e de acesso ao protagonismo. E, mais ainda, pode ser tudo isso junto.

É importante lembrar ainda que os serviços assistenciais não se restringem aos órgãos públicos de prestação direta de serviços, compreendendo também a ação de entidades sociais privadas (subvencionadas ou não pelo Estado) que executam programas assistenciais.

Partilhando condições de vida e trabalho instáveis e aviltantes que definem possibilidades restritas de participação no conjunto da riqueza socialmente produzida, os usuários desses serviços que abordamos se movem em um universo de signos que denunciam sua pobreza e subalternização.

Qual o papel do assistencial nesse universo? Qual a mediação da assistência social na conformação dessa condição subalterna? A assistência pode contribuir para a ruptura da subalternidade?

A análise da mediação da assistência social no processo de constituição da subalternidade e exclusão tem como ponto de partida a apreensão dos significados socialmente construídos, que os entrevistados atribuem à condição de "assistidos". Analisar o perfil do "assistido" envolve tanto a localização da questão no interior da dinâmica capitalista da reprodução social da força de trabalho (pela mediação das políticas sociais e assistenciais), como o entendimento das representações que estes usuários elaboram ante os serviços de que se constituem alvo.

Aqui, o recurso à assistência social não é apreendido simplesmente como expressão de processos espoliativos externos a que estão submetidos os subalternizados, mas também a partir das formas de pensar essa condição e os mecanismos que a reproduzem pelos que a vivem. Não se trata de conhecer sujeitos isolados em sua forma de pensar sua inserção em programas assistenciais, mas de abordar o caráter relacional e histórico dessa condição.

De importância básica é a consideração da heterogeneidade das situações que levam à busca de recursos na área da assistência social, situações cuja característica fundamental está no fato de serem expressões concretas da vivência da exclusão.

Nas narrativas dos sujeitos desta pesquisa, as razões da busca de recursos assistenciais bem exemplificam a diversidade de faces do processo de exclusão e subalternização, bem como a diversidade e as fragmentações que permeiam os programas assistenciais.

Assim, para Durval e Wilma, pelas precárias condições de saúde e de trabalho em que vivem, o recurso à assistência social, há pelo menos 20 anos, tem se configurado em modalidade de reprodução de sua subsistência, pelo atendimento a necessidades diretamente vinculadas à sobrevivência cotidiana: transporte, moradia, alimentação e atendimento à saúde. Ambos necessitam de apoio material e financeiro até para o usufruto de serviços

CLASSES SUBALTERNAS E ASSISTÊNCIA SOCIAL

universalizados, como é o caso da saúde. Para Wilma, a participação em programas socioeducativos de reabilitação física e profissional tem sido outra forma de atendimento relevante.

Para Elizabeth, o recurso a programas assistenciais, há 5 anos, vem se efetivando pela utilização da rede de serviços comunitários como creche, núcleos de atendimento comunitário e plantões de atendimento emergencial a que recorre em situações em que não pode reproduzir sua subsistência por doença ou desemprego.

Maria de Nazaré, Conceição, Francisco e Francisca participam de programas sociocomunitários desenvolvidos junto a bolsões espaciais de pobreza. Os quatro moram em favela. Conceição vem participando há 3 anos de trabalho na padaria comunitária, embora seja usuária de serviços assistenciais há 10 anos; Maria de Nazaré, além de trabalhar há 3 anos na creche comunitária, onde tem dois filhos, participa de várias frentes de trabalho na favela, destacando-se o trabalho de alfabetização de adultos e o trabalho de urbanização da favela; Francisco participa do trabalho de urbanização da favela onde mora e também da associação dos moradores e de programas comunitários, apresenta-se como um dos líderes da comunidade: "na favela eu sou líder de rua"; Francisca, além de usuária da creche, participa dos programas comunitários, particularmente dos trabalhos com grupos de mães e de moradores da favela onde reside. Também colabora com o trabalho de urbanização da favela.

Observa-se que, embora abordados a partir de sua vinculação a determinada instituição assistencial, todos os sujeitos ouvidos nesta pesquisa vêm buscando suprir as carências que peculiarizam sua condição de vida recorrendo a instituições, programas e serviços diversos. Instituições, programas e serviços que, localizados no âmbito de assistência, se destinam particularmente ao atendimento da população, muitas vezes excluída do campo de atendimento das demais políticas sociais. Conforma-se assim uma complexa rede de instituições, programas e serviços voltados especificamente aos pobres, constituindo o que Falcão (1989) vai denominar de "Estado marginal assistencial". A fragmentação que vem peculiarizando a abordagem do campo social pelas políticas sociais e assistenciais evidencia-se neste quadro. Como também se evidenciam a multiplicidade das carências dos subalternizados e o enorme fosso das desigualdades econômicas, sociais e políticas de nossa sociedade.

A política social organizada setorialmente "requer que as instituições, como centro de micropoder, se organizem em torno de microáreas de atuação, exigindo especializações crescentes de funcionários e agentes técnicos... Como decorrência dessa fragmentação, os problemas dessas microáreas são reificados apresentados em si mesmos como um todo" (Santos, A. G., 1980, p. 121-122), determinando o atendimento em microespecializações (família, menor, comunidade, trabalho, etc.) a partir das carências apresentadas. A fragmentação da prática assistencial se expressa, assim, em um conjunto de atendimentos que se organizam a partir da "tipificação das carências" (Sposati e Falcão, 1985, p. 60) que os segmentos demandatários da assistência social apresentam. Atendimentos em geral efetivados numa ótica individualizante e competitiva e desvinculados de uma ação conjugada e abrangente na direção do enfrentamento da questão em sua globalidade. Pulveriza-se, dessa forma, a identidade subalterna a partir de suas inúmeras carências.

Assim, do ponto de vista dos recursos institucionais, o que nossos usuários encontram são instituições limitadas pelas circunstâncias em que foram criadas, pelas necessidades históricas que se propõem a atender e operando programas sociais isolados e difusos que não dão conta do conjunto acumulado de suas carências (Sposati *et alii*, 1985). No entanto, nas narrativas coletadas, esta questão não se configura como um problema. Talvez em vista do conjunto maior de problemas que enfrentam nos precários atendimentos que recebem nos serviços sociais públicos em geral.

CLASSES SUBALTERNAS E ASSISTÊNCIA SOCIAL

> "Uma vez eu precisei, meu menino adoeceu e eu levei ele lá no Zona Sul (hospital). Passei três horas lá na fila e quando chegou a minha vez a médica falou assim: ele num tem nada. Pode ir embora. O atendimento que recebi foi esse!... e ele ficou bem doente." (Francisco)

Apesar disso, muitas vezes referem-se às penosas trajetórias em busca de um atendimento médico, de um remédio, de um pouco de mantimentos, de um documento e de tantas outras coisas de que precisam, com certa resignação.

> "(...) e, quando não tem nas Clínicas (a pomada) eu vou no Posto de Saúde, lá na Penha, onde eu trabalho, e, se não tem lá também eu vou no Posto da Prefeitura, lá na Igreja na Av. Cangaíba. Vida de pobre é assim." (Durval)

> "Meu menino ficou doente e eu num tive condição de levá no médico porque num tinha o dinheiro da condução. Tive que esperá o outro dia pra arrumá dinheiro à tarde pra levá de noite, às 10 horas da noite. Levei em Veleiro e cheguei lá era só com dia marcado. Mandaram pro Zona Sul e eu num tinha dinheiro pra ir pra lá. Só no outro dia consegui o dinheiro (...) e eles me atenderam, graças a Deus." (Elizabeth)

Observa-se nos depoimentos de Durval e de Elizabeth que, mesmo em se tratando de serviços universalizados, os mais pobres enfrentam dificuldades para utilizá-los, necessitando de apoio assistencial, como revela Durval referindo-se a serviços a que tem direito.

3.1 A condição de "assistido": representações sobre a assistência

As representações acerca da assistência entre os narradores desta pesquisa expressam as ambiguidades e contradições que permeiam o campo da assistência social. São apreensões diversas que, em sua multiplicidade de aspectos, muitas vezes se superpõem, formando um todo de difícil compreensão.

Um possível ponto consensual é a vinculação que realizam entre *assistência e ajuda* e o constrangimento daí resultante. Na medida em que os usuários de serviços assistenciais se caracterizam, em geral, por níveis de renda muito baixos que os situam entre os "pobres", os desprestigiados, os que vivem mal na sociedade (condição que rejeitam), observa-se nos depoimentos coletados a ambiguidade de rejeitar a condição de "necessitado", "assistido" e alvo de ajuda e, ao mesmo tempo, reconhecer sua impotência em face das condições de carência em que vivem. Durval, Wilma e Elizabeth, por sua dependência de auxílio material para sobreviver, sobretudo quando doentes e impossibilitados de trabalhar, expressam mais claramente essa ambiguidade. E, nestas circunstâncias, a assistência, aprendida como ajuda que recebem a contragosto e não como serviço a que têm direito reitera a condição de subalternidade em que vivem.

> "Eu não gosto. Eu não gosto de ter que pedir ajuda. Mesmo que sou obrigado eu não gosto. Eu não gosto de aborrecer ninguém. Se eu pudesse eu num pedia um copo d'água pra mim. Não gosto de tá pedindo as coisas pros outro... Eu acho chato pedi. A pessoa que tem moral não fica pedindo as coisa. Só peço na hora de muita precisão. (...) Se preciso vou lá em cima e eles me dão uma mãozinha. É a Assistência Social da Prefeitura. Lá eles dão uns trocadinhos pra gente pra comprar um arroz, um feijão e já dá, quebra o galho... ajuda! (...)
>
> Sou franco a falá. Eles ajuda. Quando a pessoa precisa mesmo, eles ajuda. Dá o remédio. Eles ajuda com remédio. E, já é grande coisa: o remédio tá caríssimo!...
>
> A assistente ajuda. Ela mesmo me ajuda com as três passagem... Já ajuda. Pego dinheiro pra condução toda vez:

segundas, quartas e sextas. Ela me dá pra vim. Pra ir daqui pra lá eu dô. Só pra volta. Ela me dá três. Eu dô três." (Durval: refere-se ao "auxílio condução" que recebe no Serviço Social do Hospital das Clínicas para realizar tratamento de úlcera varicosa três vezes por semana)

"Na verdade, pedir é melhor do que roubar! Mas não existe humilhação maior no mundo do que a de ser necessário você pedir. Eu me sinto diminuída. Deste tamanhozinho." (Wilma)

"Num é bom, mas a vida tá assim. É muito sofrimento em cima de sofrimento. As condições de vida tão ruins, a gente procura ajuda de um lado: num tem. Vai pro outro: fecha a porta. Essa é a situação. Ninguém tá podendo ajudá ninguém mesmo. Na época de minha tuberculose foi na Igreja que eu encontrei a ajuda que não encontrei com ninguém. Tinha vezes de eu num poder comprar remédio porque tinha que comprá coisas pra eles (refere-se aos três filhos). Foi muito triste (...) Recorri lá e recebi ajuda de lá: foi quando eu comecei a comprar os remédios. Depois encontrei o Posto de Saúde que começou a me fornecer os remédios. No posto APPS (Assistência à População com Problemas de Subsistência), toda semana eu pegava a cesta com a assistente social. Foi o que me ajudô muito porque aí eu já podia comprá outra coisa que eu precisasse a mais pra me tratá, né? que o médico mandou que eu tomasse muito leite com ovo quente e isso já feis com que eu pudesse ao menos mantê o leite... Depois a Escola mandou. A Assistente Social da Escola veio aqui e aí elas passaram a mandar as coisas pra mim no final de semana. A Escola mandou alimentos: mandou leite, frutas, ovos e bolachas pras crianças. Eles me ajudaram até eu ficar boa. Quando eu fiquei boa eu fui lá e falei pra eles que tava boa. Aí eles continuaram me ajudando apenas no material escolar das crianças porque mesmo trabalhando meu salário era pouco e ele (o companheiro) ganha um pouco mais que o salário." (Elizabeth)

Nos três depoimentos, a identificação da assistência recebida com a noção de ajuda expressa, como já apontamos, um dos sentimentos ambíguos em relação à condição de assistido. Para receber "ajuda", é preciso pedir essa "ajuda", situação que é experienciada como humilhante e difícil, pois devem comprovar suas necessidades e carências.

A triagem a que são submetidos para receber essa ajuda reforça a humilhação. A relação que se estabelece entre o que busca assistência, em geral individualmente, e os representantes do saber e do poder institucional coloca o "assistido" em posição subalterna, "presente exatamente pela ausência, pela carência" (Santos, A.G., 1980, p. 119), cabendo-lhe cumprir determinações para receber a "ajuda" ou o "auxílio" solicitado. A assistência confirma sua subalternidade, assim como confirma o poder do que oferece a assistência e, de alguma maneira, "encobre a profunda injustiça da sociedade e de sua divisão. No ato de estender a mão aos necessitados, aceita-se a irracionalidade, não do social, construído pelos homens e mantido por eles, mas de um destino transcendente que determinaria a diferença de fortuna entre os homens. A consciência do pobre se constrói como consciência da pobreza e não como consciência de classe social, estado ontológico e não situação política. Humilhação e servidão" (Mello, 1988, p. 146).

> "Eu num tava conseguindo comprá o material escolar pra ela. Fui pedi na escola. Aí, eu acho que eles num acreditaram muito que eu tava doente e me pediram as receita e depois vieram aqui e viram a situação. Só aí eles começaram a ajudá." (Elizabeth)

> "A Assistência Social eu pedi lá e não me deu. Eu pedi, ela veio aqui e olhô e disse que não podia. Eu disse: pode deixá que eu me arrumo (...)
> Eu precisei dinheiro pra cobri o carrinho de doce, né? Mas, eu fui lá e não teve dinheiro. Diz que não tem, que a verba tá

pouca... que é preciso ajudar quem está em situação pior. Tem pior? eu perguntei. Eu num tenho ninguém pra me olhá!

É pois como eu digo pra senhora: eu vivo sofrendo, sofrendo, sem ninguém. Às vezes a gente quer comê uma coisa milhó e não pode..." (Durval)

Na situação experienciada por Durval, a assistência penetra seu mundo privado, inspeciona, e não pode dar a verba. Durval se coloca sob o prisma do ressentimento por não se incluir, por não poder fazer parte, por não receber a "indenização" por seu sofrimento e pobreza. "Tem pior?", é sua pergunta. "Eu num tenho ninguém pra me olhá!", é seu pedido de "socorro". Sua busca de indenização se dá não apenas no plano material, mas na atenção, no apoio, no ser ouvido:

"(...) às vezes a gente precisa conversar com alguém... Precisa minha irmã... Tem dia que eu tô nervoso, nervoso! Ontem mesmo eu tava nervoso. A Tina (assistente social) sabe da minha vida... Às vezes fico pensando, pensando na minha vida. A Tina me orienta... me ouve..." (Durval)

A assistência tem dupla face: é prestação de serviços e é ação socioeducativa. Assim, a busca de ajuda não se restringe ao plano da subsistência material, como revela Durval, na busca de ser ouvido e orientado, embora nas sete narrativas questões relativas ao plano da sobrevivência material estivessem sempre presentes como justificadoras da busca da assistência.

Situações como as de Durval, Wilma e Elizabeth não se configuram, apesar de sua especificidade e complexidade, como excepcionais. Fazem parte de uma dinâmica social e histórica em que critérios definidores da "vida normal" excluem os inaptos para o trabalho, os portadores de deficiências, os velhos, doentes, acidentados etc. São culpabilizados e estigmatizados nessa lógica aqueles que recebem ajuda material ou não, sem que realizem um correspondente esforço para recebê-la. A ajuda nesses casos está subordinada a um conjunto de "verificações" comprovadoras da necessidade (Faleiros, 1989). A "seleção" que inclui, ao configurar que aquele "assistido" não tem possibilidade de, por si mesmo, responder às suas necessidades, reitera a sua exclusão, enquanto um lugar social.

Francisco e Francisca se posicionam contra a ajuda paliativa e emergencial contida nas ações assistenciais. Para eles, a reivindicação fundamental para o enfrentamento de sua pobreza é o emprego e o salário digno.

> "(...) eu vejo como uma esmola (...) porque não é por aí que a pessoa precisa de vivê. A pessoa tem que vivê com o salário que ganha. Essa ajuda, cesta básica, vale transporte, abono disso, abono daquilo é uma vergonha, é uma esmola! O país, a nação num precisa disso. Precisa de um salário justo, digno, competente e que seja o necessário pra mantê a família e fazê futuros: fazê uma casa, comprá uma bicicleta pras crianças, uma roupa, um sapato e outras coisas e não simplesmente vou lá e pego alguns mantimentos e agradeço. Aí tá muito errado. Eles tinha que vê não só o orçamento deles mas também o orçamento dos pobres. Essa privacidade que a gente sente é por causa do governo que só qué pra ele mesmo e pros ricos." (Francisco)

> "A Assistência é só uma ajuda. Mas eu num acho bem de acordo porque é só uma ajuda. É humilhante! O governo, os patrões devia aumentar o salário, né? Que desse pra cada um da gente vivê sem passá tanta miséria, tanta necessidade como a gente passa. Devia é o salário sê mais. Conforme as coisa vai aumentando o salário devia sê mais porque o salário num dá pra fazê nada! Ainda mais pra quem paga aluguel. Como é que vai vivê? Passa fome! É por isso que tem tanto assalto, tanto roubo. É por causa das dificuldades." (Francisca)

Ao mencionar que a assistência é "só uma ajuda", Francisca dá a ideia do provisório contido no assistencial. Reitera o sentido de humilhação contido no assistencial, já apontado pelos outros. Aponta para a proximidade entre violência e fome e coloca para o Estado e os patrões o caminho do reconhecimento do trabalho, mediante um salário melhor. Ela e Francisco sabem que o Estado deveria fazer outras coisas para minimizar a pobreza em que vivem. Sabem que a assistência não vai tirá-los da situação em que se encontram.

No discurso de Francisco, a humilhação transforma-se em consciência de que as coisas estão "erradas". Considera a necessidade de assistência uma "vergonha e uma esmola" para o trabalhador que deveria poder viver com seu salário. Evidencia posições politizadas ao tomar como alvo o governo e os ricos. A confrontação entre trabalhador e patrão se confunde em sua fala com o antagonismo entre pobres e ricos (Zaluar, 1985), e a privação é vinculada ao salário baixo e a um Estado que não cumpre sua função social.

Suas falas contêm uma tensão e uma resistência em face do assistencial: negam a ajuda e também não querem o direito à assistência, querem o direito ao trabalho. Mais do que isso, na vida social que lhes nega o trabalho "digno, justo e competente" e os empurra para os serviços assistenciais, constatam um caminho de humilhação e de reiteração de sua subalternidade.

Também na narrativa de Conceição a assistência se revela pela ajuda. Em sua fala, emerge uma visão que identifica o assistencial com a doação de recursos materiais distinguindo-o do trabalho comunitário, no qual situa a Padaria, resultado da ação da comunidade. (A Padaria Comunitária da Favela do Jardim do Russo é parte do trabalho da área de *Assistência* da Secretaria de Bem-Estar Social do Município de São Paulo, vinculando-se aos Projetos de Produção Associada de Bens e Serviços desenvolvidos pelo órgão. Todo o equipamento necessário ao funcionamento da Padaria, desde os fornos, balcões até as luvas que os funcionários usam, é fornecido pela SEBES, que também paga os salários dos que aí trabalham.) Conceição não entende como assistencial o programa da SEBES onde trabalha num projeto comunitário e encontra possibilidades de se colocar como liderança política da favela.

> "Quando eu estava em maior dificuldade quem me ajudou foi a assistência social aqui em Pirituba. Seis meses elas me ajudaram. Elas colaboravam com a despesa, né? Elas davam o mantimento...
>
> A assistência social aí na Padaria num ajudaram nada não. Aí foi ajuda da gente aqui mesmo da comunidade. As mulherzadas daqui é que construíram a Padaria." (Conceição)

O depoimento de Conceição, como o de Francisco e o de Francisca, ao conter uma apreensão do assistencial enquanto ajuda emergencial e paliativa diante das privações materiais, expressa uma visão disseminada na sociedade e que é encontrada tanto entre usuários de programas assistenciais como entre profissionais que atuam na área. Trata-se de uma visão da assistência enquanto mecanismo residual voltado aos "necessitados", aos "desamparados", àqueles em "maior dificuldade". Esta visão, se, de um lado, conforme Sposati *et alii* (1989), pode ocultar o fato de que hoje a "população-alvo" dos programas assistenciais se constitui da maioria da população brasileira, incluindo-se aí trabalhadores do mercado formal e informal, de outro revela que os "assistidos", ou pelo menos parte deles, sabem que a assistência se volta para eles apenas em situações de maior necessidade, minimizando suas carências mais prementes, destinando-lhes as sobras de uma riqueza que não partilham, uma vez que por essa via têm acesso a muito pouco. A assistência não altera sua condição de pobreza, apenas e muito provisoriamente a atenua. Além disso, os recursos assistenciais, particularmente os públicos, parecem estar longe de atender suas demandas, o que aparece em suas falas como uma inquietação e uma denúncia.

Assim, a referência ao papel do Estado aparece em quatro depoimentos permeados pela crítica por sua inoperância e ausência de ações efetivas no campo do bem-estar social. Esta visão do Estado, que se articula da ótica do subalterno, revela que a exclusão e a subalternidade são situações que, em seu cotidiano, exigem respostas do poder público. Expressa a reivindicação do direito à assistência, a serviços sociais e a melhores condições de vida e salário. Revela, finalmente, sobretudo nos depoimentos de Francisco e de Francisca, uma apreensão do Estado vinculado aos interesses dos ricos e dos poderosos e que não oferece à pobreza a devida atenção. Elizabeth também cobra a desatenção do Estado para com os pobres, mas seu discurso expressa mais a busca de proteção e assistência do que a crítica à inoperância estatal.

> "O Estado num oferece nada pros pobres. Pelo contrário, atrapalha. O dinheiro que se gasta em propaganda na televisão dava pra fazê outro Santo Amaro. (...) Gasta o dinheiro com que podia fazer alguma coisa pro bem-estar social do pessoal e num faz... É ruindade mesmo. Ruindade dos ricos." (Francisco)

> "Quando é na política e eles querem os nossos votos, eles prometem tanta coisa, né? Que vai acabá com a miséria, com a pobreza e cada governo só piora. Depois que eles ganham, pronto: esquecem da miséria. Eles só enganam o povo! (...) Acho que o povo merecia mais atenção por parte do Estado. O que o Estado dá é uma esmola! Uma cesta básica, um remédio, é tudo esmola" (Francisca)

> "O Estado tá dando muito pouca atenção pra gente. Tem muita gente precisando de muita coisa. Nós mesmas dependemos de muita coisa por aqui. Nós precisamos aqui de uma creche pra quem precisa trabalhá, pra podê botá as crianças pra num

ficá jogada na rua; um Posto de Saúde mais próximo porque os daqui é muito longe. Uma atenção milhó pra nóis. Porque esse local num tem assistência pra nada." (Elizabeth)

Observação semelhante sobre a desatenção do Estado para as condições "de vida do pobre" encontramos no depoimento de Maria de Nazaré. Seu depoimento é crítico e parte da constatação "de que esse governo num tá com nada não!" e de que "a gente tem mais é que lutar e espernear e fazer o que tem de fazer" para mudar a situação. Nazaré participa ativamente dos trabalhos sociais em andamento na favela. Recebe o apoio assistencial de uma instituição vinculada à Igreja Católica e que presta múltiplos serviços sociais à população favelada, a partir de convênio com a Secretaria do Bem-Estar Social.

"Eu acho que um governo melhor melhorava a vida do povo. Eu acho que a mudança vem pelo governo. Eu acho que a pobreza está muito abandonada pelo Estado. Os dias passam, os anos passam, e a coisa fica cada vez peor, já tem gente morando embaixo da ponte. Quando eu cheguei aqui, eu tive todo tipo de dificuldades e eu recorri a uma pessoa que muito me ajudou, que eu devo muito a ela e num sei se eu vou poder agradecer o que ela fez por mim até hoje! Se eu preciso, eu corro pra ela. Eu num corro mais com ninguém, é com a Irmã Agostina. Com ela, lutando junto com ela... porque ela num ajuda só eu, ela ajuda outras pessoas também, entendeu? Aqui tem creche, tem escola que ajuda as crianças que estudam em outra escola, tem fábrica de bolsa..." (Maria de Nazaré)

É importante notar que em seis depoimentos (Durval, Wilma, Conceição, Elizabeth, Francisco e Francisca) prevalece uma apreensão da assistência social a partir de ajudas imediatas e compensatórias voltadas ao atendimento emergencial de situações de grande privação, sobretudo material. No entanto, Conceição, Francisco e Francisca participam ativamente de programas assistenciais de natureza mais abrangente traduzidos em serviços comunitários, socioeducativos e voltados à melhoria das condições de vida urbana. Ações que fazem parte do processo assistencial de destinação de bens e de prestação de serviços às classes subalternizadas da sociedade. Estes trabalhos que desenvolvem na comunidade, como o de Conceição na Padaria Comunitária e em grupos da comunidade da favela, o de Francisco na Associação de Moradores e na reurbanização da favela e o de Francisca na creche, nos grupos de mães e em outros grupos de moradores da favela, não são vistos por eles dentro de uma ação assistencial abrangente do Estado, mas são percebidos apenas como fruto de suas conquistas e dos confrontos com o Estado.

É na experiência de Nazaré, que traz ao longo de toda sua narrativa a luta e a força dos excluídos e subalternizados para alcançar suas reivindicações, que aparece uma visão mais ampla da assistência social. Sua apreensão acerca da assistência de um lado é crítica, fundada na denúncia de seu caráter ilusório e de seu uso clientelista, e de outro apresenta uma concepção ampliada de suas tarefas e possibilidades.

Assim, constata, por exemplo, o uso político do Programa Nacional do Leite:

> "(...) veja por exemplo o tiquet do leite. Muita gente fica iludido com esse negócio do tiquet. Que é uma ajuda! é uma ajuda! Mas que no fundo não é nada de ajuda! É um jeito de iludi o pessoal; iludi o povo, o povo acredita e vota em candidatos que não levam a mudança alguma, que não levam a nada né?..."

E, ao mesmo tempo, percebe a importância da assistência como suporte às lutas desenvolvidas pelos subalternos:

"Aqui tem assim assistência por conta do mutirão que é da Prefeitura: tem arquiteto, tem engenheira e assistente social. Eu acho que eles tão muito empenhados nisso, sabe? tão muito interessados na urbanização. Inclusive a nossa tá sendo uma das primeiras a ser urbanizadas. Tá no primeiro plano!... Temos também outros programas de assistência aqui, os trabalhos da Irmã com a ajuda da Prefeitura (...). E elas (refere-se às assistentes sociais) lutaram muito, mas muito mesmo, pra conseguir tudo isso! É. Praticamente todas as semanas elas estão aqui pra reunir o povo. Reunindo o povo e discutindo junto com o povo. Eu acho que agora vai." (Maria de Nazaré)

Sobre essas lutas ainda comenta:

"(...) eu consegui um barraquinho, né? E aí eu estou nele até hoje. Hoje já é outro barraco. Aqui mesmo. A Prefeitura que me deu. Mas isso com muita luta, mas luta mesmo! Porque desde que eu cheguei aqui que luto junto com o pessoal. Já é uma luta de 13 anos...

Acredito que há possibilidade de mudanças que vêm do governo e da organização do povo, porque se o povo se organiza a gente consegue. Por exemplo, com a Prefeitura, se a gente se organiza a gente consegue... e elas (refere-se às assistentes sociais) apoiam nossas lutas.

É uma relação: povo governo. Porque se a gente não tem a ajuda do governo, a gente se organiza de outra forma. Por exemplo, outro dia a gente precisava de ir a um congresso do MOVA (Movimento de Alfabetização de Jovens e Adultos) e a gente não tinha dinheiro pro ônibus. A gente já se organizô, já feiz feijoada e já conseguiu o dinheiro, entendeu? Foi muito bonito o Congresso! Eu participei. Foi um sucesso. Foi o primeiro Congresso. Foi aqui na Av. Paulista. E, é dessa forma que a comunidade vai se unindo e isso aí tudo é coisas boas que acontecem na vida da gente." (Maria de Nazaré)

CLASSES SUBALTERNAS E ASSISTÊNCIA SOCIAL

Sua fala é permeada pela resistência e pela esperança. Nazaré é muito conhecida e respeitada por sua militância política e por seu interesse nas lutas comuns dos moradores da favela. Em seu discurso, particularmente dois pontos merecem atenção: o primeiro é a vinculação entre a expansão dos serviços e recursos sociais à população de baixa renda e a organização popular. O segundo é a percepção de que nos programas assistenciais tanto encontramos usos clientelistas como possibilidades efetivas de apoio às "lutas do povo".

O assistencial se expressa, aqui, em sua contraditoriedade fundamental: mecanismo de regulação, atendimento ilusório, e ao mesmo tempo espaço de reconhecimento e apoio aos projetos da própria população. Para Nazaré, é assistência tanto o tíquete do leite (em que não confia), como é assistência o trabalho de apoio à organização e às lutas dos subalternos. A perspectiva de organização e de participação dos usuários nos programas e serviços sociais públicos coloca a questão em outro plano e relaciona-a a outras conquistas dos que lutam por uma cidadania social.

É importante lembrar que a heterogeneidade de experiências vividas pelos narradores desta pesquisa, e as extremas condições de pobreza vivenciadas por alguns deles, em certos momentos, condicionam sua visão dos programas. Assim, por exemplo, para Elizabeth, diversamente de Maria de Nazaré, o leite recebido através dos tíquetes foi vital para a alimentação de seus filhos:

> "Esse daí tem 5 anos e adora um leite. Antes eu tava recebendo tiquet. Agora cortaram. Então, ficou difícil até pra ele tomá o leite dele porque num dá pra segurá o mês todo o leite. Então tem dias que ele fica sem. Como hoje, talvez seja um dia desses. Ele (o companheiro) ficou de arrumá o dinheiro pra poder comprá o leite dele. As vez essas crianças passa a semana todinha sem vê um pão." (Elizabeth)

Em momentos em que a luta para sobreviver toma feições dramáticas, são deixados de lado os questionamentos políticos acerca dos programas assistenciais, de seu uso no campo do clientelismo e de sua pouca efetividade. Questionamentos, que não encontramos no relato da trajetória de vida de Elizabeth, em que a pobreza, a exclusão e a subalternização em circunstâncias extremas contribuem para que apresente um perfil alienado e a levam a assumir a posição de um objeto, que cumpre os desígnios de um "destino" de sofrimento.

3.2 A condição de assistido: a relação com o assistente social

A condição de usuário de programas assistenciais é marcada por um conjunto de estigmas. São marcas que desqualificam, submetem e configuram uma imagem fragmentada da "clientela" perante as práticas institucionais. Como já vimos, as instituições que atuam na área apresentam-se como benevolentes, assistenciais, promocionais ou de bem-estar social, colocando um conjunto de requisitos e exigências para a obtenção do benefício ou da ajuda que oferecem. Muitas vezes exigem "disciplinamento, obediência aos rituais, resignação e conformismo" às suas determinações. A "clientela" deve ser "orientada e assistida para qualquer desempenho dentro e fora da instituição... A imagem ideal da clientela para a instituição é ser cordata, conformada, submissa, desempenhar o papel que lhe é atribuído: necessitada" (Santos, A. G., 1980, p. 119).

O caráter discriminativo que, via de regra, permeia as intervenções assistenciais marcadas pela "seleção" dos mais "necessitados" acaba por submeter vontades e condutas. Trata-se de uma submissão construída a partir de uma cadeia de necessidades e humilhações (Mello, 1988). Trata-se de um processo que desnuda o "assistido" perante a instituição, muitas vezes desqualifica-o diante de si mesmo e oferece-lhe respostas provisórias e emergenciais.

Separar os mais necessitados, selecionar o grau de carência da demanda para incluí-la ou excluí-la dos recursos e serviços dos programas sociais, vem se constituindo em uma das atribuições historicamente persistentes dos assistentes sociais. "O assistente social é o profissional legitimado para atribuir o grau de carência do candidato a usuário e o Serviço Social é a tecnologia que dá conta da racionalidade desse processo" (Sposati, *et alii*, 1985, p. 30). Processo que instala "clientelas" elegíveis para as quais se garante apenas e precariamente, em caráter muitas vezes complementar, o direito à sobrevivência. Processo cujo efeito social e político "encobre a relação de direito pela de subordinação".

Diretamente inserido, pois, na prestação de serviços assistenciais, desenvolvendo aí sua prática profissional, está o assistente social. A assistência tem-se configurado em mediação fundamental para o exercício profissional do Serviço Social.

Em todas as narrativas que ouvimos, o assistente social é o intermediador direto tanto no atendimento concreto às necessidades apresentadas, como responde pelo componente socioeducativo que permeia a produção dos serviços assistenciais. O assistente social, embora desenvolva sua prática nas diversas políticas sociais, ao lado de outros profissionais, encontra nas políticas específicas de assistência suas demandas mais expressivas. Além de agente privilegiado na operação de programas assistenciais, o assistente social é o profissional demandado para dar conta do mecanismo assistencial que permeia as políticas de corte social, fazendo frente a uma diversificada demanda de ações assistenciais, em geral na condição de técnico subalterno.[16] "O fato

---

16. Analisando a prática profissional do assistente social sob a ótica da subalternidade, Almeida, B. (1990) vai constatar a "existência de uma prática subalterna ainda desenvolvida pela maioria dos profissionais de Serviço Social", embora observe o

de ter operado durante anos seguidos com uma identidade atribuída pelo capitalismo (...) marcou historicamente o Serviço Social como uma profissão complementar, a serviço de terceiros, representando permanentemente formas mistificadas de repressão e controle" (Martinelli, 1988, p. 240).

A dependência dos assistentes sociais dos interesses das instâncias mandatárias da sociedade situa-os, pois, no conjunto dos mecanismos constitutivos de um projeto de controle social a partir de bases políticas e sociais definidas. Examinando o exercício profissional, a autoridade delegada, o mandato não inteiramente definido, o mercado de trabalho pouco estruturado e a violência simbólica[17] que marca a intervenção profissional dos assistentes sociais, Verdès-Leroux (1986) desenvolve a análise do equipamento ideológico destes profissionais que apresenta como agentes

---

esforço de "uma nova prática de superação da subalternidade fruto do esforço de uma minoria". Para a autora, essa prática subalterna se explica na formação histórico-social da sociedade brasileira em que a subalternidade da população "é assegurada não só através do discurso competente do Estado, como também pelas condições de empobrecimento dessa população que, para garantir a sua sobrevivência, se sujeita à prática subalternizante".

17. Concepção desenvolvida por Bourdieu, que afirma que o mundo social pode ser apreendido e expresso de múltiplas maneiras e resulta de uma dupla estruturação objetiva e subjetiva. Para ele, relações objetivas se reproduzem no plano simbólico e entre agentes equipados socialmente e materialmente de modo desigual. Assim, às relações objetivas de poder correspondem relações de poder simbólico e lutas simbólicas acerca da percepção do mundo. Neste sentido, "o mundo social apresenta-se, objetivamente, como um sistema simbólico que é organizado segundo a lógica da diferença, do desvio diferencial. O espaço social tende a funcionar como um espaço simbólico, um espaço de estilos de vida e de grupos de estatuto, caracterizados por diferentes estilos de vida" (Bourdieu, 1990, p. 160). E, embora o fundamento da desigualdade não se encontre na detenção de um poder simbólico (poder de impor uma perspectiva favorável a seus projetos), este a expressa e consolida.

Nas lutas pela produção de visões organizadoras do mundo social, o poder simbólico, enquanto "nominação oficial", impõe-se pela violência simbólica do Estado e de seus mandatários. Desse modo, os mandatários do Estado são depositários de um mandato para produzir e impor pontos de vista.

especializados voltados a objetivos e práticas de natureza ideológica na perspectiva do enquadramento "suave" dos dominados.

Nos depoimentos dos usuários interpenetram-se a assistência e o assistente social. Ele é um mediador na relação usuário-instituição, usuário-programa, numa dinâmica contraditória em que, cumprindo objetivos previstos no âmbito institucional, vem buscando a identificação com os interesses das classes subalternizadas com que trabalha.[18]

> "Eu precisei de ajuda e fui na Assistência Social da Prefeitura. Eu contei minha situação. Contei. Aí, elas vinheram aqui. Vinheram muitas vezes. (refere-se às assistentes sociais da SEBES) Elas vem, me dão uns trocado, uns mil cruzeiros elas me deram..." (Durval)

> "Aí, eu vim no Serviço Social falá com a Tina. (assistente social do Hospital das Clínicas) Ela me orientou. Ela me ajuda. Ela me dá o dinheiro da passagem. Ela sabe das minhas coisas." (Durval)

> "A Assistência Social, elas me ajudaram seis meses. Elas davam mantimento..." (Conceição)

> "(...) eles me encaminharam pra LBA onde eu consegui as lentes dos óculos, medicamentos pra mim, pra minha mãe e lá também eu encontrei o apoio de um grande assistente social. Nossa, mas eu nunca vi um assistente impressionante como aquele, eu nunca tinha encontrado alguém com tanta firmeza e que tenha me dado tanto apoio." (Wilma)

---

18. Analisando o assistente social como profissional intermediário nas relações entre instituição e usuários, Iamamoto (1982) mostra-o como "um articulador da população aos órgãos em que trabalha", sendo este o âmbito em que o profissional desempenha suas funções tipicamente intelectuais (conforme o pensamento de Gramsci). Tendo acesso à quase totalidade das esferas da vida cotidiana dos trabalhadores, desenvolve junto a eles uma ação de cunho "educativo", "organizativo", "moralizador" e "disciplinador", o que o configura, segundo a autora, "como o profissional da coerção e do consenso".

Na construção de suas relações com o assistencial, compondo o aprendizado da subalternidade, os usuários de serviços de assistência aprendem a se relacionar com as instituições e com seus quadros profissionais, particularmente com os assistentes sociais, entendendo suas proposições e limitações.

Muitas vezes, fazem uma distinção entre a assistência que é a esmola, o paliativo, e o assistente social que oferece o suporte, o apoio para o enfrentamento das situações adversas que vivenciam, individual e coletivamente. Tal é por exemplo a visão de Francisca, que considera a assistência "uma esmola".

"As assistentes sociais ajudam o povo. Elas vem até aqui. A gente faz reunião, faz assembleia que é pra discuti os assuntos aqui da favela que tem que melhorá. Elas são ótimas, muito interessadas. Elas estão se esforçando muito por nós. Elas vem aqui, discutem os assuntos, prestam atenção no que a gente fala..." (Francisca)

Nazaré, em depoimento já citado, nos afirma sobre as assistentes sociais:

"(...) E elas lutaram muito, mas muito mesmo pra conseguir tudo isso! Praticamente todas as semanas elas estão aqui pra reunir o povo. Reunindo o povo e discutindo junto com o povo. Eu acho que agora vai."

Wilma avalia as inúmeras vinculações e passagens por serviços assistenciais marcando suas diferenças e o resultado de suas intervenções em sua vida, sobretudo a partir de seu relacionamento com os assistentes sociais e com outros profissionais. Desse modo é que ressalta os aspectos positivos e negativos dos serviços recebidos quer do ponto de vista do apoio material quer do afetivo e emocional.

"(...) eles não se preocuparam com o fato de eu ser excepcional, eles se preocuparam com o fato de me dar uma oportunidade. Isso foi importante, porque a partir do momento que eu tive essa oportunidade eu soube lutar! (refere-se à Escola de Primeiro Grau onde estudou)

(...) com relação ao Serviço Social de Mauá eles acho que só num faz mais devido ao recurso socioeconômico do país mesmo. Mas independente disso os assistentes sociais me deram sempre uma boa assistência, né? Me deram uma chance de opção: ou o Hospital das Clínicas ou a Associação de Assistência à Criança Defeituosa. Aí eu preferi o Hospital das Clínicas, né? Eu estou sempre participando de lá: eles me fornecem transporte de ambulância pra minha remoção e eles me fornecem cota alimentar e mais outros serviços.

"(...) aqui, eu num tenho palavras suficientes pra descrever o que eles são pra mim. Eu me sinto muito bem... No momento a única coisa de que eu gosto na minha vida é de vir aqui. (refere-se ao Hospital das Clínicas) O resto... Aliás, eu falo assim que aqui é minha casa! Porque aqui... eu não tenho palavras suficientes para descrever o que eles são para mim. Os médicos, os assistentes sociais, os psicólogos. Eu me sinto muito bem. Aliás, aqui eu tenho firmeza. Eu quero conversar com uma pessoa que eu possa conversar e sentir firmeza. E, aqui eu sinto. Porque não adianta nada eu conversar com uma pessoa e a pessoa só criticar e não procurar mostrar pra mim onde está o erro... Inclusive, eu enviei uma carta ao Palácio do Planalto dando conta da minha satisfação quanto ao tratamento aqui no Hospital. (refere-se ao tratamento médico e psicossocial) Aí eles enviaram para a administração do Hospital e o Hospital me mandou uma carta dando conta que tinha tido conhecimento disso, me agradecendo e eu achei importante isso!

"(...) bom, eu podia chegar na LBA e não encontrar absolutamente nada à minha disposição. Só o apoio que eu sempre encontrei dele (refere-se ao assistente social que a atendia) pra mim já foi o bastante, se eu num conseguisse nada. (...) eu já tinha o que precisava (...) eu nunca tinha encontrado um assistente social tão legal igual aquele em minha vida. Nele eu senti firmeza, apoio... A segurança é muito importante pra mim.

"(...) eu sempre fui uma pessoa carente de apoio afetivo, emocional e, eu nunca tive isso desse serviço social. E isso me deprime mais ainda. Até hoje eu não tenho capacidade de chegar naquele serviço social pra me sentir bem. Embora eles me prestem muitos serviços, não me apoiam nem me fazem sentir bem" (refere-se a um serviço social de Mauá). (Wilma)

Para Wilma como para Durval, os serviços assistenciais são importantes, não apenas porque atendem suas necessidades mais imediatas, mas porque configuram-se espaços de reconhecimento e de apoio.

Apesar da pouca efetividade que se constata[19] nas ações de enfrentamento à pobreza e do caráter compensatório dessas diante das demandas das classes subalternas, os serviços assistenciais são muitas vezes um espaço de reconhecimento de seus usuários na sociedade. Reconhecimento que, contraditoriamente, revela o lugar social dos que se situam na sociedade exatamente por sua exclusão e subalternidade.

Os sinais desse lugar social estão em toda parte, no seu dia a dia, como também estão os sinais da sua resistência e luta. Presentes na trama das relações sociais, por seu "desamparo", suas carências, sua necessidade de ser assistido e suas formas de resistência, constroem, nesta tensão entre a exclusão e a luta pela vida, uma representação de si mesmos marcada pela condição subal-

---

19. Ver a esse propósito o trabalho de Sposati e Falcão (1989) que realiza uma análise da identidade e da efetividade das ações da LBA no enfrentamento da pobreza brasileira.

CLASSES SUBALTERNAS E ASSISTÊNCIA SOCIAL

terna[20], mas também pelo enfrentamento da subalternidade e pela busca de um protagonismo.

3.3 Assistência e subalternidade

Múltiplas vezes ao longo dessas reflexões observamos que a pobreza não se restringe à dimensão material da existência humana, penetrando perversamente na vida espiritual dos que a vivem. Observamos que, na sociedade capitalista, os segmentos subalternizados e excluídos são privados não apenas do consumo de mercadorias e da riqueza social, mas também muitas vezes do conhecimento necessário para compreender a sociedade em que vivem e as circunstâncias em que se encontram.

No pequeno grupo que conhecemos mais de perto, apenas Maria de Nazaré evidencia uma compreensão mais aprofundada de sua condição e da realidade social em que vive. Sua narrativa não apenas denuncia as precárias condições de vida de extensas parcelas da população, como mostra algumas reações a essas condições, num processo em que vai-se tecendo sua consciência e sua ação. Consciência que vai se transformando, ao longo desse processo, tornando-se social e política, à medida que Nazaré se insere em movimentos que colocam como alvo melhores condições de vida para as classes subalternizadas.

As narrativas das experiências de Conceição, Francisco e Francisca revelam, em diferentes níveis, uma consciência social das desigualdades que constituem a trama social de suas vidas,

---

20. Esta condição (de subalterno) e as estratégias para enfrentá-la se explicam e se modificam no movimento do real. A identidade é categoria histórica e se constitui como produto de um permanente processo de identificação. Esse processo, como mostra Ciampa (1990), é constituído de metamorfoses: expressão da unidade da subjetividade e da objetividade.

porém, em seu conjunto, acabam por expressar o desencontro entre situações vividas e a crítica social que desenvolvem. Nas representações de Durval, Wilma e Elizabeth, esse desencontro é maior ainda: a alienação leva-os a não se perceberem como sujeitos, e a se localizarem na vida social apenas pela condição de "necessitados". Identidade atribuída, máscara de sua subalternização e dependência, expressa no papel que lhes sobrou: serem "assistidos".

Estabelecer a relação entre a condição subalterna expressa no papel de "assistido" e as ações assistenciais não é tarefa simples. Partimos do pressuposto de que os assistidos são a "matéria-prima" das ações assistenciais e do trabalho dos assistentes sociais, entre outros profissionais e, cabe-lhes, para assumir sua condição, situar-se no âmbito do saber e do poder técnico-científico especializado que reconhece suas necessidades. Nesse sentido, devem submeter-se, em geral, ao ordenamento das operações institucionais, sejam elas de natureza disciplinadora ou voltadas à sua orientação e formação. Este processo produz, muitas vezes, a desqualificação dos usuários que aparecem como necessitados, submetidos moralmente, despidos de direitos e objeto da benevolência estatal.[21]

---

21. Analisando depoimentos de mulheres trabalhadoras (empregadas domésticas) acerca de seu cotidiano de trabalho e luta pela sobrevivência, Sylvia Leser de Mello entende que, em sua pesquisa, caminhou "pelas sendas da submissão, que é a herança incontestável das narradoras. O corpo dócil às injunções do trabalho, o corpo dócil ao destino da maternidade, que se renova a cada ano, o corpo dócil ao desconforto da moradia acanhada e insalubre, o corpo dócil ao desconforto da moradia acanhada e insalubre, o corpo dócil à espera, em longas filas, para receber os benefícios — uma consulta no INPS, um saco de leite em pó, alguns víveres, um lugar no ônibus para ir ou voltar do trabalho, para receber o salário, para obter um documento, para conseguir um emprego, reivindicar um direito —, a docilidade do corpo traz a marca da submissão. A violência que o atinge, o esgotamento, o cansaço, a dor, são recolhidos pelos sentidos e pela inteligência, transmutando-se em submissão da vontade e numa relação obediente às circunstâncias que dominam a vida. Não se ouve a voz da revolta, não há gritos ou ranger de dentes: elas tocam a vida, levam a vida e as mais firmes enfrentam a vida" (Mello, 1988, p. 181-182).

CLASSES SUBALTERNAS E ASSISTÊNCIA SOCIAL

Esta modalidade de vinculação entre o assistido e as instituições assistenciais tem levado à desagregação e à atomização das demandas que, sobretudo quando tratadas individualmente, não evidenciam o caráter coletivo e de classe dessas demandas. As demandas não politizadas abrem o caminho para a apropriação clientelista no trato da questão social, que vai transformar em relação de favor o que é direito. Processo que não se efetiva sem a resistência, a contestação e a explícita oposição dos subalternizados.

A aparência de concessão, as estratégias meritocráticas e discriminatórias que perpassam a definição das demandas das ações assistenciais, aliadas às representações dos usuários desses serviços acerca de sua incapacidade e desamparo para prover os recursos de que precisa, situam os assistidos no "campo do não direito ou de uma forma peculiar e distinta de constituição dos direitos sociais", e a assistência social, como distribuidora de serviços para os "necessitados sociais" ... "Sua demanda seria a dos menos cidadãos e suas ações tenderiam a recriar desigualdades, ao invés de diminuí-las" (Sposati, 1989, p. 11-12). Diríamos mais: nestas circunstâncias, *a mediação do assistencial acaba por constituir-se em reiteração da condição subalterna*.

Neste sentido, a assistência desenvolve funções adaptadoras de seus usuários à sociedade em que vivem. Essas funções podem ser narcotizantes e recriadoras do processo de subalternização e alienação a que são submetidas as classes subalternas. Não nos referimos aqui apenas à cisão entre o homem e seu trabalho, mas à alienação do homem de si mesmo e aos mecanismos ideológicos que mantêm essa alienação. Alienação que torna os indivíduos meros cumpridores de desígnios que não foram por eles traçados.

A alienação aparece aqui introjetada na vivência da subalternidade de um contingente de reconhecidos pela ausência, pela carência. Como mostra Sawaia: "a miséria desumaniza mais que o trabalho alienado. Ela mina a dignidade, reforça a servidão, distancia mais a mente do corpo, o pensar do fazer, como um recurso psicológico para evitar o sofrimento. A consciência, comprimida pela angústia, não tem possibilidade de se ocupar com mais nada" (Sawaia, 1987, p. 131). E é nessa luta de cada dia dos subalternizados para sobreviver que a busca de serviços e recursos no campo assistencial se explica do ponto de vista dos subalternos.

Isso porque, contraditoriamente, a política social e assistencial, apesar de sua funcionalidade aos interesses das classes dominantes, atende às demandas das classes subalternas, possibilitando-lhes o acesso a serviços e recursos ofertados direta ou indiretamente pelo Estado.

A assistência constitui espaço público de reconhecimento, e forma de pertencimento social dos subalternos, enquanto significa uma instância em que seus interesses e projetos são reconhecidos como demandas legítimas (cf. Telles, 1990). E, mais do que isso, pode ser um espaço de contribuição à ruptura com a subalternidade em que vivem.

Observa-se, inicialmente, acerca desse pertencimento, sua manifestação no plano da relação pessoal com o assistente social ou outro profissional. Relação que supre carências reais no plano material e afetivo. Relação que pode ser "amortecedora" de tensões, mas que comporta uma dimensão mais complexa de análise. Os que buscam assistência são, inúmeras vezes, indivíduos a quem foi negada a dimensão de sujeito, porque não podem construir a própria vida como desejam. Recriam então a sua subjetividade na dimensão do afeto; se colocam como sujeitos de necessidades afetivas, e, nesse plano, operam com uma dimensão diminuta, mas significativa da liberdade interna, da subjetividade.

Quando Durval revela que a assistente social o escuta e orienta, ou quando Wilma busca a firmeza e o apoio que lhe parecem em certos momentos mais importantes do que a ajuda material, expressam essa dimensão. Gostar ou não gostar, interagir ou recusar, reclamar ou não reclamar. É um exercício de subjetivação, minúsculo, para aqueles que foram coisificados, transformados em subcidadãos (mesmo quando abstratamente os chamamos de cidadãos). Mesmo assim, buscam se afirmar, ao menos como pessoas. Esta é uma de suas formas de resistência.

Em termos mais gerais, seria a dimensão da *subjetividade* versus *a razão instrumental do Estado* e das instituições (Sposito, 1992). Essa é a dimensão de enfrentamento mais primária retratada por Durval, Wilma e Elizabeth.

A outra é a descoberta do *nós* e a inserção em lutas sociais mais amplas na vizinhança, no movimento social, no partido, protagonizadas por Conceição, Francisco, Francisca e Nazaré. No bairro, na vizinhança, mais do que organizados e reivindicativos, eles se sentem inteiros, não há a *fragmentação* da identidade subalterna que a instituição propõe: doente, deficiente, faminto, desabrigado etc. A organização, para eles, passa pelo trabalho na comunidade, pelas "coisas da vida", pelo partido, pela festa, entre tantos outros caminhos. Muitos deles construídos a partir de programas assistenciais.

> "(...) e nossa comunidade é a João XXIII. Essa comunidade aqui é pra erguer a favela. A gente faz reunião, quando é tempo de caminhada, a caminhada sai daqui da favela. Eu estou aqui desde o começo ajudei a começar a comunidade. (...) Foi em 79 que começou. A gente já fez e faz muita coisa. Escola, Mobral, trabalho com as mães, agora é a Padaria. Todo mundo gosta do nosso pão. E, a gente ainda faz reunião aqui. Reunião das coisas da vida da gente, de nossas famílias, de nossa favela, dos problema dos pobres como nós. Outras vezes, a reunião é com outras comunidades. É uma beleza!" (Conceição)

> "A maioria aqui é do PT. Eu sou filiada. Gosto bastante porque a gente se organiza para a luta. No partido eu conheci muitas pessoas que, já antes do que eu, querem mudar as coisas..." (Nazaré)

"Pela creche e pelos outros serviços sociais a gente se organiza também, sempre. A gente promove bingos, a gente promove reuniões, festinhas, essas coisas assim. Sabe? Se a gente quer um dinheirinho extra pra alguma coisa, a gente já faz uma feijoada, uma festinha ou outra coisa parecida pra fortalecer nosso trabalho." (Nazaré)

Na organização, emerge um conhecimento mais crítico e articulador do mosaico de carências que vivenciam. A privação de direitos se revela vinculada a um lugar social. E *a mediação do assistencial pode ser apoio ao enfrentamento da condição subalterna.*

A partir desse entendimento contraditório das ações assistenciais, quer como intervenção paliativa e reguladora do processo de reprodução social das classes subalternizadas e excluídas, quer como resposta às suas legítimas reivindicações e direitos, é possível constatar nas histórias de vida que realizamos a interpenetração desses aspectos contraditórios. Concretamente, não se encontram separados, demarcados. O que se observa é uma simultaneidade de representações das ações assistenciais para esses usuários. Todos partem da forma aparente das ações assistenciais. Para eles, assistência é *ajuda: paliativa e ilusória*, em situações onde se evidencia que as saídas para a situação de pobreza extrema passam por outros caminhos e por melhores condições de trabalho e emprego; *concreta*, apesar de insuficiente, quando no bojo das estratégias de sobrevivência. A assistência é também *apoio à sua organização enquanto sujeitos* quando no contexto das lutas sociais. Finalmente, a assistência, enquanto caminho de resolução de dificuldades concretamente vividas, expressa a inacessibilidade de seus usuários aos recursos e à riqueza socialmente produzida.

Seria porém um equívoco considerar que se trata de um caminho sem rupturas ou resistências. Resistência visível ou não, silenciosa e ambígua muitas vezes, no entanto, movimento de recusa e contestação de um lugar não escolhido. Vemos delinear-se a recusa como processo, no exercício de sua subjetividade, no cotidiano das lutas do bairro, nas práticas das comunidades eclesiais e em outras estratégias e projetos dos subalternizados. No enfrentamento das lutas e adversidades do cotidiano, vê-se o pedido aos santos de que a vida não seja tão dura como é.

> "Eu fui conhecendo melhor as pessoas que participam, que lutam antes, bem antes do que eu. Eu acho que é uma maravilha os caminhos das pessoas que se organizam pra um objetivo... Ficá calado, sofrendo calado num resolve. A gente tem que gritá e espernear e fazê o que tem que fazê." (Maria de Nazaré)

> "Acho que a reza tem força porque tava quase parada a urbanização daqui. E com tudo que a gente reza e pede a Deus tá abrindo o coração dos vereador que tava querendo num deixá a Prefeita assiná o direito do uso da terra. Eles eram contra e de tanto a gente rezá, pedi a Deus e a Nossa Senhora a favela agora tá sendo urbanizada." (Francisca)

> "A gente vivê só pisada num dá. A gente tem que reagi. A comunidade faz muita coisa. Agora é a Padaria, né? A gente qué vê se faz mais. Precisa fazê mais..." (Conceição)

Capítulo IV

Uma imensa fratura: a assistência e o enfrentamento da pobreza

A questão da assistência, tema de estudos e pesquisas recentes no serviço social, desenha-se ao término desta pesquisa em um quadro permeado por contradições. Situada no conjunto de mecanismos destinados a atenuar os impactos perversos do capitalismo para a grande maioria da população brasileira, sequer vem cumprindo, de forma efetiva, este papel estratégico na reprodução social das classes subalternas. Como o conjunto das políticas sociais implementadas nas últimas décadas, muito pouco tem contribuído para amenizar as condições de pobreza da população brasileira. Ao contrário, as carências se acumulam e se sobrepõem numa espiral crescente, desafiando possíveis soluções. Limites de ordem estrutural como a falta de emprego e a má distribuição de renda, ao lado de um padrão de intervenção no campo social caracterizado pela baixa efetividade, são responsáveis pelos resultados insatisfatórios da política social brasileira. Sem ultrapassar estes limites, esperar que das políticas sociais e assistenciais, e apenas delas, resultem melhorias no bem-estar social das classes subalternizadas é ilusório e ineficaz (Faria, 1991). Como constatamos em estudos e pesquisas recentes, o agravamento da desigualdade social vem pesando duramente sobre a sociedade que vê seu tecido social desagregar-se sem perspectivas imediatas de recomposição. Neste contexto, programas socioassistenciais vêm se revelando inócuos e têm pequeno destaque nas intervenções governamentais, prestando-se mais ao clientelismo utilitário e à absorção de tensões do que ao enfrentamento efetivo da pobreza. Por outro lado, a cultura assistencialista e tuteladora que permeia as ações assistenciais não tem favorecido o protagonismo dos subalternos ou sua emancipação. No entanto, criar condições para que os subalternizados caminhem na direção de sua constituição como sujeitos é parte das tarefas socioeducativas e políticas de uma assistência social que não sirva à reiteração da subalternidade de seus usuários.

Nesse trabalho, se alternaram, por um lado, a dinâmica instituinte das políticas sociais e assistenciais engendradas pelo Estado em sua tarefa reguladora e, por outro, as representações dos assistidos sobre as condições em que vivem e sobre a assistência que recebem. A opção por esta forma de abordagem enfrentou o desafio de refletir sobre as políticas assistenciais e seus usuários, privilegiando sua apreensão pelos assistidos, sem contudo perder de vista as determinações mais gerais do contexto social, político e econômico no qual se localizam.

Refletir acerca do papel do Estado ante os setores excluídos foi a tarefa primeira. A partir de uma apreensão do caráter regulador e casuístico da intervenção estatal no campo da política social, buscou-se explicitar os limites dessa regulação caso a caso, quando defrontada com uma realidade complexa e prenhe de graves questões no que se refere à reprodução social da maioria da população brasileira. O exame do desempenho das políticas sociais brasileiras, a partir da literatura especializada, revelou um complexo aparato estatal fragmentado numa multiplicação insana de programas e ações pontuais, de alto custo, de caráter discriminatório e que não se traduzem em um atendimento efetivo ao grande contingente populacional empobrecido usuário das políticas sociais públicas. Essas características, que permeiam as intervenções governamentais no campo social, têm na assistência social uma situação exemplar. Entendemos que a assistência social historicamente vem ocupando uma posição secundária e marginal no conjunto das políticas públicas e por consequência suas ações têm sido tangenciais às demais políticas sociais, compensando ou complementando a precária intervenção dessas políticas. Apreendida como residual, campo do clientelismo e da ação de primeiras damas, a assistência é regulação casuística por excelência, mas ainda assim é o mecanismo mais significativo na prestação de serviços sociais aos segmentos mais espoliados da sociedade.

Assim, a assistência, enquanto uma estratégia reguladora das condições de reprodução social dos subalternos, é campo concreto de acesso a bens e serviços e expressa por seu caráter contraditório interesses divergentes, podendo constituir-se em espaço de reiteração da subalternidade de seus usuários ou avançar na construção de sua cidadania social. No enfrentamento desta forma humilhante e vergonhosa de pobreza, que é a pobreza de direitos (Martins, 1991), a assistência social pode ser uma forma de reconhecimento e de apoio ao protagonismo e à unificação das lutas das classes subalternas (Gramsci, 1975).

No movimento de resgate das representações dos narradores desta pesquisa, buscamos compreender melhor o lugar social da subalternidade e o significado da assistência na conformação da identidade subalterna. Apesar de enfocada no âmbito da regulação, a assistência não se colocava, ao início da pesquisa, como não se coloca ao seu final, como único caminho para minimizar as tensões de classe e gerar a subordinação dos subalternos. Ela só se explica num conjunto mais amplo e complexo de mecanismos reguladores da questão social. Mesmo porque, diante de questões estruturais, "num sistema de tão brutal espoliação, ela não seria suficiente para reduzir tensões e gerar submissão" (Mello, 1988, p. 145). Mas tem o seu papel: ambíguo, contraditório e recriador da subalternidade, mesmo que a intenção discursiva seja negá-la, e ao mesmo tempo prenhe de possibilidades de favorecer o protagonismo dos subalternos na direção da ruptura com a subalternidade.

As trajetórias de vida de Durval, Wilma, Conceição, Francisco, Francisca e Elizabeth colocam em evidência faces perturbadoras da pobreza brasileira. Os problemas do trabalho, do desemprego, do subemprego, e seus efeitos sociais e morais, a questão da moradia precária e insalubre e das múltiplas carências dos subalternos em nossa sociedade, emergem num quadro de opressão e resistência. Na obscuridade de suas experiências, eles nos revelam seus pontos de vista sobre a vida nos limites da sobrevivência. E aqui está o novo desta pesquisa: *os pobres, os desorganizados, os miseráveis falam, pensam, negam e aceitam sua condição*. Revelam uma dimensão oculta na reprodução da subalternidade: *a resistência*, expressa na luta de cada dia contra a pobreza e a privação que perpassa suas trajetórias. Obviamente, não apenas a privação material. Não pretendemos reduzir o cotidiano desses narradores à sua problemática de subsistência, à esfera econômica, embora o peso da precária situação socioeconômica em que vivem seja decisivo na constituição de suas representações sobre as condições de vida que enfrentam. Suas experiências, indelevelmente marcadas pelas sendas da pobreza, não se revelam como frutos de opções, mas como resultantes de uma modalidade de inserção na vida social. Cada trajetória situa-se na corrente de acontecimentos sociais e históricos que cunharam para esses sujeitos no processo de reprodução das relações sociais um lugar social: lugar definido pela pobreza, subalternidade e exclusão.

Lugar que não escolheram e que indica que "são vítimas, como nós, de processos que não dependem de pessoas" e que nos mostram a verdadeira natureza da sociedade em que vivemos (Martins, 1991, p. 16). Isso não significa que não tenham conhecimento das condições a que estão submetidos na vida social e que não as enfrentem das mais diversas formas.

É em relação a esse lugar que alguns pontos merecem consideração e destaque nestas reflexões finais acerca das trajetórias dos sujeitos da pesquisa. O primeiro deles diz respeito ao trabalho, tema que se revelou com grande força ao longo de todas as narrativas, mesmo nas histórias pessoais de Durval e Wilma, que por condições precárias de saúde apresentam pouquíssimas chances de cumprir um esquema de trabalho regular. Referência simbólica e carregada de valor moral, o trabalho expressa, para eles, a luta por viver com dignidade e reconhecimento. Situação que tantas vezes é rompida por conta de demissões, salários aviltantes e da instabilidade ocupacional dos trabalhadores que entrevistamos e que se caracterizam pelo pertencimento ao mercado informal, ou pela conjugação e/ou alternância de trabalhos por conta própria com o trabalho assalariado. Para aqueles que situam o trabalho como lógica e como ética organizadora de suas vidas e que acabam por ser no mercado "eternos debutantes" com empregos provisórios e desqualificados, "a experiência do trabalho se transforma numa consciência dos limites" (Telles, 1990, p. 41). Experiência marcada por constrangimentos e pelo sofrimento moral de referenciar-se na ética do trabalho, tão presente em nossa sociedade, e não ter trabalho, por recobrir a identidade de trabalhador pela de "assistido" e finalmente por saber-se sobrante e excedente no conjunto dos trabalhadores.

Os narradores desta pesquisa deixam claro (obviamente com ênfases e em circunstâncias diversas) que não querem o direito à assistência (vista por eles como ajuda restrita), querem o direito ao trabalho. A não ser na fala de Wilma, que reivindica a assistência como direito dos portadores de deficiência, sem abrir mão de reivindicar um mercado para eles, não postulam a assistência como direito e a sabem provisória e paliativa em face das circunstâncias em que vivem. Nesta recusa há uma demonstração de resistência ao nivelamento como assistidos, condição plena de estigmas e desqualificações. Esta posição não significa, contudo, que deixem de reivindicar serviços sociais públicos e equipamentos comunitários necessários para o enfrentamento da subcidadania urbana em que vivem.[1] Não significa ainda que possam prescindir da assistência, no conjunto das estratégias que desenvolvem para sobreviver.

A questão da espoliação urbana, expressa particularmente na questão da moradia e no acesso a recursos sociais, constitui outro aspecto importante para a definição das condições de vida e do lugar social dos narradores da pesquisa. É na moradia que vivenciam a sociabilidade privada, carregada de valores e de projetos. Aí são produzidas experiências e são atribuídos significados à vida que transcorre no dia a dia dos subalternos. A partir daí se inserem em redes de sociabilidade que os situam no processo social mais amplo, como, por exemplo, a vizinhança, a Igreja, as associações de bairro e os programas das instituições sociais e assistenciais de que participam.

Como usuários de serviços assistenciais, sofrem as consequências dessa condição, tantas vezes discriminatória, que vai interferir em sua concepção de mundo e em sua luta por preservar

---

1. Programas de assistência que apresentam uma dimensão participativa e comunitária, como é, por exemplo, o caso da Padaria Comunitária da Favela do Jardim do Russo onde Conceição trabalha, não são apreendidos como assistenciais e efetivamente possuem características diversas de outros serviços de assistência em que, por exemplo, predominam os atendimentos emergenciais, não menos necessários à população com problemas de sobrevivência. O que algumas experiências parecem indicar é que, pela via dos programas associativos que permitem o exercício da gestão participativa por parte da população, a assistência social pode ser apoio às lutas cotidianas dos subalternos na direção do enfrentamento de sua subalternização.

uma dignidade sempre ameaçada, particularmente quando, diante dos imperativos da sobrevivência, vêm se desestruturar os precários arranjos que estabeleceram para sobreviver. É o caso por exemplo das situações em que enfrentam a doença, o desemprego e problemas com a moradia. Estigmatizados pelos sinais exteriores de sua condição social vivem em relação à assistência social uma experiência ambígua e muitas vezes constrangedora que se caracteriza pela necessidade de "ter que pedir", sobretudo quando se trata de auxílio material, ainda que rejeitando o fato de ser alvo da "ajuda" assistencial. Em suas autorrepresentações como "assistidos", expressam, de um lado, humilhação e ressentimento por não conseguirem prover por si próprios sua subsistência, e, por outro, revelam uma visão crítica da condição em que vivem e da precariedade e insuficiência das respostas do Estado às suas necessidades e demandas no campo social.

Por um outro lado, a assistência é uma referência e um apoio na ampliação das lutas sociais e políticas dos subalternizados. Pedagogia de reconhecimento, a assistência abre espaços tanto para a dimensão do exercício da subjetividade individual, como para as experiências coletivas. Para o homem coisificado e sujeitado, as possibilidades de determinar-se como sujeito, de decidir, de compreender, de ter consciência, constituem caminhos (ainda que restritos e mesmo diminutos) para experienciar a realização da forma genérica de seu ser. Para este homem ainda, as experiências de solidariedade entre os subalternizados, a construção de valores e de lutas comuns, para modificar suas condições de vida, revelam novas formas de expressão social e politização de seu cotidiano. (A experiência de Nazaré é um rico exemplo nesse sentido.) A assistência pode ser um suporte significativo para essas experiências.

A assistência social, pela mediação de seus programas, pode criar condições efetivas de participação de seus usuários na gestão e controle dos serviços que produz e opera, contribuindo dessa forma para a ruptura da cultura da tutela (Sposati, 1991b) que permeia as ações assistenciais e ao mesmo tempo para a emancipação de seus "assistidos". Efetivamente, a partir de instituições socioassistenciais, sem dúvida, quase que exclusivamente destinadas aos subalternos e excluídos, é possível instaurar e inventar formas de exercício participativo e crítico dos subalternos. Não como em uma ilha, mas em interlocução com outras classes sociais.

O resgate das experiências e representações dos subalternos permite, sob novos ângulos, não apenas entender os usuários dos serviços socioassistenciais e suas estratégias para obter "ajuda" ainda que parcial, mas sobretudo ampliar as interpretações das práticas assistenciais, em geral constituídas por um conjunto de providências que terminam por oferecer um serviço paliativo e fragmentado em face da demanda. A fragmentação das demandas em um mosaico pulverizado de serviços e ações acaba por fragmentar a própria identidade dos usuários e reiterar a baixa efetividade dessas ações.

Essas observações trazem aos conceitos de subalternidade e exclusão uma dimensão de concretude, na qual as condições materiais e objetivas da reprodução social dos subalternos constituem as bases para a produção de experiências diversificadas e plenas de matizes e de sentido. Coloca-se aqui em questão a necessária unidade entre objetividade e subjetividade na compreensão da vida e da cultura dos subalternos.

A análise do processo de reposição / ruptura com a condição subalterna passa assim não apenas pelo enfrentamento das dificuldades materiais objetivas das condições em que vivem os subalternos, mas pelo que pensam e consideram acerca desta realidade que vivenciam. Neste sentido, entendemos que a subalternidade só pode ser abordada como produção histórica, cujo enfrentamento supõe a unificação das classes subalternas na superação do caráter episódico e desagregado de suas lutas a partir de um processo de produção de significados comuns para suas experiências. É a consciência de que o processo espoliativo que vivenciam é comum, tanto do ponto de vista de perdas materiais como culturais, que dá legitimidade e impulsiona as lutas coletivas onde emergem novos sujeitos sociais.

Sabemos que a emergência de sujeitos conscientes e organizados nos segmentos excluídos vem ocorrendo de forma diversificada, sobretudo através de experiências coletivas, que conferem aos subalternos maior unidade e poder de interlocução em suas demandas por melhores condições de vida no espaço urbano. O enfrentamento da subalternidade no campo social e político vem se articulando em torno da consciência acerca do caráter cumulativo e comum do processo de pobreza e exclusão a que são submetidos os subalternos. É na percepção comum de que há "legitimidade na reivindicação por um benefício e que sua negação constitui *injustiça, indignidade, carecimento ou imoralidade*" que avança o processo dinâmico de extensão da cidadania dos subalternos (Kowarick, 1991b, p. 4, grifos do autor). Não a cidadania outorgada no plano jurídico-formal pelos que detêm o poder de dominação na sociedade, mas os direitos conquistados nas lutas sociais onde não se obscurecem os reais interesses em confronto.

Mais do que isso, é neste protesto contra a vida desumanizada de homens reais que questões situadas no plano do dia a dia dos subalternos ganham visibilidade e dimensões políticas. O estatuto político conferido às práticas de resistência das classes subalternas à sua dominação nos revela mais uma vez a diversidade e a riqueza dos espaços onde se constrói a classe. Ampliam-se assim as dimensões politizáveis da vida social, modificando-se a própria noção de política (Paoli e Sader, 1986), o que vai conferir novas possibilidades às ações dos subalternos e de seus aliados no enfrentamento de sua pobreza, exclusão e subalternidade.

No conjunto destas reflexões emerge a necessidade de repensar o serviço social profissional enquanto uma das mediações fundamentais na prestação de serviços assistenciais aos subalternos.

Para que sua crítica acerca da política social e assistencial e de sua própria intervenção não se configure como um discurso genérico e abstrato, sobretudo no que se refere à cidadania dos assistidos, é necessário em primeiro lugar reconhecer seus limites. Ultrapassar as aparências que escamoteiam o fato de que entre as políticas assistenciais e seu objeto há um enorme fosso, que é o próprio caráter estrutural da geração da pobreza, exclusão e subalternidade de seus usuários.

Posfácio

Alguns apontamentos sobre a categoria classes e grupos subalternos de Antonio Gramsci

Alex Fabiano de Toledo[1]

Introdução

É com muita alegria que apresento este texto, fruto da finalização da pesquisa realizada durante o doutorado no Programa de Estudos Pós-Graduados em Serviço Social da Pontifícia

---

1. Graduado em Filosofia pela Faculdade Jesuíta de Filosofia e Teologia-MG (1998). Graduado em Serviço Social pela Faculdades Metropolitanas Unidas — FMU (2015). Mestre (2007) e Doutor (2013) em Serviço Social pela Pontifícia Universidade Católica de São Paulo — PUC-SP. Pós-Doutorado em Serviço Social pela Pontifícia Universidade Católica de São Paulo sob a supervisão da Dra. Maria Carmelita Yazbek. Possui experiência com trabalhos na área social, em especial na Assistência Social, como educador, coordenador de projetos, e assessoria a Políticas Públicas.

Universidade Católica de São Paulo — PUC-SP. O interesse pela questão da subalternidade se deu por ocasião do mestrado apresentado em 2007[2] junto ao mesmo Programa, momento esse em que se deu a aproximação da discussão sobre esse conceito presente no pensamento gramsciano através das referências presentes nesta obra, quando a autora conceitua seu entendimento sobre esse conceito e sobre a categoria classes e grupos subalternos.

O desejo em aprofundar os estudos sobre o pensamento de Antonio Gramsci, e em especial pela discussão sobre a subalternidade, foi tomando corpo e amadurecendo, constituindo-se assim no projeto de estudos para o doutorado prontamente acolhido e incentivado pela professora Carmelita, que não mediu esforços para proporcionar todas as condições para a minha pesquisa, a quem agradeço, imensamente, pelo companheirismo nos momentos de angústia diante do desafio de estudar o pensamento de Gramsci.

O texto que apresento não tem a pretensão de esgotar o assunto, muito menos corrigir qualquer tipo de lacuna, mesmo porque o objetivo da obra que ora comentamos não estava voltado para uma teorização do pensamento de Antonio Gramsci, muito menos desejava teorizar a categoria classes e grupos subalternos. Nesse sentido, a pesquisa que fundamenta este texto visava aprofundar a discussão iniciada pela professora Carmelita em um momento histórico no qual pensamento de Gramsci começava a ser retomado no Brasil após a abertura política (cf. Simionatto, 2011).

Uma das primeiras inquietações durante a pesquisa foi descobrir a diversidade de abordagens e discussões sobre a subalternidade, e que poucas traziam referências mais precisas e possíveis de serem consultadas na obra de Gramsci, dificultando desse

---

2. O título da dissertação apresentada junto ao Programa de Estudos Pós-Graduados em Serviço Social da Pontifícia Universidade Católica de São Paulo, sob a orientação da Professora Doutora Miriam Veras Baptista e tinha o seguinte título: Adolescências e subalternidade: o ato infracional como mediação com o mundo.

modo o estudo a partir das fontes originais do pensamento. Por esse motivo, seguindo as orientações do presidente do Instituto Gramsci de Roma, Giuseppe Vacca, debruçamo-nos sobre o pensamento de Antonio Gramsci partindo do texto *A questão Meridional*, seguido do *Caderno 25*, dos *Cadernos do cárcere* e do verbete classes subalternas da edição Crítica dos Cadernos, da Edição Gerratana. Após essa primeira aproximação, outras frentes de pesquisa foram se abrindo, ao nos aproximarmos da tradição gramsciana e principalmente dos comentadores dessa categoria.

Assim, este texto tem como objetivo socializar os estudos realizados sobre a categoria classes e grupos subalternos, buscando oferecer um itinerário para o estudo dessa categoria, partindo dos *Cadernos do cárcere* e dos comentadores da tradição gramsciana. Desse modo, buscamos apresentar: quem são os subalternos para Gramsci? Qual a importância do *Caderno 25*? Qual a atualidade da categoria classes e grupos subalternos? Quais são os elementos para uma historiografia das classes e grupos subalternos?

Este é um estudo de caráter teórico realizado a partir de pesquisa bibliográfica e documental, através das leituras exploratória, reflexiva, interpretativa e crítica. Foi possível compreender a evolução dessa categoria no pensamento de Antonio Gramsci, já presente indiretamente nos seus escritos chamados políticos (textos do período pré-carcerário) com a discussão sobre a subordinação, os primeiros usos do termo subordinado e subalterno, principalmente fazendo referência à subordinação presente na hierarquia militar, até a utilização do termo classes subalternas e posterior substituição do termo classes por grupos. Desse modo, o texto que ora se apresenta está estruturado em quatro partes, a saber: os subalternos para Gramsci — onde buscamos rastrear o uso do termo classes e grupos subalternos nos *Cadernos do cárcere*; as classes e grupos subalternos à margem da história — onde apresentamos as principais reflexões sobre o Caderno 25; uma categoria gramsciana em construção — na qual buscamos compreender a origem da utilização do conceito de subalternidade e de classes subalternas e abordamos as principais polêmicas que giram em torno do tema; alguns elementos para uma historiografia das classes e grupos subalternos, em que refletimos sobre o interesse de Gramsci por essa categoria e as implicações políticas de seu uso; e por fim, apresentamos as considerações finais.

Compreendemos que o interesse de Gramsci sobre a categoria das classes e grupos subalternos está ligado à criação de uma metodologia de historiografia dessas classes e grupos, para a elaboração de sua história e construção da estratégia política e revolucionária de superação da subalternidade. Tal resultado sugere a importância em distinguir os termos subalternos, subalternidade e a categoria gramsciana classes e grupos subalternos, bem como os vários níveis de subalternidade.

Propomos o aprofundamento e a politização do uso dessa categoria articulado à unidade das elaborações, no que se refere à superação da subalternidade e da fidelidade ao pensamento revolucionário de Antonio Gramsci. Daí ser imprescindível a apreensão da historicidade da categoria classes e grupos subalternos enquanto categoria política nos marcos da tradição marxista de transformação da sociedade capitalista.

1. Os subalternos para Gramsci

O uso da categoria classes e grupos subalternos por Gramsci envolve certa polêmica que gira em torno da questão da censura carcerária à qual estava submetido. Em duas entrevistas, Spivak, do *Subaltern Studies*,[3] afirma que Gramsci usou o termo subalterno

---

3. O *Subaltern Studies* constitui-se em um coletivo de intelectuais indianos ligados à Universidade de Deli, nascido nos anos 1980 em torno do economista Ranajit Guha,

nos *Cadernos* como sinônimo de proletariado, para driblar a censura carcerária (Spivak apud Green, 2007). Tal afirmação é refutada por estudiosos gramscianos como Green (2007) e Mondonesi (2010), que observam a presença e utilização dessa categoria em muitos outros contextos históricos e também por Gramsci utilizar a noção de classe proletária em outras notas dos Cadernos.

Ao longo dos *Cadernos do cárcere* encontraremos a utilização do termo subalterno de vários modos. No primeiro uso do termo subalterno, Gramsci chama a atenção para a diversidade e a heterogeneidade dos subalternos; no *Caderno 25*, o uso está relacionado à desagregação e marginalização desses grupos, fazendo referência ao proletariado industrial, aos camponeses, aos grupos religiosos, às mulheres, aos escravos na antiguidade, ao povo e também à burguesia. Gramsci, do mesmo modo, utilizará nos *Cadernos* o termo fora do contexto das classes e grupos sociais com a função de substantivo, denominando o sujeito singular (o Subalterno). E, por fim, encontramos o termo subalterno no contexto de uma de suas cartas escritas no cárcere, indicando a condição subalterna de um sujeito singular e oposto a dirigente com uma clara entonação cultural, usos esses que abordaremos adiante.

Para compreender quem são os subalternos ao longo dos *Cadernos do cárcere*, é necessário estabelecermos, como ponto de partida, o Caderno 3, parágrafo 48,[4] onde Gramsci (2011c, p. 194) evidencia a diversidade e heterogeneidade desses grupos, referindo-se aos "elementos mais marginais e periféricos destas classes, que não alcançaram a consciência de classe para si", ou

---

constituindo-se em uma escola fundamental de estudos culturais, tendo uma grande difusão em várias partes do mundo. O coletivo propõe-se a reconstruir a história do subcontinente indiano dando escuta e voz aos subalternos que a historiografia dominante havia silenciado.

4. Ao longo desse texto, as referências aos *Cadernos do cárcere* serão feitas a partir da numeração presente na Edição Crítica Gerratana; para isso utilizaremos a abreviação Cad. para os Cadernos e o símbolo § para indicar o parágrafo.

como aquele "grupo ainda subalterno, que não adquiriu ainda consciência de sua força e de suas possibilidades e modos de desenvolvimento e, por isso, não sabe sair da fase primitiva" (2011c, p. 47).

Outro uso importante do termo para essa análise pode ser observado na nota 90 do Caderno 3, escrita em 1930 e retomada em 1934, ao elaborar o Caderno 25, § 5, pois Gramsci faz duas grandes alterações ao compilar esta nota: primeiro, ele muda o título da nota de "História das classes subalternas" para "critérios de método", que será abordado ao tratarmos especificamente do Caderno 25 no próximo item; e segundo, Gramsci passa a usar o termo grupos em substituição a classes. Estas alterações demonstram a importância para o autor em precisar que além das classes subalternas (proletariado), existiam também os grupos, entre os quais destaca os camponeses, que tampouco eram homogêneos.

No Caderno 9, § 67, Gramsci (2007, p. 313) usa o termo subalterno fazendo referência ao proletariado industrial, denominando-o nesta nota como a classe ainda subalterna, afirmando que "para o trabalhador individual 'objetivo' é o encontro das exigências do desenvolvimento técnico com os interesses da classe dominante"; no entanto, esse é um momento transitório, podendo essa conexão se dissolver, e a exigência técnica vir a ser concebida como "algo unido ao interesse da classe ainda subalterna" (Idem). E prossegue afirmando que "tal processo é compreendido pela classe subalterna, que precisamente por isso não é mais subalterna, ou seja, demonstra que tende a sair de sua condição subordinada" (Ibidem).

No Caderno 11, § 12, ao abordar o mecanicismo, Gramsci (2011a, p. 106) afirma que "quando o subalterno torna-se dirigente e responsável pela atividade econômica da massa (...) tornou-se uma pessoa histórica, um protagonista; (...) hoje sente-se responsável, já que não é mais resistente, mas sim agente e necessariamente ativo e empreendedor", o que indica para o termo um uso como substantivo. Nas palavras de Liguori[5] (2011, p. 39), Gramsci está se referindo ao "sujeito ao qual se atribui a característica de 'subalterno' não é mais enfim uma classe ou um grupo social, tornou-se um sujeito singular (o Subalterno)". É relevante destacar que o termo subalterno, mesmo se referindo a um sujeito singular, carrega um grande significado político, pois Gramsci irá se referir ao sujeito subalterno que, ao se tornar dirigente, torna-se um sujeito histórico, iniciando o seu longo caminho para a superação da subalternidade e conquista da autonomia, mas que, coerentemente com a concepção gramsciana, não pode ser alcançado de forma individual, devendo se inserir na luta política coletiva através da mediação do partido político até a conquista do Estado, e sua transformação.

Nas notas presentes no *Caderno 25*, o termo subalterno é usado em relação a uma parte da população politicamente desagregada e também culturalmente marginal que será denominada por Gramsci como "à margem da história" e apresenta os subalternos como os escravos, os camponeses, os grupos religiosos, as mulheres, as diversas raças, proletariado e também a burguesia como um grupo subalterno que transformou a sua própria condição de subordinação, tornando-se classe dominante. Cabe nesse ponto observarmos que o título do Caderno é muito expressivo em seus objetivos, e mesmo a quem Gramsci irá se referir, ou seja: história dos grupos sociais subalternos, apontando para as diversas formas e níveis de subalternidades que se distinguem pelo seu nível de conscientização política e organização como expresso no § 5 Critérios metodológicos.

Outro uso do termo subalterno nos Cadernos é encontrado no Caderno 27, § 1, onde Gramsci (2011e, p. 134) define o povo como o "conjunto de classes subalternas e instrumentais"; no

---

5. Os textos de Liguori (2011), Vacca (2012), Green (2007), Mondonesi (2010), Buttigieg (1999 e 2009) são traduções de minha autoria.

entanto, se observarmos a nota 156 do Caderno 5, veremos que para Gramsci (2011e, p. 181) a noção de povo é ampla e complexa, pois ele afirma que o povo "não é uma coletividade homogênea de cultura, mas apresenta estratificações culturais numerosas, combinadas de maneiras variadas".

Em uma correspondência de Gramsci de 8 de agosto 1933 para sua esposa Giulia[6] encontramos um outro uso do termo subalterno, como segue descrito no trecho a seguir da carta onde ele escreve:

> Me parece que você se coloca (e não somente neste assunto) na posição do subalterno e não de dirigente, isto é, de quem não é capaz de criticar historicamente as ideologias, dominando-as, explicando-as e justificando-as como uma necessidade histórica do passado; coloca-se na posição de quem, posto em contato com um determinado mundo de sentimentos, sente por ele atração ou repulsa, mas permanece sempre na esfera do sentimento e da paixão imediata (Gramsci, 2005b, p. 360).

---

6. No entanto, para melhor compreensão, faz-se necessário atentarmos para o contexto em que essa carta está inserida, pois o período de 1931 a 1933 é marcado por acontecimentos delicados referentes à relação de Gramsci com Giulia e seu universo familiar, o agravamento do seu estado de saúde e a possibilidade de uma tentativa de sua libertação. É desse período o interesse de Gramsci por Freud, e como observa Vacca (2012, p. 264), esta aproximação com a psicanálise indica um certo alívio de Gramsci, "não só porque Giulia parecia reagir vigorosamente contra a depressão, mas também porque via confirmada sua tese de que ela sofria de um 'complexo de inferioridade'", que coincide com a busca de Giulia pela psicanálise em 1931, devido a uma depressão. No início de 1932, em um momento de recaída da depressão de Giulia, é notório um retrocesso no posicionamento de Gramsci frente à psicanálise e a reapresentação de seu diagnóstico sobre a esposa, como uma "inadaptação à realidade criada pela industrialização forçada" (Vacca, 2012, p. 265). Nesse momento, suas críticas baseavam-se na convicção de que a psicanálise é "válida em geral e também no caso de Giulia para explicar a origem de sua síndrome depressiva, mas sob a condição de que fosse historicizada" (Idem, p. 266).

CLASSES SUBALTERNAS E ASSISTÊNCIA SOCIAL

Aqui trata-se de uma ampliação do uso do termo (cf. Liguori, 2011), indicando a condição subalterna de um sujeito singular e oposto a dirigente, não a uma classe dominante, com uma clara entonação cultural. Gramsci também considera como subalterna uma pessoa que não está submetida a uma opressão social, mas que não se coloca criticamente frente às concepções de mundo, às ideologias, à cultura de modo geral, e que não historiciza e contextualiza a realidade. O limite e validade dessas afirmações são observados pelo próprio Gramsci[7] pois as mesmas se encontram em um contexto não formal de uma carta, endereçada a sua esposa, bem diferente do uso preponderante do termo feito nos Cadernos em relação a classes e grupos sociais subalternos.

2. As classes e grupos subalternos à margem da história: o Caderno 25

O período de 1933 a abril de 1935 é a última fase da produção intelectual de Antonio Gramsci, quando ele se encontrava na clínica de Formia, período em que redige 12 cadernos:[8] as condições

---

7. O próprio Gramsci no Cad. 16, § 2 (Questões de método) adverte para alguns cuidados que o teórico deve ter quando se estuda a obra de um autor buscando compreender sua teoria, entre eles o cuidado no estudo das correspondências: "o estudo da correspondência deve ser feito com certas cautelas: uma afirmação incisiva feita numa carta talvez não fosse repetida num livro. A vivacidade estilística das cartas, embora muitas vezes artisticamente mais eficaz do que o estilo mais medido e ponderado de um livro, às vezes leva à deficiência de argumentação; nas cartas, como nos discursos e nos diálogos, verificam-se frequentemente erros lógicos; a maior rapidez do pensamento se dá muitas vezes em detrimento de sua solidez" (Gramsci, 2007, p. 21).

8. Nesse período, Gramsci redige os Cadernos especiais: "Risorgimento italiano" (Cad. 19), "Ação Católica" (Cad. 20), "Problemas da cultura nacional italiana" (Cad. 21), "Americanismo e fordismo" (Cad. 22), "Crítica literária" (Cad. 23), "Jornalismo" (Cad. 24), "História dos grupos sociais subalternos" (Cad. 25), "Temas de cultura 2" (Cad. 26), "Folclore" (Cad. 27), "Lorianismo" (Cad. 28), "Gramática" (Cad. 29).

de saúde de Gramsci têm reflexos no ritmo e na sua produção. Em 1934, Gramsci inicia o Caderno 25 dedicado exclusivamente aos subalternos intitulado *À margem da história* (*História dos grupos sociais subalternos*), composto por 8 notas,[9] onde ele agrupa somente uma parte das notas escritas com o título "História das classes subalternas (ou similares)", algumas notas bibliográficas e notas que não fazem menção às classes ou grupos subalternos em seu título, mas que tratavam desta temática.[10]

O *Caderno 25* é o único dos Cadernos Especiais cujo tema não aparece entre os argumentos anunciados por Gramsci em seu plano de estudos[11] da primeira página do Caderno 1, ou ainda nos argumentos elencados no Caderno 8. Isso indica que Gramsci reconheceu mais no curso de seu trabalho a importância do estudo das características específicas da subalternidade na ordem social e política (cf. Buttigieg, 2009). Tal ponto reforçaria a importância do Caderno 25 e o entendimento de que o objetivo desse caderno para Gramsci não era sistematizar uma teoria da subalternidade, mas indicar os critérios que devem ser adotados para uma história das classes e grupos subalternos, ao mesmo tempo exemplificar através de registros existentes a história das classes e grupos subalternos. Nesse sentido, apresentamos a seguir as notas presentes no Caderno 25, estas que foram agrupadas em dois

---

9. § 1 David Lazzaretti; § 2 Critérios metodológicos; § 3 Adriano Tilgher, *Homo faber. Storia del concetto del lavoro nela civiltà occidentale*; § 4 Algumas notas gerais sobre o desenvolvimento histórico dos grupos sociais subalternos na Idade Média e em Roma; § 5 Critérios de método; § 6 Os escravos em Roma; § 7 Fontes indiretas. As "utopias" e os chamados "romances filosóficos"; § 8 Cientificismo e sequelas do baixo romantismo.

10. O Caderno 25 reproduz com alguma ampliação 13 notas dos Cadernos anteriores: duas notas do Cad. 1, dez notas do Cad. 3 (1930) e uma nota do Cad. 9 (primavera de 1932).

11. Para maiores aprofundamentos sobre os planos de estudos de Gramsci ver Cad. 1, § 1 (Gramsci, 2011a, p. 78) e Cad. 8 Notas esparsas e apontamentos para uma história dos intelectuais italianos (Gramsci, 2011a, p. 80).

CLASSES SUBALTERNAS E ASSISTÊNCIA SOCIAL 211

grandes blocos:[12] o método e a metodologia para uma história das classes e grupos subalternos (§ 2 e § 5) e fontes para uma história dos grupos sociais subalternos (§ 1, § 4, § 6 e § 7).

Gramsci (2011d, p. 135) inicia o § 2[13] do Cad. 25 (Critérios metodológicos) afirmando que "a história dos grupos subalternos é necessariamente desagregada e episódica". Para Gramsci, a desagregação não diz respeito apenas aos aspectos relacionados à história dos grupos sociais subalternos, mas se constitui em um dos elementos distintivos desses grupos, como observado no ensaio de 1926 (*Alguns temas da questão meridional*), no qual define o Mezzogiorno (Sul da Itália) como "uma grande desagregação social", composta de uma "grande massa camponesa amorfa e desagregada" (2004b, p. 423). Segundo o autor, a falta de coesão e de organização tornava os subalternos politicamente impotentes e suas rebeliões eram destinadas ao fracasso, devido às dificuldades em centralizar suas aspirações e necessidades por esses grupos.

Esse conceito de desagregação como uma característica dos camponeses meridionais é ampliado nos *Cadernos do cárcere* para as classes e grupos subalternos, transformando-se em uma questão nacional, extrapolando o âmbito e os limites territoriais da questão meridional.[14] Assim em que pese a desagregação ser

---

12. O § 3 do Cad. 25 traz indicação bibliográfica do livro de Adriano Tilgher, *Homo faber. Storia del concetto del lavoro nela civiltà ocidentale*, § 8 (Cientificismo e sequelas do baixo romantismo). Gramsci apresenta alguns questionamentos sobre a tendência da sociologia da esquerda, na Itália, para se ocupar intensamente do problema da criminalidade, questionando se essa tendência da esquerda estava ligada a uma adesão a Lombroso, se se tratava de uma sequela do baixo romantismo, ou ainda se isso estaria ligado ao fato do grande número de crimes de sangue existentes na Itália (Gramsci, 2004b).

13. O Cad. 25, § 2, é uma compilação do Cad. 3, § 14 (História da classe dominante e história das classes subalternas) de 1930.

14. A chamada Questão Meridional diz respeito às desigualdades entre o norte e o sul da Itália, e datam do século XIX. No norte da Itália floresceu uma sociedade urbana e industrial, enquanto, no sul, a economia permaneceu rural, com forte

uma das características da história das classes subalternas, para Gramsci (2011d, p. 135) existe uma tendência à unificação desses grupos, o que pode ser observado através de seus movimentos e revoltas espontâneas; no entanto, essa tendência "é sempre rompida pela iniciativa dos grupos dominantes e, portanto, só pode ser demonstrada com o ciclo histórico encerrado, se esse se encerra com sucesso". Para Gramsci, mesmo as rebeliões dos grupos subalternos sofrem a influência dos grupos dominantes, por isso, "só a vitória 'permanente' rompe, e não imediatamente a subordinação. Na realidade, mesmo quando parecem vitoriosos, os grupos subalternos estão apenas em estado de defesa, sob alerta" (Idem). Essas afirmações evidenciam as dificuldades para a construção da história dos grupos sociais subalternos, e a relevância para o historiador de todo o traço de iniciativa desses grupos, mas tal história somente pode ser trabalhada através de monografias, e cada uma delas demandando um acúmulo muito grande de materiais, que, no entanto, são difíceis de serem recolhidos, uma vez que as classes subalternas não deixam traços de sua história.

Liguori (2011, p. 38) observa que Gramsci instaura nesse parágrafo um forte nexo entre reconhecimento histórico, teoria e política, relacionado às classes subalternas, por isso é fundamental reconhecer que as classes subalternas se rebelam, ou seja, Gramsci valoriza um núcleo restrito de autonomia. Sobre a influência dos grupos dominantes sobre os grupos subalternos, Mondonesi (2010, p. 33) destaca que, mesmo quando os grupos subalternos se rebelam, revela-se a imposição e assimilação da subordinação através da internalização dos valores propostos

---

concentração fundiária e intensa exploração dos camponeses. Essa divisão da Itália é marcada pelas relações estabelecidas entre as elites industriais do norte e os latifundiários do sul. Gramsci não foi o primeiro a abordar o problema meridional sendo frequentemente discutida, mas Gramsci colocou o problema em termos revolucionários, classista e nacional.

CLASSES SUBALTERNAS E ASSISTÊNCIA SOCIAL   213

pelas classes dominantes que conduzem moral e intelectualmen-
te o processo histórico. O autor observa ainda que, ao retomar a
nota 14 do Cad. 3, que compõe o Cad. 25, § 2, Gramsci reforça a
ideia de subordinação nessa nova redação, ao incorporar no texto a noção de quebra e rompimento que são reafirmadas e reforçadas com a inclusão na segunda elaboração dos termos: "continuamente" e "sempre", "inclusive quando parecem triunfantes",
ou seja, "a derrota ou a vitória como momentos últimos e defini-
tivos do conflito entendido como processo" (Idem). Segundo o
autor, isso indica que Gramsci pensou na revolução como um
acontecimento político, e não somente sociocultural, até as últimas notas dos Cadernos.

Gramsci inicia o § 5[15] *(Critérios de método)* contrapondo a categoria classes e grupos subalternos às classes dirigentes e dominantes, ao Estado e à sociedade civil. Gramsci (2011d, p. 139) evidencia a importância do historiador pautar sua análise a partir
da premissa que "a unidade histórica das classes dirigentes acontece no Estado e a história delas é essencialmente a história dos
Estados e dos grupos de Estados". Esta unidade histórica não é
meramente jurídica e política, apesar de essa forma ter sua importância, pois "a unidade histórica fundamental, por seu caráter
concreto, é o resultado das relações orgânicas entre Estado ou sociedade política e sociedade civil" (Idem). O autor ressalta a questão da desagregação das classes subalternas, que não podem se
unificar enquanto não se fizerem Estado pois para ele a "sua história, portanto, está entrelaçada à da sociedade civil, é uma função 'desagregada' e descontínua da sociedade civil e, por esse caminho, da história dos Estados ou grupos de Estados"[16] (Idem).

---

15. Gramsci compila, com algumas alterações, o § 90 do Cad. 3 (História das classes subalternas) redigido em 1930.

16. Liguori (2011) comenta essa passagem, afirmando que para Gramsci "as
classes são subalternas também porque não se 'fazem Estado'" (Liguori, 2011, p. 38),

Sobre esta passagem Liguori (2011, p. 38) observa que o não se constituir em Estado é sinal da subalternidade, e, para o autor, essa é uma prova de que Gramsci não era o teórico da sociedade civil, como apontado por algumas leituras equivocadas de seu pensamento, pois permanecer no nível da sociedade civil é permanecer subalterno, em suas palavras: "quem não consegue elaborar uma nova proposta de Estado, não consegue lançar o desafio da hegemonia" (Idem), de modo que a partir da teoria gramsciana de Estado integral, é sinal de subalternidade política e cultural permanecer ao nível da sociedade civil. Na mesma linha, Mondonesi (2010) observa que diferentemente das concepções liberais, Gramsci irá situar as classes subalternas no interior da sociedade civil, integrantes porém não totalmente integradas.

Gramsci prossegue essa nota apontando para seis pontos que devem ser estudados[17] e chama a atenção que a essas fases

---

argumentando que essa é uma prova de que Gramsci não era o teórico da sociedade civil, como apontado por algumas leituras equivocadas de seu pensamento, pois "se permanece ao nível da sociedade civil, permanece subalterno. Quem não consegue elaborar uma proposta de reorganização de inteira campanha nacional, que é enfim uma nova proposta de Estado, não consegue lançar o desafio da hegemonia", de modo que a partir da teoria gramsciana de Estado integral, "permanecer ao nível da sociedade civil é sinal de subalternidade política e cultural" (Idem).

17. Green exemplifica as fases apontadas por Gramsci do seguinte modo: 1) "Mudança da esfera econômica — relação de propriedade, altera a organização da sociedade — colocando um grupo social em uma posição subordinada; 2) O grupo subalterno adere (ativa ou passivamente) à nova formação política dominante, ainda tenta influenciar as novas formações com suas reivindicações; 3) Os grupos sociais dominantes criam novos partidos ou programas de governo para manter o controle sobre os grupos subalternos; 4) Os grupos subalternos levam em conta que as novas formações sociais, novos partidos e novas instituições não levam em conta suas necessidades e, enfim, constituem suas próprias organizações como os sindicatos; 5) O grupo subalterno organiza uma formação política que representa os seus interesses e exprime a sua autonomia e a sua vontade de participar no contexto político instituído (ex. partidos políticos que operam dentro do quadro político institucional). 6) O grupo subalterno compreende que os próprios interesses não serão satisfeitos dentro do

CLASSES SUBALTERNAS E ASSISTÊNCIA SOCIAL

podem ser acrescidas outras intermediárias ou combinações de várias fases.

1. A formação objetiva dos grupos sociais subalternos, através do desenvolvimento e das transformações que se verificam no mundo da produção econômica, assim como sua difusão quantitativa e sua origem a partir dos grupos sociais preexistentes, cuja mentalidade, ideologia e fins conservam por um certo tempo.

2. Sua adesão ativa ou passiva às formações políticas dominantes, as tentativas de influir sobre os programas destas formações para impor reivindicações próprias e as consequências que tais tentativas têm na determinação de processos de decomposição e de renovamento ou de nova formulação.

3. O nascimento de novos partidos dos grupos dominantes, para manter o consenso e o controle dos grupos sociais subalternos.

4. As formações próprias dos grupos subalternos para reivindicações de caráter restrito e parcial.

5. As novas formações que afirmam a autonomia dos grupos subalternos, mas nos velhos quadros.

6. As formações que afirmam a autonomia integral etc. (Gramsci, 2011d, p. 140)

Observamos que as compreensões sobre tais pontos indicam um processo com suas distintas etapas, pelos quais os grupos subalternos conquistariam gradativamente a consciência e autonomia, alcançando uma posição de agência como sujeitos com vistas a uma possível hegemonia que se coadunaria num

---

atual sistema sociopolítico e enfim organiza uma própria formação social e política que ao fim substituirá aquela existente (ex. partido revolucionário que tente transformar o Estado e as relações sociais a algo correlato) (Green, 2007, p. 210).

projeto de Estado (cf. Mondonesi, 2010; Buttieg, 1999; Baratta, 2011; Green, 2007; Simionatto, 2009).

O que é imprescindível compreender no estudo dos seis pontos é que a subalternidade, para Gramsci, não é um processo homogêneo e se diferencia por níveis que se articulam pelo grau de desenvolvimento dos próprios grupos subalternos, pois alguns podem ter alcançado um nível significativo de organização, mas a outros falta coesão, de modo que entre os grupos podem existir vários níveis de subalternidade. Cabe ressaltar também que essas características já eram observadas por Gramsci (2011c, p. 194) no Cad. 3, § 48, quando afirma que no interior dos próprios grupos sociais subalternos existem "os elementos mais marginais e periféricos desta classe", destacando que um exame das revoluções do passado poderia revelar que "as classes subalternas eram numerosas e hierarquizadas pela posição econômica e pela homogeneidade" (2011c, p. 198).

Desse modo, o indicador da existência objetiva das classes subalternas, bem como sua autoconsciência política que se manifesta em diversos níveis de politização e organização, pode ser estudada em diferentes momentos singulares e históricos. No entanto, essa diferenciação tem reflexos na dificuldade de se estudar os grupos menos desenvolvidos "que não adquiriram consciência de classe 'para si' e que por isso não suspeitam que a sua história possa ter qualquer importância e que tenha algum valor deixar traços documentais dela"[18] (Gramsci, 2011c, p. 194). Esse grupo a que poderíamos nos referir como "os subalternos dos subalternos" não é menosprezado por Gramsci (2011c, p. 198), uma vez que ele próprio afirma que "os movimentos 'espontâneos' dos

---

18. A falta de indícios documentais dos grupos menos organizados pode ser exemplificada comparando um grupo de trabalhadores agrícolas desorganizados, cujo desenvolvimento em geral será mais difícil de ser reconstruído, do que um grupo de trabalhadores sindicalizados ou de um partido político de proletários urbanos (Green, 2007).

CLASSES SUBALTERNAS E ASSISTÊNCIA SOCIAL

estratos populares mais amplos tornaram possível o advento ao poder das classes subalternas mais avançadas, em razão do enfraquecimento do Estado".

Segundo Mondonesi (2010, p. 32-33), Gramsci pensava na graduação ou níveis de subalternidade em termos de "convergência e unificação subjetiva em função tanto do lugar que corresponde aos subalternos na relação de dominação como de margem de manobra". Nesse sentido, o conceito de subordinação para o autor é construído tentando compreender a subjetividade e seu potencial de transformação através da consciência e da ação política. A partir dessas reflexões, desvela-se por que Gramsci usa a categoria classes ou grupos subalternos sempre no plural, pois não é possível metodologicamente, muito menos politicamente, se referir a elas como um bloco homogêneo e muito menos uniforme.

Gramsci (2011d) prossegue a nota afirmando que o desenvolvimento da autonomia a partir das fases mais primitivas deve ser o caminho a ser observado pelo historiador, por isso deve atentar para toda manifestação do espírito de cisão,[19] este compreendido como tomada de consciência pelo proletariado industrial de sua personalidade histórica, e que deve alargar-se para as classes aliadas, o que exige um complexo trabalho ideológico. A complexidade da história dos partidos dos grupos subalternos é explicitada por Gramsci (2011d, p. 140) ao afirmar que ela deve "incluir todas as repercussões das atividades de partido em toda a área dos grupos subalternos em seu conjunto e nos comportamentos dos grupos dominantes"; deve considerar também as repercussões das atividades dos grupos dominantes sobre os subalternos e seus

---

19. Para Gramsci, esse complexo formidável de trincheira e fortificações da classe dominante deve ser contraposto pelas classes subalternas através do espírito de cisão, nas palavras de Gramsci: "o espírito de exceção, isto é, a progressiva aquisição da consciência da própria personalidade histórica, espírito de cisão que deve tender a se alargar da classe protagonista a classes aliadas potenciais: tudo isto exige um complexo trabalho ideológico" (Gramsci, 2011b, p. 79).

partidos, atividades essas que por serem sustentadas pelo Estado são muito mais eficazes. O autor retoma a distinção entre os níveis de subalternidade e observa que um grupo subalterno exercerá ou tenderá a exercer uma certa hegemonia sobre outro grupo através de um partido, ou seja, para essa distinção, é necessário estudar "o desenvolvimento de todos os outros partidos, por incluírem elementos do grupo hegemônico ou dos outros grupos subalternos que sofrem tal hegemonia" (Idem).

O estudo das forças inovadoras italianas que guiaram o Risorgimento Italiano[20] é analisado por Gramsci para compreender o processo através do qual um grupo subalterno tornou-se grupo dirigente e dominante. Segundo ele, pode-se construir muitas leis de investigação histórica. Essas forças que tomaram o poder e se unificaram no Estado, lutaram com outras forças auxiliadas por aliados, mas, para se tornarem Estado, era necessário subordinar ou eliminar as primeiras e obter o consenso ativo ou passivo das demais forças, tornando-se desse modo hegemônica. Assim, para Gramsci (2011d, p. 140-141) para o estudo do desenvolvimento dessas forças inovadoras do Risorgimento,[21] e

---

20. O Risorgimento foi um movimento na história italiana de unificação do país entre 1815 e 1870.

21. Este ponto é aprofundado por Gramsci no Cad. 1 (§ 44), ponto de partida para sua elaboração do conceito de hegemonia, onde Gramsci questiona por que os moderados estavam em uma posição que lhes permitiu ascender ao poder depois do Risorgimento, e quais foram as causas da derrota do Partido da Ação, chegando a quatro conclusões, úteis para identificar o núcleo da estratégia político-cultural que o seu partido deveria adotar para poder guiar com sucesso todos os grupos sociais subalternos na luta pela hegemonia: "A) Os moderados eram ligados organicamente à classe que representavam e eram a sua vanguarda intelectual; B) Até antes de conquistar o poder de governo, os moderados alcançaram a "hegemonia política", colocando-se como líderes das classes aliadas, atraindo outros intelectuais de estratos diversos no campo da educação e da administração — obtendo este resultado sobre o terreno da sociedade civil; C) O partido da Ação faliu nessa construção de ligação orgânica com os grupos sociais que se mantinham representantes, e no fato de que "não se apoiavam especificamente a nenhuma classe histórica", nem foi um grau de articulação de maneira satisfatória as aspirações das massas populares e, de modo

CLASSES SUBALTERNAS E ASSISTÊNCIA SOCIAL

sua passagem de grupos subalternos para grupos dirigentes e dominantes como fases necessárias para se unificarem no Estado, se "deve investigar e identificar as fases através das quais elas adquiriram a autonomia em relação aos inimigos a abater e a adesão dos grupos que as ajudaram ativa ou passivamente". O grau de consciência histórico-político que as forças inovadoras do Risorgimento Italiano atingiram em suas várias fases, não deve ser medido, segundo Gramsci, apenas com a separação das forças anteriormente dominantes. Normalmente esse seria o critério utilizado, resultando apenar em uma história unilateral, por isso, deve ser utilizada como parâmetro a questão dos inimigos e a adesão dos grupos que contribuem passiva ou ativamente.

Como observamos, nessas duas importantes notas do Caderno 25, Gramsci propõe um método para a elaboração de uma história das classes e grupos subalternos pelo historiador integral e os critérios metodológicos para a sua realização. As demais notas apresentadas por ele a seguir não se limitam a tratar a história da luta dos grupos subalternos que se tornaram hegemônicos, mas seu interesse se estende à história da luta subalterna da antiguidade ao presente. É imbuído desse princípio que Gramsci apresenta no *Caderno 25* quatro notas que tratam da história dos grupos subalternos, a partir de fontes diretas e indiretas, sendo elas o § 1 sobre David Lazzaretti e o movimento lazzaretista; o § 4 sobre o desenvolvimento dos grupos sociais subalternos na Idade Média e em Roma, que entre outros diz respeito ao crescimento grupos subalternos nas Comunas medievais, o § 6 sobre os Escravos em Roma (Cad. 25, § 6) e o § 7 Fontes Indiretas: Utopias e Romances filosóficos.

---

particular, dos camponeses; D) Logo ao assumir o papel de direção, os "orgânicos dirigentes (do Partido da Ação) em última análise se compunham segundo os interesses dos moderados — um outro modo para dizer que ao Partido da ação faltava "o espírito de exceção" e, por este aspecto, assemelhava ao grupo subalterno que "sofriam (...) a iniciativa dos grupos dominantes" (Buttigieg, 2009, p. 829).

Na abertura do Caderno 25, de 1934, Gramsci coloca duas notas escritas em primeira elaboração no Caderno 3 (de 1930), que tratam de notícias recolhidas no final dos anos 1920 e escolhe abrir o caderno com uma nota sobre David Lazzaretti e o movimento lazzaretista na Itália de 1800. David Lazzaretti[22] foi segundo Liguori (2011, p. 35) o líder de uma "espécie de seita popular herética, com uma ideologia densa de elementos religioso-proféticos" no Monte Amiata, na Toscana, e seu movimento gerou preocupações ao Estado Italiano e à Igreja Católica com suas afirmações de querer instaurar a República. O interesse de Gramsci, como observa Green (2007, p. 217) não era somente sobre o movimento político de Lazzaretti, mas principalmente o modo como o movimento foi interpretado e representado pelos intelectuais italianos, pois "Lazzaretti e seu movimento representam a tentativa de um grupo subalterno de constituir um novo Estado e uma nova concepção de mundo baseado em vários princípios religiosos, políticos e econômicos".

Gramsci critica a interpretação dada ao movimento lazzaretista e seu protagonista por dois importantes pensadores da época — Cesare Lombroso[23] e Giacomo Barzellotti[24] — e demonstra

---

22. Nascido em 1834 e fuzilado pelo exército real italiano em 1878.

23. Lombroso nasceu numa abastada família de Verona e formou-se em Medicina em 1858, partindo depois para Viena, onde aperfeiçoa seus conhecimentos, alinhando-se com o pensamento positivista. Interessou-se por estudos sobre a loucura. Suas observações voltaram-se para a antropologia, quando passa a analisar as possíveis influências do meio sobre a mente. Dirige o manicômio de Pádua de 1871 a 1976, ano em que é aprovado para a cadeira de Higiene e Medicina Legal da Universidade de Turim. Em 1876, publicou sua primeira obra sobre criminologia: *O homem delinquente*. Suas obras abrangem diversas áreas como antropologia, sociologia criminal, psicologia, criminologia, filosofia e medicina. Os estudos por ele realizados ficaram conhecidos como antropologia criminal.

24. Historiador da filosofia italiano, nascido em Firenze em 1844, professor de filosofia, interessou-se especialmente pela história da psicologia artística e religiosa. Suas principais obras foram: *A moral da filosofia positivista* (1871); *A nova escola de Kant e a filosofia científica contemporânea na Alemanha* (1880); *Davide Lazzaretti* (1885); *Do Renascimento ao Rissorgimento* (1909).

CLASSES SUBALTERNAS E ASSISTÊNCIA SOCIAL

como os movimentos revolucionários eram tratados e abordados. Para Lombroso, a criminalidade é determinada em nível biológico e considerava Lazzaretti um louco psicologicamente anormal, não um expoente de um grupo marginalizado. Para Gramsci (2011d, p. 131), Lombroso é um positivista que, como de costume na época, isolava o protagonista e fazia apenas uma biografia patológica pois este seria um dos mecanismos utilizados pela elite, pois para os grupos dominantes "os elementos dos grupos subalternos têm sempre algo bárbaro ou patológico". Assim, não se estudava as origens dos acontecimentos coletivos e sua difusão. Barzellotti, ao contrário, considerava o lazzarismo como um movimento exclusivamente místico e não político. Esta análise para Gramsci (2011d, p. 131-132) não levava em conta as condições socioeconômicas, políticas e históricas, ocultando "as causas do mal-estar geral que existia na Itália depois de 1870, dando, para cada episódio de explosão deste mal-estar, explicações restritivas, individuais, folclóricas, patológicas etc.". A desqualificação das rebeliões e revoltas dos grupos subalternos pelos grupos dominantes através de seus intelectuais é uma forma de esconder o mal-estar social, econômico e político, tal como observado por Buttigieg (2009, p. 830), que ressalta a tendência de colocar os subalternos na "periferia da cultura e da política, classificando-os como bizarros, desequilibrados, atípicos, mera curiosidade". Para o autor, essa nota coloca em realce uma das teses centrais de Gramsci sobre a marginalização dos grupos subalternos pela cultura dominante que cancela ou busca anular pensamentos, ações, enfim, o significado político e histórico da luta das classes e grupos subalternos (cf. Buttigieg, 2009).

No § 4[25] (*Algumas notas gerais sobre o desenvolvimento histórico dos grupos sociais subalternos na Idade média e em Roma*), Gramsci

---

25. O § 4 do Cad. 25 é uma compilação de dois parágrafos do Cad. 3 de 1930, § 16 (Desenvolvimento político das classes populares nas Comunas medievais) e § 18 (História das classes subalternas).

descreve o desenvolvimento das comunas medievais, citando o artigo de Ettore Ciccotti (*Elementi di "verità" e di "certeza" nella tradizione storica romana*). Referenciando-se na formação das "Sociedades de Armas",[26] Gramsci observa que à medida que esse movimento se consolidava e extrapolava os limites e a forma dessas sociedades, era criada uma organização paralela que por vezes entraria em choque com a organização comunal[27] (oficial). Esse exemplo histórico para Gramsci ilustra de que modo um grupo subalterno no século XII pôde se tornar dominante e chegar ao poder.

Gramsci (2011d, p. 138) prossegue a nota e afirma que a maioria dos problemas da história romana analisados por Ciccotti se referem a eventos e instituições dos grupos sociais subalternos. Esse método da analogia utilizado por ele "pode dar alguns resultados indiciários"; no entanto, Gramsci faz a crítica a tal método, uma vez que esse não permitiria apreender a falta de autonomia dos grupos subalternos, suas iniciativas defensivas que estariam submetidas às leis próprias de necessidade. Desse modo,

---

26. As Sociedades das armas eram associações de cidadãos que pertenciam à classe comerciante e artesãos e formaram a base do governo do povo que foi criada em Bolonha em 1228. Os membros das Sociedades juravam ajuda mútua em todas as contingências da vida e no cumprimento dos deveres religiosos, tais compromissos com o tempo passaram a ser incorporados pela sociedade. "Além de sua função política de defesa externa da Comuna, as sociedades tinham como fim assegurar a cada homem do povo a proteção necessária contra as agressões dos nobres e dos poderosos" (Gramsci, 2011d, p. 136).

27. "Quando o povo não consegue das autoridades comunais as reformas pretendidas, faz a secessão com o apoio dos homens eminentes da Comuna e, constituído em assembleias independentes, começa a criar magistraturas próprias à imagem das magistraturas gerais da Comuna, a atribuir jurisdição ao Capitão do Povo e a deliberar por autoridade própria, dando início (a partir de 1255) a toda uma obra legislativa. (...) O povo consegue, primeiro praticamente e depois também formalmente, introduzir nos estatutos gerais da Comuna disposições que, antes, só se aplicavam aos membros do "Povo" e era de uso interno. O povo chega em seguida a dominar a Comuna, submetendo a classe dominante precedente, como em Siena depois de 1270, em Bolonha com as Ordenações "Sagradas" e "Sagradíssimas", em Florença com as "Ordenações de Justiça" (Gramsci, 2011d, p. 137-138).

CLASSES SUBALTERNAS E ASSISTÊNCIA SOCIAL

seriam mais simples e politicamente mais restritas em relação às leis de necessidade histórica, "que dirigem e condicionam as iniciativas das classes dominantes" (Idem).

Gramsci, da mesma forma, analisa a questão dos escravos na antiguidade em relação ao grupo dominante, chamando a atenção para a heterogeneidade dos escravos a partir das suas diferentes origens e raças (diferentes culturas e religiões) ou mesmo uma mistura de raças. Nessa mesma nota, Gramsci registra ainda a importância das mulheres na história romana, que se assemelha à história dos grupos subalternos, mas salienta que o machismo somente até certo ponto pode ser comparado com uma dominação de classe, tendo mais importância para a história dos costumes do que para a história política e social. O método da analogia histórica como fonte de pesquisa e critério de interpretação apresenta para Gramsci (2011d, p. 138) alguns perigos, pois no Estado antigo e medieval a centralização político-territorial e social era mínima, e o Estado funcionava como um bloco mecânico de grupos sociais. Gramsci ressalta que esse bloco mecânico dos grupos sociais será substituído no Estado pela subordinação dos grupos sociais à hegemonia ativa do grupo dirigente e dominante, assim, algumas autonomias existentes anteriormente são suprimidas e renascem através dos partidos políticos, sindicatos, associações de cultura. Gramsci observa, ainda nessa nota, que essas novas formas de autonomia são abolidas nas ditaduras modernas e se esforçam por incorporá-las à atividade estatal: de modo que "a centralização legal de toda a vida nacional nas mãos do grupo dominante se torna totalitária" (Idem).

No § 6[28] (Os escravos em Roma), Gramsci aborda a questão dos escravos que se revoltaram contra Espártaco, mostrando que os mesmos pertenciam a um grupo específico de prisioneiros de

---

28. Esta nota é uma compilação e ampliação feita por Gramsci de dois parágrafos do Cad. 3 de 1930, § 98 (Espártaco) e § 99 (A lei do número).

guerra e que essa rebelião foi concluída com a aniquilação desse grupo. Gramsci, na mesma nota, comenta a proposta para que os escravos tivessem roupas que os diferenciassem do resto da população feita por um senador de Roma. O Senado foi contra a proposta devido ao medo de que "os escravos se tornassem perigosos ao se darem conta de seu grande número" (Gramsci, 2011d, p. 142). Segundo o autor, esse episódio demonstra as razões político-psicológicas que determinam vários tipos de manifestações públicas como procissões, passeatas, assembleias, paradas, eleições e plebiscitos, manifestações essas que apontam para a questão da relação, identificação dos subalternos entre si, enquanto elemento de identidade e reconhecimento.

No § 7[29] do Caderno 25 (*Fontes Indiretas. As "utopias" e os "romances filosóficos"*), Gramsci analisa a produção literária da época chamada de utopias e os romances filosóficos.[30] Em que pese esses terem sido estudados para a história do desenvolvimento da crítica política, seu aspecto mais interessante consiste no fato de que eles refletem "inconscientemente as aspirações elementares e profundas dos grupos sociais subalternos, inclusive os mais baixos, ainda que através do cérebro de intelectuais dominados por outras preocupações" (Gramsci, 2011d, p. 142). Por isso, é importante observar que, para ele, a publicação desse tipo de literatura coincidia com determinados períodos históricos, que apresentavam sintomas de profundas perturbações sociais, e uma parte dessa literatura expressaria os interesses dos grupos dominantes, tendo por isso um caráter retrógrado e reacionário. Gramsci (2011,

---

29. Esta nota é uma compilação dos parágrafos do Cad. 3, § 69 (Utopia e romances filosóficos), § 71 (Utopia e romances históricos), § 75 (Utopia e romances filosóficos) e § 113 (Utopia).

30. Gramsci apresenta uma relação de livros da época considerados como utopias e romances filosóficos, entre eles destacamos: *Utopia*, de T. Morus; *Nova Atlântida*, de Bacon; *As viagens de Gulliver*, de Swift. Para ele, inclusive, *O Príncipe*, de Maquiavel pode ser considerado uma utopia.

p. 145), ao abordar a obra de Shakespeare, observa que ela pode ser considerada como uma fonte indireta do modo de pensar da sua época, pois ele não expressa nenhuma simpatia com o povo, com os trabalhadores, ao contrário "estava claramente ao lado das classes altas e apresentava de modo depreciativo ou repugnante as pessoas comuns". O autor afirma ainda que tal parte dessa produção literária eram "livros que atribuem a países longínquos e pouco conhecidos, mas existentes, determinados costumes e instituições que se querem contrapor aos do próprio país" (Gramsci,2011d, p. 142) de modo que alguns intelectuais buscavam através das utopias estabelecer uma ligação, um contato com os humildes, com o povo.

Segundo Green (2007, p. 219) essa representação do "povo como humildes e os nobres como iluminados era sintomático da posição dos intelectuais (...) que se dissociavam do povo com superioridade e paternalismo". Por isso, a análise literária de Gramsci se concentra sobre a crítica cultural, política e social, e busca enfraquecer aquelas convicções que são apresentadas como verdades, mas que na realidade são fruto e refletem determinadas concepções de mundo. Desse modo, a crítica de Gramsci à literatura que representa os subalternos como passivos, humildes, demonstra como essas obras consolidam a situação dos subalternos, e contribuem para a sua subordinação através da formação do senso comum das massas, a ponto das classes e grupos subalternos não colocarem em discussão aquelas opiniões e apenas as aceitam e incorporam em suas vidas. Os textos ou monografias, por sua vez, para Gramsci, como ressalta Green (2007, p. 220) descrevem os subalternos de modo mais disparatado, por isso o historiador deve compreender as implicações de tais representações como aspectos capazes de influenciar suas próprias opiniões, não devendo o historiador integral observar apenas os acontecimentos históricos relacionados aos subalternos, mas como esses são percebidos e representados nos documentos literários e histhighóricos, uma vez que "os subalternos podem também ser representados como humildes, passivos, ou ignorantes, mas a sua experiência concreta de vida pode demonstrar o contrário".

3. Uma categoria gramsciana em construção

Nos últimos vinte anos se observa uma vasta difusão de estudos sobre os subalternos — livros e artigos são dedicados à atividade e à história dos grupos subalternos. A categoria subalterno adquiriu notoriedade tardiamente dentre as demais categorias gramscianas — como intelectuais, hegemonia, Estado ampliado — e sua atual difusão origina-se dos estudos do coletivo *Subaltern Studies*, de Ranajit Guha,[31] e de Gayatri Chakravorty Spivak,[32] estudiosa bengalense autora do artigo *"Can the subalterns speak?"* (*"Os subalternos podem falar?"*). Tais estudiosos, de acordo com Liguori (2011, p. 34), pretendiam fazer pela Índia o que Gramsci tinha feito, estudando as relações entre dirigente e dirigido no Risorgimento italiano, e a partir de seu pensamento afirmavam a necessidade e importância de "uma historiografia não limitada à ação das elites ou das classes dirigentes, que levasse em conta também em algum caso ou sobretudo a história dos grupos sociais subalternos". O objetivo do *Subaltern Studies* como observa Guha (cf. Green, 2007) era desenvolver um debate sobre a subalternidade

---

31. Ranajit Guha, nascido Siddhakati em 23 de maio de 1922, é um historiador do sul da Ásia, foi muito influente no grupo de estudos subalternos e editor de vários dos primeiros do grupo antologias. Em 1959, migra He migratpara o Reino Unido, e atualmente vive em Viena, Áustria.

32. Gayatri Chakravorty Spivak, nascida em 24 de fevereiro de 1942 em Calcutá, é uma crítica e teórica indiana, mais conhecida por seu artigo "Can the subalterns speak?", considerado um texto fundamental sobre o pós-colonialismo, e por sua tradução de *Of Grammatology* de Jacques Derrida. Spivak leciona na Columbia University.

no âmbito dos estudos sul-asiáticos, com a intenção de retificar o preconceito elitista de muitas pesquisas e obras acadêmicas, ou seja, nas palavras de Green (2007, p. 221), "lançar luz sobre aspectos da história dos subalternos correlata à classe, à casta, à idade, ao gênero".

Segundo Liguori (2011) a concepção gramsciana de subalternos foi bastante usada e abusada equivocadamente, mas por outro lado, sua importância se deve também a uma série de parciais mal-entendidos, uma vez que como destaca Buttigieg (1999) a difusão dessa categoria por parte dos intelectuais indianos estava fundada em um conhecimento parcial dos textos de Gramsci por terem como fonte a *Seleção dos Cadernos do cárcere* feita por Quintin Hoare e Geoffrey Smith,[33] que contém somente algumas notas sobre o Risorgimento Italiano e é também bastante criticada por não apresentar a totalidade dos textos dos Cadernos, o que os levou a pensar que o interesse de Gramsci pelos subalternos como conceito fosse somente no estudo do Risorgimento italiano. No entanto, o interesse do autor pelos subalternos entraria na sua análise compreensiva da história, da política e da cultura italiana, e pela relação entre Estado e Sociedade Civil na Itália (Green, 2007).

Para Spivak, "os subalternos são as vítimas paradigmáticas da divisão internacional do trabalho" (Spivak, 1985 apud Green, 2007, p. 224), e acrescenta que "os subalternos não são simplesmente os oprimidos: são pessoas suplantadas da falta de organização e de representação política" (Idem), por isso em sua concepção "o proletariado não é um grupo subalterno enquanto é organizado em muitos contextos" (Ibidem). Liguori (2011) observa

---

33. Selections from the Prison Notebooks of Antonio Gramsci. Edited and translated by Quintin Hoare and Geofrey Nowell Smith. New York — Published simultaneously by Lawrence & Wishart, London, and International Publisher, New York, 1971.

que essa afirmação é contrária ao pensamento de Gramsci, uma vez que é demonstrado historicamente que o proletariado é capaz de "tomar a palavra" e de ter uma organização política. Por sua vez, Green (2007, p. 224) ressalta que para Spivak, a representação e organização são elementos cruciais da subalternidade, e nesse sentido suas afirmações aludem ao fato de que, se os subalternos fossem organizados e se representassem, não seriam mais subalternos. Assim, o posicionamento de Spivak se distingue do de Gramsci, por sua falta de especificidade, pois a desorganização é um elemento de subalternidade, mas não é determinante, tendo em vista que para Gramsci "a organização não pode resolver sozinha a marginalização de um grupo: somente a transformação das relações de subordinação é capaz de resolvê-la" (Green, 2007, p. 224). Mondonesi (2010, p. 38), por sua vez, observa que se os subalternos podem falar significa que eles têm um mínimo de organização, e empreenderam o longo caminho para a hegemonia, mas ressalta que para Gramsci os subalternos são sempre subalternos, mesmo quando se rebelam, pois somente o "rompimento definitivo, o fazer-se Estado, por meio da revolução, é que eles podem tornar-se classe dirigente, hegemônica e dominante, o que levaria ao fim da subalternidade". Green (2007, p. 226) ressalta que, em termos gramscianos, a subalternidade se insere no longo caminho da contra-hegemonia da luta política, para a qual "os grupos subalternos devem adquirir consciência da sua posição social e organizar-se e lutar para transformar a própria condição, enquanto organização". Deste modo, como observa o autor, a subordinação não pode ser rompida somente com a representação. Para Green (2007, p. 221), apesar da intenção o coletivo Subaltern Studies não deixa claro de que forma os seis pontos que compõem o Cad. 25, § 5 serão utilizados ou se são considerados como meros critérios metodológicos, ou se compreendem que os grupos subalternos se desenvolvem por graus diversos correspondentes aos seis pontos.

CLASSES SUBALTERNAS E ASSISTÊNCIA SOCIAL

A partir da primeira publicação dos *Cadernos do cárcere* nos anos 1950, encontraremos pensadores "marxistas e gramscianos" das Ciências Políticas e Sociais, em especial da Antropologia ou Ciência do Folclore, que apresentam uma compreensão equivocada da categoria da subalternidade, utilizando-a nos estudos e na interpretação da cultura popular (cf. Del Roio, 2007).

Nas universidades americanas, principalmente diante da influência do desconstrucionismo de Derrida e Foucault, produziu-se, segundo Liguori (2011), uma perda da ligação da categoria com a constelação político-teórica do pensamento de Gramsci. Nesse sentido, observa Green (2007, p. 213) que quando não se diferencia as diversas formas de subalternidade se perde a sua articulação por grau/nível que é essencial na tematização gramsciana, principalmente em relação às seis fases propostas por Gramsci no Caderno 25 "e que faz dos subalternos não um ajuntamento indiferenciado, mas sujeitos de diversas capacidades de autodeterminação e organização, às vezes em grau de lançar a contra-hegemonia".

Liguori (2011, p. 35) observa que mesmo o campo do *Cultural Studies*, o Culturalismo americano da década de 1930 não considerou a relação estabelecida por Gramsci entre hegemonia/subalternidade e a cultura, de modo que, para eles, a dimensão cultural é considerada como a única existente, e, por isso, não fazem referência ao fator econômico ou ao caráter de classe da sociedade baseado na exploração e opressão das classes sociais, o que indica a não compreensão da unidade estrutura e superestrutura no pensamento de Gramsci.

Em que pese esses mal-entendidos e a interpretação equivocada, é necessário reconhecer a importância principalmente do *Subaltern Studies*, pois seu trabalho teve o mérito inegável de chamar a atenção dos estudiosos de Gramsci e de todo o mundo para o conceito de classes e grupos subalternos no pensamento desse autor, que por um tempo foi subestimado (cf. Liguori, 2011). Mondonesi (2010, p. 39-40) por sua vez salienta que o objetivo do *Subaltern Studies* de revelar o ponto de vista dos subalternos, a dominação cultural, a promoção do nacionalismo hindu, a disseminação do marxismo e seus posicionamentos políticos, incentivou uma leitura da história das rebeliões dos camponeses na Índia contraposta às teses dominantes, incentivando assim a formulação de uma nova perspectiva de história, permitindo assim "aprofundar o conhecimento histórico e problematizar a literatura existente, oferecendo um marco de interpretação alternativo ao enfoque modernista e modernizador dos colonizadores e descolonizados". Por outro lado, o interesse do *Cultural Studies* por Gramsci favoreceu não apenas um positivo enriquecimento e inovação de seu quadro interpretativo, mas também uma tendência a forçar e mudar o pensamento de Gramsci numa direção culturalista, absolutamente alheia ao horizonte deste autor.

Na tese gramsciana, como observa Mondonesi (2010, p. 359), para sair da subalternidade é necessária a ação de um partido da classe subalterna. Não somente a ausência de conexão entre subalternidade e essa perspectiva político-teórica, mas também a falta de uma análise da subalternidade ligada com a divisão de classe na sociedade tornou essa categoria "um passaporte da linguagem intelectual e acadêmica (...) usado como sinônimo de oprimido e dominado". Por isso, na atualidade, encontramos com frequência, como analisa Buttigieg (1999, p. 25) o emprego do termo subalternidade ou subalterno com uma vasta gama de significados e sentidos, sendo usados sem discriminação, tanto pelos meios de comunicação de massa, como no meio acadêmico, para descrever "a condição de qualquer pessoa que em qualquer modo se sente subordinado, em uma posição de inferioridade ou mesmo de dominação". Encontramos referências ao termo subalternidade ligadas às questões de gênero, raça, etnia, opção sexual, credo religioso, bem como para designar um grupo que não goza de meios econômicos suficientes para ter uma vida digna, e um amplo leque de situações, de modo que o emprego do termo subalterno se torna um lugar-comum, pela pluralidade de seu uso, sua utilização, sem diferenciar as diversas formas de subalternidade, excluindo e ausentando a sua estreita vinculação com a luta de classes na perspectiva gramsciana.

Concordamos com Mondonesi (2010) que a utilização do termo subalterno se tornou um jargão intelectual acadêmico de ampla veiculação, proporcionando um *status* progressista a diversos posicionamentos, fato este que se revela principalmente no campo das ciências humanas e sociais com um grande número de livros e artigos, em uma variedade de campos de estudos, em que o discurso da subalternidade encontra eco para sua utilização, desde os movimentos mais avançados da esquerda, como também pelo discurso conservador da direita, por vezes sem nenhuma distinção. Ou ainda como afirma Green (2007), o conceito de subalterno, como outros conceitos de Gramsci, é muito citado e adotado, mas raramente vem definido e analisado de modo sistemático no contexto de sua obra. Del Roio (2007, p. 63) observa o uso dos conceitos elaborados nos *Cadernos do cárcere*, dentro e fora da academia, e muitas vezes com significados muito diversos daqueles usados por Gramsci, tanto pelo caráter de "work in progress" de sua obra, ou pela sua fragmentação, ou complexidade, de modo que seu pensamento acabou sendo disposto de diversos modos, alguns até mesmo contrários ao que Gramsci acreditava. Para o autor, isso indica "uma riqueza e uma possível permanência no tempo (de seu pensamento), mas também abre a possibilidade de ser apropriada ou decomposta por outras vertentes culturais e políticas com as quais Gramsci não poderia se reconhecer" por vezes, com a substituição de uma visão de uma sociedade baseada na divisão de classes, com uma visão da sociedade fundada unicamente na diversidade cultural (cf. Liguori, 2011).

4. Alguns elementos para uma historiografia das classes e grupos subalternos

Gramsci analisa os subalternos no seu específico contexto histórico, buscando rastrear provas de determinadas normas, tendências e dinâmicas destes grupos, por isso no Cad. 3, § 48, afirma que é a tarefa do teórico incluir e considerar no âmbito de seus estudos novas provas específicas, e se estas não se adequarem a sua teoria, esta deve ser modificada, por isso a tarefa do teórico "é traduzir em linguagem teórica os elementos da vida histórica" (Gramsci, 2011c, p. 198).

O historiador integral segundo Green (2007) não deve documentar o desenvolvimento histórico de modo positivista, mas deve compreender suas dimensões socioeconômicas, políticas e culturais, inserindo-as na totalidade, ou seja, compreendendo como esses eventos históricos se colocam frente ao mais amplo contexto sociopolítico. Nesse sentido, analisar os eventos históricos específicos a fim de conceituar e compreender de que modo os processos se ligam as experiência de vida dos indivíduos deve ser o objetivo do historiador integral por isso "a teoria da historiografia integral colhe a totalidade e a complexidade da estrutura econômica das formas da cultura popular que plasmam (...) a consciência das massas" (Morera, apud Green, 2007, p. 210).

Para Green (2007, p. 210), é fundamental compreender de que modo as condições e relações do passado influenciam o desenvolvimento presente e futuro da experiência vivida pelos subalternos, ou seja: "como eles vieram à luz, como alguns sobrevivem às margens e como outros têm conseguido ascender de uma posição social subordinada a uma dominante". Segundo ele, Gramsci tem um triplo interesse com a categoria das classes e grupos subalternos e com o Caderno 25: a construção de uma

CLASSES SUBALTERNAS E ASSISTÊNCIA SOCIAL

metodologia de historiografia subalterna, a elaboração de uma história das classes subalternas e a formulação de uma estratégia da transformação fundada sobre o desenvolvimento e sobre a existência dos subalternos.

Gramsci em sua análise sobre as classes e grupos subalternos considera a história, a política, a crítica literária e a prática cultural da sociedade na qual estava imerso, dedica-se ao estudo da origem dos subalternos, das relações sociopolíticas e históricas do nascimento destas classes, do poder político que elas detêm, da sua representação na história e na literatura, e, fundamentalmente, sua atenção se volta sobre o modo pelo qual estas classes e grupos podem superar a sua condição de subordinação.

A relevância em fazer a história de modo integral, levando em conta também, e sobretudo, a situação das massas subalternas, está ligada a um fim político e a uma convicção já expressa em 1923 em seu artigo *"Que fazer?"*, no qual Gramsci (2004b, p. 233) questiona os motivos da derrota da classe operária (Movimento dos Conselhos de Fábrica) e da ascensão do fascismo, questões estas respondidas de modo categórico ao afirmar que "não conhecemos a Itália (...) não existe uma história da classe operária italiana. Não existe uma história das classes camponesas, etc.". Essa reflexão gramsciana é um exemplo de que sua pesquisa não se restringia a um caráter sociológico, mas estava carregado de um fim político, de orientação e direcionamento dos subalternos contra o capitalismo, ressaltando que para o êxito da luta revolucionária "nos faltam instrumentos para conhecer a Itália, assim como realmente e enfim estamos na quase impossibilidade de fazer previsões, de orientar-nos, de estabelecer as linhas de ações" (Idem).

Os estudos gramscianos desdobram-se em várias categorias, entre as quais se destaca a centralidade da categoria da hegemonia, ao redor da qual Gramsci tece um conjunto de reflexões, como a questão dos intelectuais, revolução passiva, Estado ampliado, americanismo, sociedade civil e também a noção de subalterno que ocupa um lugar importante, pois permite a análise dos aspectos subjetivos da subordinação no mundo capitalista e em um contexto de hegemonia. Ou nas palavras de Mondonesi (2010, p. 37) "a experiência subalterna, na incorporação e aceitação relativa da relação de mando-obediência e, ao mesmo tempo, sua contrapartida de resistência e de negação permanente". A grande intuição e mérito de Gramsci se fundam na construção e emprego dialético dos conceitos de Estado ampliado, hegemonia, e o nexo estrutura e superestrutura. Ou seja, a consequência política disto aponta para a complexidade da dominação e também da luta pela contra-hegemonia. As mesmas teias que garantem a hegemonia devem ser reconhecidas e destecidas da mesma forma como foram tecidas, paulatinamente, e também no terreno subjetivo indicando dessa forma a exigência de apreensão da realidade, a elaboração de uma história das classes subalternas, de forma a iluminar as estratégias e táticas revolucionárias.

Os elementos de caracterização da subalternidade propostos por Gramsci, ao mesmo tempo em que esboçam uma teoria de conformação política em um contexto de dominação e hegemonia, remetem a uma reflexão voltada para a autonomia, por meio da qual os subalternos podem superar a subordinação. Nesse sentido, a subalternidade se constitui em um processo contraditório entre subordinação e resistência. A ampliação do campo de análise de Gramsci para a subjetividade inclui a cultura popular, os mitos, o folclore e todas as expressões populares suscetíveis de serem objeto de disputa entre projetos conservadores ou transformadores e que possibilitam análises historiográficas voltadas ao rastreamento dos movimentos subalternos e aos processos de subjetivação e nas relações de dominação. Por isso, o conceito de subalternidade carrega ambiguidades e contradições na relativa

CLASSES SUBALTERNAS E ASSISTÊNCIA SOCIAL

aceitação da hegemonia ou seu rechaço por meio da resistência, por isso o conceito de subalternidade torna-se relevante para Gramsci e para sua teoria revolucionária no terreno historiográfico, histórico e político (cf. Mondonesi, 2010).

Considerações finais

Para Liguori (2011), uma das particularidades de Antonio Gramsci se deve as suas experiências de vida na Sardenha e em Torino, que era neste período uma grande cidade industrial da Itália. Foi a partir das observações entre esses dois mundos e sua teorização, que se desenvolveu a categoria subalterno em seu pensamento. Segundo Mondonesi (2010), para compreender a origem e o desenvolvimento do conceito de subalternidade é necessário compreender que as notas presentes nos *Cadernos do cárcere* se constituem em um balanço das experiências políticas vividas ou presenciadas por Gramsci, como a Revolução Bolchevique, os Conselhos e ocupações de fábrica 1919-20, a fundação do PCI, a III Internacional e a ascensão do fascismo. Desse modo, os Cadernos, para o autor, são na verdade uma "revisão e desenvolvimento do conjunto de ideias que se forjaram no calor desses acontecimentos" (Mondonesi, 2010, p. 27).

A noção de subalternidade adquire densidade teórica no pensamento de Gramsci em relação as suas reflexões sobre a hegemonia nos *Cadernos do cárcere*, como um "correlato conceitual da alienação no terreno superestrutural, ou equivalente sociopolítico no plano da dominação, uma vez que esta indica o plano socioeconômico (...) e nasce para dar conta da condição subjetiva de subordinação no contexto da dominação capitalista" (Mondonesi, 2010, p. 26). Em relação à discussão sobre quem são os subalternos para Gramsci, Baratta (2007) destaca que o conceito de subalterno abarca tanto os proletários como os subproletários, sustentando que o campesinato ocupa um lugar intermediário na estratificação interna dos subalternos. Para Buttigieg (2009, p. 827) esta categoria engloba muitos outros componentes da sociedade, do que a "classe operária" ou "proletariado".

Gramsci demonstra que a essência da história é um entrelaçamento social-cultural, extremamente variado entre governantes e governados, entre a elite, dominante e hegemônica, e os subalternos, a classe emergente, a grande massa, governada com a coerção, ou dominação ideológica do alto. Por isso todo esforço direcionado "a articular a história oculta ou suprimida dos grupos subalternos exige também dar conta da dominação — daquela operação político-cultural da hegemonia que oculta, suprime, cancela o marginalizado da história dos subalternos" (Buttigieg, 1999, p. 30). Para Liguori (2011, p. 41), é um equívoco considerar apenas a dimensão cultural da opressão e identidade dos subalternos, como também não distinguir entre os vários tipos de subalternidade, pois não são todas iguais, e Gramsci como um marxista considera que "a contradição principal de tipo 'estrutural' determina a subjetividade do subalterno e dos subalternos".

As análises de Gramsci sobre a categoria classes e grupos subalternos se liga às demais categorias e conceitos de seu pensamento como a política, os intelectuais, a literatura, a cultura e filosofia, a religião, a economia, entre outras, de modo que é "inútil tentar formular uma definição precisa de "subalterno" ou de "grupo subalterno — classe social subalterna" em Gramsci, pois, do seu ponto de vista, "não constituem uma única, nem mesmo homogênea entidade" (Buttigieg, 2009, p. 827).

Para Liguori (2011), a riqueza com que a interpretação gramsciana trabalhou a relação estrutura/superestrutura de modo dialético, "colhendo a incidência que tem na subjetividade as ideologias sobre o plano da concreta realidade histórico-

-social" (Liguori, 2011, p. 40). A ação consciente dos sujeitos na sociedade econômica, a estrutura e a divisão da sociedade em classes, fazem de Gramsci um marxista e através da dupla: hegemônicos-subalternos.

> Dessa forma, Gramsci oferece uma categoria mais ampla daquela marxista clássica burguesia-proletariado, a categoria gramsciana de subalterno enriquece as categorias tradicionais do marxismo, pois ao falar de classes ou grupos sociais subalternos, Gramsci compreende uma grande diversidade, seja de grupos sociais mais ou menos desagregados e marginais, seja o proletariado das fábricas, seja os camponeses sardos e os operários turinenses (Liguori, 2011, p. 41)

Mondonesi (2010, p. 26) afirma que Marx "deixou no coração da problemática marxista a necessidade de caracterizar a subordinação como relação, como experiência, como condição social e política subjetiva", de modo que, segundo o autor, mesmo que esta preocupação com a subalternidade não tenha sido nomeada, fica evidente, o esforço na obra de Marx em explicar a formação de um sujeito sociopolítico, que busca transformar a sua condição subordinada. Assim, uma análise marxista da realidade deve considerar o estudo das relações sociais, que no contexto da sociedade capitalista estabelecem formas de dominação social e política de uma classe e uma condição subordinada de outra. A noção de subalterno "proporciona à teoria marxista uma ferramenta conceitual, 'o subalterno' como expressão da experiência e condição subjetiva de subordinado, determinada por uma relação de dominação — em termos gramscianos, de hegemonia — e um esboço de uma teoria da subalternidade" (Mondonesi, 2010, p. 29), por isto, esta categoria deve ser historicizada para ser estudada e não apenas transposta a outras realidades de forma mecânica.

Referências

BARATTA, Giorgio. *Antonio Gramsci em contraponto*: diálogos com o presente. Tradução de Jaime Classem. São Paulo: Ed. da Unesp, 2011.

BUTTIGIEG, Joseph A. Sulla Categoria gramsciana di "subalterno". In: BARATTA, Giorgio; LIGUORI, Guido (Orgs.). *Gramsci da un secolo all'altro*. Roma: Editori Riunit, 1999, p. 27-38.

_____. "Subalterno, Subalterni". In: LIGUORI, Guido; VOZA, Pasquale (Orgs.). *Dizionario gramsciano 1926-1937*. Roma: Carocci, 2009.

GRAMSCI, Antonio. *Cadernos do cárcere*. Tradução de Carlos Nelson Coutinho com a colaboração de Luiz Sergio Henriques e Marco Aurélio Nogueira. Rio de Janeiro: Civilização Brasileira, 2011a. v. 1.

_____. *Cadernos do cárcere*. Tradução de Carlos Nelson Coutinho com a colaboração de Luiz Sergio Henriques e Marco Aurélio Nogueira. Rio de Janeiro: Civilização Brasileira, 2011b. v. 2.

_____. *Cadernos do cárcere*. Tradução de Carlos Nelson Coutinho com a colaboração de Luiz Sergio Henriques e Marco Aurélio Nogueira. Rio de Janeiro: Civilização Brasileira, 2011c. v. 3.

_____. *Cadernos do cárcere*. Tradução de Carlos Nelson Coutinho com a colaboração de Luiz Sergio Henriques e Marco Aurélio Nogueira. Rio de Janeiro: Civilização Brasileira, 2007. v. 4.

_____. *Cadernos do cárcere*. Tradução de Carlos Nelson Coutinho com a colaboração de Luiz Sergio Henriques e Marco Aurélio Nogueira. Rio de Janeiro: Civilização Brasileira, 2011d. v. 5.

_____. *Cadernos do cárcere*. Tradução de Carlos Nelson Coutinho com a colaboração de Luiz Sergio Henriques e Marco Aurélio Nogueira. Rio de Janeiro: Civilização Brasileira, 2011e. v. 6.

_____. *Cartas do Cárcere*. Rio de Janeiro: Civilização Brasileira, 2005a. v. 1.

_____. *Cartas do Cárcere*. Rio de Janeiro: Civilização Brasileira, 2005b. v. 2.

_____. *Escritos políticos*. Tradução de Carlos Nelson Coutinho. Rio de Janeiro: Civilização Brasileira, 2004. v. 1.

CLASSES SUBALTERNAS E ASSISTÊNCIA SOCIAL

GRAMSCI, Antonio. *Escritos políticos*. Rio de Janeiro: Civilização Brasileira, 2004. v. 2.

_____. *Quaderni del carcere*. Edição crítica de Valentino Gerratana. Turim: Einaudi. 1977. 4v.

GREEN, Marcus E. Sul concetto gramsciano di "subalterno". In: VACCA, Giuseppe; SCHIRRU, Giancarlo (Orgs.). *Studi gramsciniani nel mondo 2000-2005*. Mulino (Bologna): Societá Editrice il Mulino, 2007.

LIGUORI, Guido. Tre accezioni di "sublaterno" in Gramsci. *Critica Marxista*, n. 6, p. 33-41, 2011. Disponível em: <criticamarxista.net>. Acesso em: 14 jun. 2012.

MONDONESI, Massimo. *Subalternid, antagonismo, autonomia*. Marxismo e subjetivação política. Buenos Aires: Consejo Latinoamericano de Ciencias Sociales/Prometeo Libros, 2010.

ROIO, Marcos Del. Gramsci e a emancipação do subalterno. *Revista Sociologia Política*, n. 29, p. 63-78, 2007.

SIMIONATTO, Ivete. Classes subalternas, lutas de classe e hegemonia: uma abordagem gramsciana. *Katálysis*, Universidade Federal de Santa Catarina, v. 12, n. 1, p. 41-49, 2009.

_____. *Gramsci*: sua teoria, incidência no Brasil, influência no Serviço Social. 4. ed. São Paulo: Cortez, 2011.

TOLEDO, Alex Fabiano de. *A categoria classes e grupos subalternos de Antonio Gramsci e sua teorização pelo Serviço Social brasileiro*. Tese (Doutorado) — Pontifícia Universidade Católica de São Paulo/Programa de Estudos Pós-Graduados em Serviço Social, São Paulo, 2013.

VACCA, Giuseppe. *Vida e pensamento de Antonio Gramsci*: 1926-1937. Tradução de Luiz Sergio Henriques. Brasília: Fundação Astrojildo Pereira; Rio de Janeiro: Contraponto, 2012.

Bibliografia

ABRAMO, Lais Wendel. "Greve metalúrgica em São Bernardo: sobre a dignidade do trabalho". In: KOWARICK, Lúcio (Coord.). *As lutas sociais e a cidade*. Rio de Janeiro: Paz e Terra, 1988.

ABRANCHES, Sérgio Henrique. *Os despossuídos: crescimento e pobreza no país do milagre*. Rio de Janeiro: Zahar, 1985.

ADORNO ABREU, Sérgio F.; CASTRO, Myriam Mesquita P. "A pobreza colonizada". *Serviço Social & Sociedade*, ano VI, n. 17, abr. 1985.

_____. "A experiência precoce da punição". In: _____. *O massacre dos inocentes*. A criança sem infância no Brasil. São Paulo: Hucitec, 1991.

_____. "A gestão filantrópica da pobreza urbana". *São Paulo em Perspectiva*, revista da Fundação Sistema Estadual de Análise de Dados (SEADE), v. 4, n. 2, abr./jun. 1990.

ALAYON, Norberto. "El asistencialismo en la Política Social". *Acción Crítica*, CELATS/ALAETS, n. 1, jul. 1980.

ALMEIDA, Bernadete de Lourdes Figuerêdo. *As práticas do Serviço Social: afirmação ou superação da SUBALTERNIDADE*. Tese (Doutorado) — PUC/Programa de Estudos Pós-Graduados em Serviço Social, São Paulo, 1990.

ALMEIDA, Leila Tendrih de Freitas. "Estado e modelo excludente". *São Paulo em Perspectiva*. Revista da Fundação Sistema Estadual de Análise de Dados-SEADE, v. 4, n. 2, abr./jun. 1990.

ANDRADE, Regis de Castro. "Política e pobreza no Brasil". *Lua Nova*, revista de Cultura e Política, n. 19, nov. 1989.

ARENDT, Hannah. *A condição humana*. Rio de Janeiro: Forense-Universitária, 1983.

BASTIDE, Roger. "Introdução a dois estudos sobre a técnica das histórias de vida". *Sociologia*, v. XV, n. 1, mar. 1953.

BASTOS, Élide R. "Classes subalternas e suas lutas". *Serviço Social & Sociedade*, ano VI, n. 17, abr. 1985.

BATISTONI, Rosangela. "Concepção de Assistência". Pronunciamento no Seminário: *Revertendo o trabalho em SEBES*: a questão da assistência, dez. 1989.

BELFIORI, Mariangela *et alii*. "Prática assistencial no Brasil". *Serviço Social & Sociedade*, ano VI, n. 17, abr. 1985.

BENEVIDES, Maria Victória de Mesquita. *A cidadania ativa*. São Paulo: Ática, 1991.

BERTAUX, Daniel. *Da abordagem da história de vida à transformação da prática social*, 1983. (Mimeo.)

_____. "L'approche biografique: sa validité méthodologique, ses potencialités". *Cahiers Internationaux de Sociologie*, v. LXIX, 1980.

BOBBIO, Norberto. *O conceito de sociedade civil*. Tradução de Carlos Nelson Coutinho. Rio de Janeiro: Graal, 1982.

BOETIE, Etienne de la. *Discurso da servidão voluntária*. Comentários Pierre Clastres e outros. São Paulo: Brasiliense, 1987.

BONDUKI, Nabil. "Habitação e família: por que casa própria". In: KOWARICK, Lúcio (Coord.). *Modo e condições de vida: um estudo das desigualdades em São Paulo*. São Paulo: DIEESE/CEDEC, 1986.

BOSI, Ecléa. *Memória e sociedade*: lembranças de velhos. São Paulo: T. A. Queiroz: Ed. da Universidade de São Paulo, 1987.

BOURDIEU, Pierre. *O poder simbólico*. Tradução de Fernando Tomaz. Lisboa: Difel, 1989.

_____. *Coisas ditas*. Tradução de Cassia R. da Silveira e Denise Moreno Pegorim. São Paulo: Brasiliense, 1990.

BRANDÃO, Carlos Rodrigues. *Identidade e etnia*. São Paulo: Brasiliense, 1986.

BRANT, Vinícius Caldeira. *São Paulo, trabalhar e viver*. São Paulo: Brasiliense, 1989.

BRESCIANI, Maria Stella M. *Londres e Paris no século XIX*: o espetáculo da pobreza. São Paulo: Brasiliense, 1982.

BRIOSCHI, Lucila Reis; TRIGO, Maria Helena B. *Família*: representação e cotidiano. Reflexão sobre um trabalho de campo. São Paulo: CERU, 1989.

BRUNHOFF, Suzanne de. *Estado e capital, uma análise de política econômica*. Tradução de Denise Cabral e Carlos de Oliveira. Rio de Janeiro: Forense Universitária, 1985.

CALDEIRA, Tereza Pires do Rio. *A política dos outros*: cotidiano dos moradores da periferia e o que pensam do poder e dos poderosos. São Paulo: Brasiliense, 1984.

CAMARGO, Antonio B. M.; MONTALI, Lília. "A manifestação das desigualdades no espaço metropolitano." In: _____. *O jovem na Grande São Paulo*. São Paulo: SEADE, 1988. (Col. Realidade Paulista.)

CARDOSO, Ruth. "Formas de participação popular no Brasil contemporâneo". *São Paulo em Perspectiva*, revista da Fundação Sistema Estadual de Análise de Dados (SEADE), v. 1, n. 3, set./dez. 1985.

CARVALHO, Inaiá M. M.; HAGUETTE, Tereza M. Frota (Org.). *Trabalho e condições de vida no Nordeste brasileiro*. São Paulo: Hucitec/CNPq, 1984.

CARVALHO, Valéria Landim. "O Serviço Social e o setor informal". *Serviço Social & Sociedade*, ano X, n. 32, maio/ago. 1990.

CHAIA, Miguel W. "Estado, família e desemprego". *São Paulo em Perspectiva*. Revista da Fundação Sistema Estadual de Análise de Dados (SEADE), v. 2, n. 3, jul./set. 1988.

CHAUI, Marilena. *Conformismo e resistência*: aspectos da cultura popular no Brasil. São Paulo: Brasiliense, 1986.

_____. *Cultura e democracia*. 4. ed. rev. e ampl. São Paulo: Cortez, 1989.

CIAMPA, Antonio da Costa. *A estória do Severino e a História da Severina*: um ensaio de psicologia social. 2. ed. São Paulo: Brasiliense, 1990.

CIGNOLLI, Alberto. *Estado e força do trabalho*: introdução à política social no Brasil. São Paulo: Brasiliense, 1985.

CLASTRES, Pierre. *A Sociedade contra o Estado*: pesquisas de antropologia política. Tradução de Theo Santiago. Rio de Janeiro: Francisco Alves, 1988.

COHN, Amélia *et alii*. "Desafios atuais para a assistência social: a busca de alternativas". *Serviço Social & Sociedade*, ano VIII, n. 23, abr. 1987.

_____ et alii. *A saúde como direito e como serviço*. São Paulo: Cortez, 1991.

COSTA, A. M. S.; COSTA, M. J. P. "Contextualização da assistência social no Estado brasileiro: período de 1930 a 1945". *Serviço Social & Sociedade*, ano IV, n. 12, ago. 1983.

COSTA, Maria das Dores. "A cidadania dos trabalhadores informais: uma questão de política pública". *Serviço Social & Sociedade*, ano IX, abr. 1988.

COUTINHO, Carlos Nelson. *Cultura e sociedade no Brasil*: ensaios sobre ideias e formas. Belo Horizonte: Oficina de Livros, 1990.

_____; NOGUEIRA, Marco Aurélio. *Gramsci e a América Latina*. Rio de Janeiro: Paz e Terra, 1988.

COVRE, Maria de Lourdes. *A fala dos homens*: análise do pensamento tecnocrático. São Paulo: Brasiliense, 1983.

_____. *Capital monopolista no Brasil (uma abordagem social)*. São Paulo: Garilli Ed., 1989.

DANTAS, Pedro da Silva. *Para conhecer Wallon*. Uma psicologia dialética. São Paulo: Brasiliense, 1983.

DIEESE, Departamento Intersindical de Estatísticas e Estudos Sócio-Econômicos. Boletim do Dieese, São Paulo, vários números.

DORAY, Bernard; SILVEIRA, Paulo (Org.). *Elementos para uma teoria marxista da subjetividade*. São Paulo: Vértice, 1989.

DRAIBE, Sonia. *A política social em tempo de crise*: articulação institucional e descentralização — "Reflexões sobre a natureza do Bem-Estar". Brasília: CEPAL, 1989. v. I.

DRAIBE, Sonia. "As políticas de combate à pobreza na América Latina". *São Paulo em Perspectiva*. Revista da Fundação Sistema Estadual de Análise de Dados-SEADE, v. 4, n. 2, abr./jun. 1990.

DURHAM, Eunice R. *A caminho da cidade*. São Paulo: Perspectiva, 1984.

_____. "Movimentos sociais: a construção da cidadania". *Novos Estudos Cebrap*, n. 10, 1984.

DURKHEIM, E. "Représentations individuelles et représentations collectives". *Revue de Métaphysique et Morale*, n. 6, p. 273-302, 1898.

ECO, Humberto. *Como se faz uma tese*. São Paulo: Perspectiva, 1989.

EVERS, Tilman. "A face oculta dos movimentos sociais". *Novos Estudos Cebrap*, n. 4, 1984.

FALCÃO, Maria do Carmo. A seguridade na travessia do Estado assistencial brasileiro. In: *Os direitos (dos desassistidos) sociais*. São Paulo: Cortez, 1989.

_____. *Conceitos e funções de assistência social*. Brasília, 1991. (Mimeo.)

FALEIROS, Vicente de Paula. *A política social do Estado capitalista*: as funções da previdência e da assistência social. São Paulo: Cortez, 1983.

_____. *O que é política social*. São Paulo: Brasiliense, 1986.

_____. "A questão da assistência social". *Serviço Social & Sociedade*, ano X, n. 30, maio/ago. 1989.

FARIA, Wilmar E. "A montanha e a pedra: Os limites da política social brasileira e os problemas da infância e da juventude". In: FAUSTO, Ayrton; CERVINI, Ruben (Org.). *O trabalho e a rua*: crianças e adolescentes no Brasil urbano dos anos 80. São Paulo: Cortez, 1991.

FERRAROTTI, Franco. *Histoire et histoires de vie*. La méthode biographique dans les sciences sociales. Paris: Méridiens Klincksieck, 1990.

FIGUEIRA, Sérvulo Augusto (Org.). *Uma nova família?* O moderno e o arcaico na família de classe média brasileira. Rio de Janeiro: Zahar, 1987.

FLORA, Marilene Cabello di. *Mendigos*: por que surgem, por onde circulam, como são tratados? Petrópolis: Vozes, 1987.

FORACCHI, Marialice Mencarini. *A participação social dos excluídos*. São Paulo: Hucitec, 1982.

FOUCAULT, Michel. *Vigiar e punir*. Petrópolis: Vozes, 1977.

GEERTZ, Clifford. *A interpretação das culturas*. Rio de Janeiro: Zahar, 1978.

GOFFMAN, Erving. *Estigma*. Buenos Aires: Amorrortu, 1970.

GOHN, Maria da Glória M. *A força da periferia*. Petrópolis: Vozes, 1985.

GOTTSCHALK, Andréa; LOPES, Juarez Brandão. "Recessão, pobreza e família: a década pior do que perdida". *São Paulo em Perspectiva*, revista da Fundação Sistema Estadual de Análise de Dados (SEADE), v. 4, n. 1, jan./mar. 1990.

GRAMSCI, Antonio. *Quaderni del carcere*. Ed. de Valentino Gerratana. Turim: Einaudi, 1975.

_____. *Literatura e vida nacional*. Rio de Janeiro: Civilização Brasileira, 1968.

_____. "Alguns temas da questão meridional". In: _____. *A questão meridional*. Tradução de Carlos Nelson Coutinho e Marco Aurélio Nogueira. Rio de Janeiro: Paz e Terra, 1987.

_____. *Concepção dialética da história*. Tradução de Carlos Nelson Coutinho. Rio de Janeiro: Civilização Brasileira, 1981.

_____. "Appunti sulla storia delle classi subalterne". In: _____. *Il Risorgimento*. Roma: Riuniti, 1977.

HABERMAS, Jürgen. *A crise de legitimação do capitalismo tardio*. Rio de Janeiro: Tempo Brasileiro, 1980.

HAGUETTE, Teresa Maria Frota. *O mito das estratégias de sobrevivência*: um estudo sobre o trabalhador urbano e sua família. Fortaleza: UFC, 1982.

HELLER, Agnes. *Sociología de la vida cotidiana*. Tradução de José Francisco Ivars e Enric Pérez Nadal. Barcelona: Península, 1977.

_____. *Para cambiar la vida*. Tradução de Carlos Elordi. Barcelona: Crítica, 1981.

_____. *Teoría de las necesidades en Marx*. Tradução de José Francisco Ivars. Barcelona: Península, 1978.

CLASSES SUBALTERNAS E ASSISTÊNCIA SOCIAL

HELLER, Agnes. *Per una teoria marxista del valore*. Roma: Riuniti, 1980.

HOBSBAWM, Eric J. *Mundos do trabalho*. Tradução de Waldea Barcellos e Sandra Bedran. Rio de Janeiro: Paz e Terra, 1987.

IAMAMOTO, Marilda Vilela. *Legitimidade e crise do serviço social. Um ensaio de interpretação sociológica da profissão*. Dissertação de mestrado. Piracicaba: Escola Superior de Agricultura da USP, 1982.

_____; CARVALHO, Raul de. *Relações sociais e serviço social no Brasil. Esboço de uma interpretação histórico/metodológica*. São Paulo: Cortez/ CELATS, 1983.

_____. "O Serviço Social nas relações sociais: a questão da assistência". In: _____. *O serviço social nas relações sociais*. São Paulo: Cortez, 1987.

IANNI, Octavio. "Imagem e semelhança". *Revista de Psicologia Social*, maio 1987.

_____. "A nação das classes dominantes". In: LARANJEIRA, Sônia (Org.). *Classes e movimentos sociais na América Latina*. São Paulo: Hucitec, 1990.

JACOBI, Pedro. *Movimentos sociais e políticas públicas — demandas por saneamento básico e saúde*: São Paulo, 1974/84. São Paulo: Cortez, 1989.

_____. "Movimentos populares urbanos e resposta do Estado; autonomia e controle popular *versus* cooptação e clientelismo". In: BOSCHI, R. (Org.). *Movimentos coletivos no Brasil urbano*. Rio de Janeiro: Zahar, 1983.

JAGUARIBE, Helio *et alii. Brasil, 2000*: para um novo pacto social. Rio de Janeiro: Paz e Terra, 1986.

JODELET, Denise. *La question de la remance dans l'étude des représentations sociales*. École des Hautes Etudes en Sciences Sociales. Laboratoire de Psychologie Sociale. Paris, 1987. (Mimeo.)

_____. *Les représentations sociales*. Paris: Presses Universitaires de France, 1989.

KOSMINSKY, Ethel. "Pesquisas qualitativas — a utilização da técnica de histórias de vida e de depoimentos pessoais em sociologia". *Serviço Social & Sociedade*, ano VI, n. 19, dez. 1985.

KOWARICK, Lúcio. *A espoliação urbana*. Rio de Janeiro: Paz e Terra, 1979.

_____. "Os caminhos do encontro; as lutas sociais em São Paulo na década de 70". *Revista Presença*, n. 2, fev. 1984.

_____. *Exploração do trabalho e espoliação urbana: lutas sociais em São Paulo*. São Paulo: CEDEC, 1984.

_____. *As lutas sociais e a cidade. São Paulo: passado e presente*. Rio de Janeiro: Paz e Terra, 1988.

_____ *et alii. São Paulo: crise e mudança*. São Paulo: Brasiliense, 1990.

_____. "Periferias e subcidadania". In: MEDINA, Cremilda (Org.). *À margem do Ipiranga*. São Paulo: ECA/USP, 1991a.

_____. "Cidade & Cidadania". *São Paulo em Perspectiva*, revista da Fundação Sistema Estadual de Análise de Dados (SEADE), v. 5, n. 2, abr./jun. 1991b.

LANE, Silvia; CODO, Wanderley. *Psicologia*: o homem em movimento. São Paulo: Brasiliense, 1984.

LAPEYRONNIE, Didier. "L'exclusion et le mépris". *Revue Les Temps Modernes*, 47ème. année, déc.1991/jan.1992.

LEFEBVRE, Henri. *La vida cotidiana en el mundo moderno*. Tradução de Alberto Escudero. Madrid: Alianza Editorial, 1972.

_____. *La presencia y la ausencia. Contribución a la teoría de las representaciones*. Tradução de Oscar Barahona y Uxoa Doyhamboure. México: Fondo de Cultura Económica, 1983.

LESSA, Carlos. Pronunciamento em Seminário da FUNDAP-Políticas sociais no Brasil, 1990.

LIMA, Sandra A. Barbosa. *Participação social no cotidiano*. São Paulo: Cortez e Moraes, 1979.

LOBO, Elizabeth Souza. "Experiências de mulheres, destinos de gênero". *Tempo Social*. Revista de sociologia da USP, v. 1, n. 1, 1º sem. 1989.

LUKÁCS, Georg. *Introdução a uma estética marxista*. Rio de Janeiro: Civilização Brasileira, 1978.

MACEDO, Carmen Cinira. *A reprodução da desigualdade*: o projeto de vida familiar de um grupo operário. São Paulo: Vértice, 1985.

_____. *Tempo de Gênesis*. O povo das Comunidades Eclesiais de Base. São Paulo: Brasiliense, 1986.

_____. "Algumas observações sobre a questão da cultura do povo". In: VALLE, E.; QUEIROZ (Org.). *A cultura do povo*. São Paulo: Cortez e Moraes, 1979.

MARSHALL, T. A. *Cidadania, classe social e status*. Rio de Janeiro: Zahar, 1967.

MARTINELLI, Maria Lúcia. *Serviço Social: Identidade e alienação*. Tese de Doutoramento, São Paulo: PUC-SP, 1988.

MARTINS, José de Souza. *O cativeiro da terra*. São Paulo: Livraria Editora Ciências Humanas, 1979.

MARTINS, José de Souza. *Caminhada no chão da noite. Emancipação política e libertação nos movimentos sociais do campo*. São Paulo: Hucitec, 1989.

MARTINS, J. de S. *O massacre dos inocentes. A criança sem infância no Brasil*. São Paulo: Hucitec, 1991.

MARX, Karl. *El capital*, t. I, v. 3, cap. XXIII. México: Siglo Veintiuno Editores, 1975.

_____; ENGELS, F. *A ideologia alemã*. Tradução de José Carlos Bruni e Marco Aurélio Nogueira. São Paulo: Livraria Editora Ciências Humanas, 1982.

MELLO, Sylvia Leser. *Trabalho e sobrevivência*: mulheres do campo e da periferia de São Paulo. São Paulo: Ática, 1988.

_____. "Constância e permanência — as mulheres de um bairro da periferia de São Paulo". *Travessia. Revista do migrante*, CEM, maio/ago.1990.

MENEZES, Maria Aparecida de. "Trabalho por conta própria: sonho dos migrantes?" *Travessia*, revista do migrante, CEM, set./dez.1990.

MÉSZAROS, Istvan. *Marx: a teoria da alienação*. Rio de Janeiro: Zahar, 1981.

MOISÉS, José Alvaro *et alii*. *Cidade, povo e poder*. Rio de Janeiro: Paz e Terra, 1982.

MOLLAT, Michel. *Os pobres na Idade Média*. Tradução de Heloisa Jahn. Rio de Janeiro: Campus, 1989.

MONTALI, Lilia. *Periferia. O crescimento da pobreza*. São Paulo: FAU-USP, 1983, mimeo.

MONTEIRO, C. A. *Saúde e nutrição das crianças em São Paulo*. São Paulo: Hucitec/EDUSP, 1988.

MOSCOVICI, S. "Préface". In: HERZLICH, C. *Santé et maladie*. Paris: Hague Mouton, 1961.

_____. *Psicologia social*. Buenos Aires: Paidós, 1985. v. I.

MOTA, Ana Elizabeth. "O pacto da assistência: articulações entre empresas e Estado". *Serviço Social & Sociedade*, ano X, n. 30, maio/ago. 1989.

_____. *A cidadania do Fordismo: elementos para uma discussão*. São Paulo: maio de 1991. (Mimeo.)

MOURA, Alexandrina Sobreira (Org.). *O Estado e as políticas públicas na transição democrática*. São Paulo: Vértice, 1989.

NETTO, José Paulo. *Ditadura e Serviço Social*: uma análise do Serviço Social no Brasil pós-64. São Paulo: Cortez, 1990.

NETTO, J. P.; FALCÃO, M. C. *Cotidiano*: conhecimento e crítica. São Paulo: Cortez, 1987.

NUNES, Edison. "Carências e modos de vida". *São Paulo em Perspectiva*. revista da Fundação Sistema Estadual de Análise de Dados (SEADE), v. 4, n. 2, abr./jun. 1990.

O'CONNOR, J. *USA*: a crise do Estado capitalista. Rio de Janeiro: Paz e Terra, 1977.

O'DONNELL, Guillermo. "Anotações para uma teoria do Estado". *Revista de Cultura Política*, Cedec, n. 3-4, 1980/81.

_____. "Os atores do pacto democratizante. Reflexões sobre a transição brasileira". *Senhor*, out. 1987.

OFFE, Claus. "Dominação de classe e sistema político sobre seletividade das instituições políticas". In: _____. *Problemas estruturais do Estado capitalista*. Rio de Janeiro: Tempo Brasileiro, 1984.

OLIVEIRA, Francisco de. "A economia brasileira; crítica à razão dualista". *Estudos Cebrap*, n. 2, out. 1972.

_____. "Além da transição, aquém da imaginação". *Novos Estudos Cebrap*, n. 12, jun. 1985.

_____. *O elo perdido*: classe e identidade de classe. São Paulo: Brasiliense, 1987.

_____. "O flanco aberto". *São Paulo em Perspectiva*, revista da Fundação Sistema Estadual de Análise de Dados (SEADE), v. 2, n. 3, jul./set. 1988a.

_____. "O surgimento do antivalor: capital, força de trabalho e fundo público". *Novos Estudos Cebrap*, n. 22, out. 1988b.

_____. "Os protagonistas do drama: Estado e sociedade no Brasil". In: LARANJEIRA, Sonia (Org.). *Classes e movimentos sociais na América Latina*. São Paulo: Hucitec, 1990.

OLIVEIRA, Heloisa Maria José de. *Assistência Social: do discurso do Estado à prática do serviço social*. Florianópolis: Ed. da UFSC, 1989.

ORLANDI, Eni P. *A linguagem e seu funcionamento*: as formas do discurso. São Paulo: Brasiliense, 1983.

PAOLI, Maria Célia; SADER, Eder. "Sobre as classes populares no pensamento sociológico brasileiro (Notas de leitura sobre acontecimentos recentes)". In: CARDOSO, Ruth (Org.). *A aventura antropológica*. Rio de Janeiro: Paz e Terra, 1986.

PEREIRA, Potyara Amazoneida P. *A assistência social como garantia de direitos* (Crítica aos equívocos conceituais e políticos), dez. 1989. (Mimeo.)

PEREIRA, Potyara Amazoneida P. *Conceitos e funções da assistência social.* NEPPOS. Núcleo de Estudos e Pesquisas em Políticas Sociais. Série "Política social em debate". Universidade de Brasília, jun. 1991.

_____. "A política social e a questão a pobreza no Brasil". *Serviço Social & Sociedade*, n. 5, mar. 1981.

QUEIROZ, Maria Isaura Pereira de. *Variações sobre a técnica de gravador no registro da informação viva.* São Paulo: CERU/FFLCH-USP, 1983.

_____. "Relatos orais: do indizível ao dizível". *Ciência e Cultura.* São Paulo, 1987.

RAICHELIS, Raquel. *Legitimidade popular e poder público.* São Paulo: Cortez, 1988.

SADER, Eder. *Quando novos personagens entraram em cena*: experiências e lutas dos trabalhadores da Grande São Paulo 1970-1980. Rio de Janeiro: Paz e Terra, 1988.

SALAMA, Pierre. "Intervenção do Estado e legitimação na crise financeira: o caso dos países latino-americanos semi-industrializados". Tradução de Solange Ramos Esteves. *Revista de Economia Política*, v. 8, n. 4, out./dez. 1988.

SALES, Tereza. "Migrações inter-regionais nos anos 80: a não política para os excluídos". *São Paulo em Perspectiva*, v. 3, jul./set. 1989.

SANTOS, Antonio Gonçalves dos. "A prática do Serviço Social nas instituições". *Serviço Social & Sociedade*, ano I, n. 2, mar. 1980.

SANTOS, Milton. *Pobreza urbana.* São Paulo: Hucitec, 1979.

SANTOS, Wanderley Guilherme dos. *Cidadania e justiça.* Rio de Janeiro: Campus, 1979.

SARTRE, Jean-Paul. *Reflexões sobre o racismo.* Tradução de J. de Guinsburg. São Paulo: Difusão Europeia do Livro, 1960.

SATRIANI, Luigi M. Lombardi. *Antropologia cultural e análise da cultura subalterna.* Tradução de Josildeth Gomes Consorte. São Paulo: Hucitec, 1986.

_____. *Il silenzo, la memoria e los guardo.* Ed. Palermo, 1980.

SAWAIA, Bader Burihan. "Um estudo do processo de transformação de Ibitinga ao nível das práticas e representações sociais de um grupo de bordadeiras". *Serviço Social & Sociedade*, n. 5, mar. 1981.

SAWAIA, B. B. *A consciência em construção no trabalho de construção da existência*. Tese (Doutorado em Psicologia Social) — PUC-SP, 1987.

_____. "Morar em favela: a arte de viver como gente em condições negadoras da humanidade". *São Paulo em Perspectiva*, revista da Fundação Sistema Estadual de Análise de Dados (SEADE), v. 4, n. 2, abr./jun. 1990.

SCARFON, Maria de Lourdes. *Crescimento e miséria*: estudo sobre as populações "marginais" em um município paulista. São Paulo: Símbolo, 1979.

SCHAFF, A. *O marxismo e o indivíduo*. Rio de Janeiro: Civilização Brasileira, 1967.

SEVE, Lucien. *Análises marxistas da alienação*. Lisboa: Estampa, 1975.

_____. *Marxismo e teoria da personalidade*. Lisboa: Livros Horizonte, 1979. v. I e II.

SILVA, Pedro Luiz B. "Políticas e perfis de intervenção à saúde no Brasil; elementos para análise da ação estatal". *Cadernos FUNDAP*, ano 3, n. 6, jul. 1983.

SINGER, Paul I.; BRANT, Vinicius Caldeira (Org.). *São Paulo: o povo em movimento*. Petrópolis: Vozes/CEBRAP, 1981.

SPOSATI, Aldaíza. *Vida urbana e gestão da pobreza*. São Paulo: Cortez, 1988.

_____ *et alii. A assistência na trajetória das políticas sociais brasileiras*: uma questão em análise. São Paulo: Cortez, 1985.

_____ *et alii. Os direitos (dos desassistidos) sociais*. São Paulo: Cortez, 1989.

_____; FALCÃO, Maria do Carmo. "A prática da assistência social. Elementos para uma caracterização". *Serviço Social & Sociedade*, ano VI, n. 19, dez. 1985.

_____. *LBA*: Identidade e efetividade das ações no enfrentamento da pobreza brasileira. São Paulo: EDUC, 1989.

SPOSATI, Aldaíza. *Assistência social como direito de cidadania.* Brasília, 1991a, (mimeo.).

_____. *Carta-Tema: a assistência social no Brasil 1983-1990.* São Paulo: Cortez, 1991b.

_____. *A experiência de Mario Tommasini.* 1992. (Mimeo.)

SPOSITO, Marília. *Apontamentos de Aula,* 1992.

STOFFELS, Marie-Ghislaine. *Os mendigos na cidade de São Paulo*: ensaio de interpretação sociológica. Rio de Janeiro: Paz e Terra, 1977.

TEIXEIRA, Sonia Maria Fleury. "Assistência na Previdência Social: uma política marginal". In: VV. AA. *Os direitos (dos desassistidos) sociais.* São Paulo: Cortez, 1989.

TELLES, Vera da Silva. "A pobreza como condição de vida: família, trabalho e direitos entre as classes trabalhadoras urbanas". *São Paulo em Perspectiva,* revista da Fundação Sistema Estadual de Análise de Dados (SEADE), v. 4, n. 2, abr./jun. 1990.

THIOLLENT, Michel. *Crítica metodológica, investigação social e enquete operária.* São Paulo: Polis, 1980.

THOMPSON, E. P. *A miséria da teoria ou um planetário de erros: uma crítica ao pensamento de Althusser.* Tradução de Waltensir Dutra. Rio de Janeiro: Zahar, 1981.

_____. *Formação da classe operária inglesa*: da árvore da liberdade. Rio de Janeiro: Paz e Terra, 1987. v. 1.

THOMPSON, E. P. *Tradición, revuelta y conciencia de clase.* Tradução de Eva Rodriguez. Barcelona: Crítica, 1979.

TOURAINE, Alain. *Palavra e sangue*: política e sociedade na América Latina. Tradução de Iraci Poleti. São Paulo: Ed. Unicamp/Trajetória Cultural, 1989.

_____. "A crise da modernidade". In: Anais do Seminário. *O retorno do ator.* França/Brasil. São Paulo: Edusp, 1991.

VALA, Jorge. "Sobre as representações sociais. Para uma epistemologia do senso comum". *Cadernos de Ciências Sociais.* Porto, n. 4, abr. 1986.

VALE, Edenio; QUEIROZ, José. *A cultura do povo*. São Paulo: Cortez e Moraes, 1979.

VASCONCELOS, Eduardo Mourão. "Estado e políticas sociais no capitalismo: uma abordagem marxista". *Serviço Social & Sociedade*, ano IX, n. 28, dez. 1988.

_____. "Políticas sociais no capitalismo periférico". *Serviço Social & Sociedade*, ano X, n. 29, abr. 1988.

VERDÈS-LEROUX, Jeannine. *Trabalhador social*: prática, hábitos, ethos, formas de intervenção. Tradução de René de Carvalho. São Paulo: Cortez, 1986.

VIEIRA, Evaldo. *Estado e miséria no Brasil de Getúlio a Geisel*. São Paulo: Cortez, 1983.

VIOLANTE, Maria Lúcia. "Identidade e marginalidade" *Cadernos PUC*. São Paulo: EDUC, 1985.

VYGOTSKY, L. S. *A formação social da mente*. Tradução de José Cipola Neto, Luiz S. M. Barreto e Solange C. Afeche. São Paulo: Martins Fontes, 1989.

WALLON, Henry. (Org.). *Florestan Fernandes*. São Paulo: Ática, n. 52, 1986. (Col. Grandes Cientistas Sociais.)

WANDERLEY, Luiz Eduardo. "Participação popular: poder local e conselhos". *São Paulo em Perspectiva*, revista da Fundação Sistema Estadual de Análise de Dados (SEADE), v. 5, n. 2, abr./jun. 1991.

_____. "Democracia, cultura e desenvolvimento de comunidade". *Serviço Social & Sociedade*, n. 36, ago. 1991.

WEIL, Simone. *A condição operária e outros estudos sobre a opressão*. (Org.). Ecléa Bosi. Rio de Janeiro: Paz e Terra, 1979.

ZALUAR, Alba. *A máquina e a revolta*: as organizações populares e o significado da pobreza. São Paulo: Brasiliense, 1985.

_____. "Brasil na transição: cidadãos não vão ao paraíso". *São Paulo em Perspectiva*, revista da Fundação Sistema Estadual de Análise de Dados (SEADE), v. 5, n. 1, jan./mar. 1991.